登校拒否・不登校問題資料集

全国登校拒否・不登校問題研究会　編
前島康男・馬場久志・山田哲也　責任編集

青春とは
感動する心
子どものような好奇心
挑戦する喜び
真の青春とは
若き精神の
なかにこそ
ある

「青春」
サムエル・ウルマン

創風社

はじめに

　現在，登校拒否・不登校の児童生徒は約 12 万 3,000 人存在します。また，年間 30 日以上学校を欠席する「長期欠席」の児童生徒は，約 18 万 5,000 人存在します。高校生まで含めると，その数は，登校拒否・不登校生は約 17 万 5,000 人，「長期欠席」の児童生徒は，約 25 万 5,000 人になります。この数は，1974 年以降増え続けていますが，現在の教育政策と社会状況が変わらないかぎり益々増えつづけることが予想されます。

　また，フリースクール等に通う児童生徒は約 4,200 人存在します。更に夜間中学には約 1,800 人が学んでいます。

　このような中で，以上のような状況に対応しようとあるいは新たな政治的な意図を持って，昨年から今年にかけて，いわゆる「フリースクール法案」あるいは，それが二転三転していわゆる「不登校対策法案」がだされてきました。この 2 つの法案をめぐっては，関係者の間で賛否両論の意見が交錯してきました。

　また，昨年度から文科省に「不登校に関する調査研究協力者会議」と「フリースクール等に関する検討会議」が設置され検討を重ねてきました。前者については，戦後 3 度目の設置であり，後者については戦後初めての検討会議の設置です。更に，政府の教育再生実行会議も第 5 次提言や第 7 次・第 9 次提言などにおいて，登校拒否・不登校問題，あるいはフリースクール等に関する問題について取り扱っています。

　現在，高止まりから増加に転じた登校拒否・不登校児童生徒とそれらの一定の受け皿になってきたフリースクール等や夜間中学をめぐる問題をどうとらえたら良いか，あるいは，登校拒否・不登校をどう解決・克服したら良いか，更には，フリースクール等をどう位置づけたら良いかなどめぐって真剣に議論すべき課題は山積みしています。

　本資料集は，このような時代状況の中で関係者ばかりでなく広い国民的な議論を行なう上での一助になって欲しいという願いを持って発行されます。

　第Ⅰ部では，戦後の文科省，政府の登校拒否・不登校，フリースクール等に対する対策を資料的に跡づけ解説を加えます。

　第Ⅱ部では，昨年から今年にかけて関係者の間で議論されてきた，いわゆる「フリースクール法案」と「不登校対策法案」について，法案が出されてきた背景・経緯，法案そのもの，そして，法案に対する賛成・反対の意見，専門家の見解やマスコミの報道などを載せ解説を加えます。

　そして，第Ⅲ部では，戦後の登校拒否・不登校問題に関する理論状況を主に教育社会学的視点を中心にしながら臨床教育学的視点も加え紹介・総括し，今後究明すべき理論的課題についてもふれます。

　最後に，登校拒否・不登校問題，及びフリースクール等に関する文献一覧を年代別に掲載します。

　本資料集は，今年 3 月に産声を上げたばかりの「全国登校拒否・不登校問題研究会」の初めての社会的な仕事になります。

　第Ⅰ部は前島康男（東京電機大学）が，第Ⅱ部は馬場久志（埼玉大学）が，第Ⅲ部は山田哲也（一橋大学）が責任編集し，山本宏樹（東京電機大学），前島輝（早稲田大学学生）にも第Ⅲ部でご協力いただきました。

　本資料集が，当事者・親，研究者・教職員などの関係者の方ばかりでなく関心のある方々に広く活用され，問題の解決にむけた国民的な議論が活発に行なわれるよう心から願っています。

2016 年 7 月 6 日　前島　康男

目　次

はじめに……………………………………………………………………………………………3

第Ⅰ部　戦後登校拒否・不登校問題の歴史

第1章　戦後直後から 1965 年（文部省の調査が始まるまで）………………………………8
第2章　1966 年から 1983 年まで「生徒の健全育成をめぐる諸問題……………………10
　　　　――登校拒否問題を中心に――（中学校・高等学校編）」（文部省『生徒進路指導 18 集』（1983（昭和 58）年 12 月）より
　〈解　説〉…………………………………………………………………………………………14
第3章　登校拒否問題への対応について（資料）……………………………………………16
　〈解　説〉…………………………………………………………………………………………19
第4章　今後の不登校への対応の在り方について（報告）…………………………………20
　　　　（不登校問題に関する調査研究協力者会議，2003 年 3 月）（資料）
　〈解　説〉…………………………………………………………………………………………52
第5章　不登校に関する調査研協力者会議最終報告（案）及び
　　　　教育再生実行会議第 9 次提言など……………………………………………………55
　資料 1：不登校児童生徒への支援に関する最終報告（案）　56
　　　　　―― 一人一人の多様な課題に対応した切れ目のない組織的な支援の推進 ――
　資料 2：教育再生実行会議・第 9 次提言「全ての子供たちの能力を伸ばし可能性を開花させる
　　　　　教育へ」　85
　資料 3：フリースクール等検討会議の動き　104
　〈解　説〉…………………………………………………………………………………………107

第Ⅱ部　教育機会確保法案をめぐって

第1章　経　緯……………………………………………………………………………………114
　第1節　多様な教育機会確保法案の背景　114
　第2節　多様な教育機会確保法案から教育機会確保法案へ　115
　第3節　法案関連年譜　116
第2章　法案の変遷………………………………………………………………………………118
　第1節　多様な教育機会確保法案　118
　第2節　教育機会確保法案へ　188
第3章　さまざまの動向…………………………………………………………………………120
　第1節　多様な教育機会確保法の原型　120
　第2節　法案出現後の動向　121
　第3節　報道資料　125

資料①：多様な教育機会確保法（仮称）案【概要】「座長試案」（義務教育の段階における普通教育の多様な機会の確保に関する法律案（仮称））　127

資料②：義務教育の段階に相当する普通教育の多様な機会の確保に関する法律案　130

資料③：現行制度上の課題と新たな仕組み（案）　136

資料④：義務教育の段階に相当する普通教育の多様な機会の確保に関する法律案　138

資料⑤：義務教育の段階における普通教育に相当する教育の機会の確保等に関する法律案（仮称）骨子（座長試案）　145

資料⑥：座長試案（平成27年9月15日版）からの修正点　149

資料⑦：従来案と新座長試案　164

資料⑧：義務教育の段階における普通教育に相当する教育の機会の確保等に関する法律案概要　166

資料⑨：義務教育の段階における普通教育に相当する教育の機会の確保等に関する法律案（座長案）　167

資料⑩：想定問答 Q&A　172

第Ⅲ部　登校拒否・不登校に関する著書・論文の紹介，検討

第1章　登校拒否・不登校に関する社会学的な著書・論文の紹介 176
　第1節　登校／不登校問題という視座 176
　第2節　長欠・登校拒否・不登校──登校／欠席現象を捉えるまなざしの変化 177
　第3節　「不登校の時代」における社会学的な研究テーマの焦点変化 181
　第4節　社会学的な登校拒否・不登校研究の展開（文献紹介） 183
　お わ り に 188

第2章　臨床教育学関係の理論の紹介 189
　第1節　高垣忠一郎氏の論考の紹介 189
　第2節　廣木克行の仕事 195
　お わ り に 200

第3章　参考文献一覧 201

あとがき 207
全国登校拒否・不登校問題研究会について 208
執筆者略歴 210

第Ⅰ部　戦後登校拒否・不登校問題の歴史

　第Ⅰ部では，戦後登校拒否・不登校，あるいは長期欠席をめぐる問題の歴史を扱います。

　第1章では戦後直後文部省の長期欠席の調査が始められてから1996年の文部省の「学校ぎらい」の名称による調査が始められる前までを簡単に論じています。

　第2章では，1983年の「生徒の健全育成をめぐる諸問題――登校拒否問題を中心に――」（文部省『生徒進路指導第18集』）を扱います。

　さらに第3章では，1992年の文部省「学校不適応対策調査研究協力者会議」の「登校拒否（不登校）問題について――児童生徒の『心の居場所』づくりをめざして――」を扱います。

　また，第4章では，2003年の文科省不登校に関する調査研究協力者会議の「今後の不登校への対応の在り方について（報告）」を扱います。

　そして，最後に第5章では，1．文科省不登校に関する調査研究協力者会議「不登校児童生徒への支援に関する最終報告（案）（2016年3月11日）」と2．教育再生実行会議第9次提言「全ての子供たちの能力を伸ばし可能性を開花させる教育へ」（2016年5月20日），そして，3．フリースクール等検討会議の最近の検討状況を扱います。

第1章　戦後直後から1965年（文部省の調査が始まるまで）

（1）　敗戦後から1966年頃まで

敗戦後1947年に発足した新制中学校の就学率は当初から99％を越えていました。しかし，一方で大量の長期欠席者がいました。この点が指摘したい第1の点です。

1949年度においては，文部省などの調査によると東京都と高知県を除いて小学校でおよそ40万人（出現率4.15％），中学校でおよそ34万人（出現率7.68％）合計74万人，東京都・高知県を含めるとゆうに100万人を越える長期欠席児童生徒（年間30日以上学校を休んだもの）がいたことになります（保坂亨，2000，17頁）。

また，1952年段階で中学生だけでも，18万人もの長期欠席者がいました（加藤美帆，2012，91頁）。おそらく小学生を合わせると約40万人にはなっていたでしょう。

なぜ，このように大量の長期欠席者がいたかというと当時の文部省は「経済的窮乏」すなわち貧困を理由としてあげていますが，もう1つ，「家族による人づくり」が学校教育とは異なる自立性を有していたこと，すなわち「農業や漁業などの家業を営む家族には，学校よりも家の手伝いが大切，跡継ぎを一人前に育てるには早くから家業に従事させるほうが良いなどの家族独自の価値観と子育て方針のもとで，あえて子どもを欠席させる風習が残っていた（山田哲也，119頁）こともあげられると思います。

また，この時代の問題として指摘しておきたい第2の点は，長期欠席はの時期「学校ぎらい」「家庭の貧困」「疾病異常」「家庭の無理解」「その他」の5つのカテゴリーに区分されていましたが，この中で，「学校ぎらい」と「疾病異常」の割合がどんどん増えてくる点です。

例えば東京都の場合，「学校ぎらい」の割合は1952年約11％だったものが，1965年約41％と急増しています。また，「疾病異常」も1952年約20％だったものが，1966年約41％へと増えています（加藤，同前，124頁）。

以上2つの事実から，ここでは2点指摘しておきたいと思います。まず，第1に，1950年前後に40万から100万人も存在した長期欠席者が，1970年代半ばには，約5万人に急減しましたが，その理由です。そこには，日本の経済的復興そして，高度経済成長という影響もあったでしょう。しかし，同時に加藤が指摘するように，今日の「数値目標」よる登校拒否・不登校減らし競争を上回る自治体間での数減らしの競争があったようです（図1）。

この点について，加藤は次のように描いています。

「調査報告書では欠席日数ごとの欠席者の人数の段階的な集計が都道府県間で詳細に比較されていた。図やグラフを用いながら長期欠席者の多寡や，前年度からの減少率などが都道府県間で比較されており，ここからは調査の実施と公表によって，長期欠席者への就学督促で自治体間の競争が煽られていた状況も示唆される」（加藤，同前，90頁）。

第2に，1966年から文部省は「学校ぎらい」という名称で登校拒否・不登校に関する調査を始めます。それは，上に述べたように，長期欠席者の中で「学校ぎらい」が急増している事が影響していると思われます。私はこの「学校ぎらい」という言葉＝まなざしに注目したいと思います。

この点，加藤は次のように述べています。

「『学校ぎらい』というまなざしの出現は，戦後教育の理念の転換のなかで，学校に全ての子どもを取り込んだうえで，能力による序列化を行うという，全体化と個別化の複合した新たな統制の形であったといえるのである」（加藤，同前，129頁）。

図1 戦後日本中学校「長期欠席率」と「理由別」の数（1952〜2012）

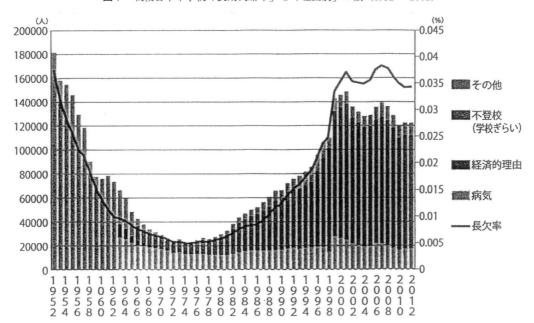

注1）1952〜1958年は文部省「公立小学校・中学校長期欠席児童生徒調査」の中学校の結果から。
注2）1959〜1962年は文部省「学校基本調査」の長期欠席者数の中学校の結果から
注3）1963〜1965年は文部省「学校基本調査」の「理由別長期欠席者数」中学校の結果。理由は「病気」「経済的理由」「その他」の3項目。
注4）1966年〜は、理由に「学校ぎらい」が加わって4項目に。1998年以降は理由「学校ぎらい」が「不登校」に名称変更。
注5）1952〜1998年は年間「50日以上」、1999年〜は「年間30日以上」と、長期欠席日数基準が変わっている。
注6）1952〜1962年のデータは「理由別」の区別がないので、上図では「その他」と同じ表示で示されている。
注7）「経済的理由」はデータのある1963年約1万人、以後減少、いまは100人未満。逆に1952年では12万人（6割強）がこれに分類できる（ただし1952〜1958年調査の「長欠理由」は独自に詳細で、かつ中途変更もあるので、図には表示できていない。
出所：久冨善之「教育の社会性と実践性との関連を追究して」，教育科学研究会編『戦後日本の教育と教育学』2014年，かもがわ出版。

　すなわち，後にふれますが「学校に行けない，学校に行かない」子どもたちが急速に増えるなかで，その子どもたちの心と身体の訴えに学び，既存の公教育＝学校に合わない子と決めつけ，排除するまなざしが「学校ぎらい」という言葉＝まなざしだと言えると思います。

第 2 章　1966 年から 1983 年まで「生徒の健全育成をめぐる諸問題——登校拒否問題を中心に——（中学校・高等学校編）」（文部省『生徒進路指導 18 集』（1983（昭和 58）年 12 月）より

> 3　登校拒否の原因や背景
> 　　登校拒否の原因や背景として，生徒やそれを取り巻く家庭，学校，社会についてどのような問題点があるか。

　登校拒否は様々な原因や背景が複雑に絡み合って起こるものである。一般的には，生徒本人に登校拒否の下地ともいえる登校拒否を起こしやすい性格傾向ができており，それが何らかのきっかけによって登校拒否の状態を招くものと考えられている。したがって，そのような性格傾向の特徴，性格傾向の形成に影響を及ぼした家庭，学校，社会における様々な要因，さらには，登校拒否を起こすきっかけとなった直接の原因などについて理解することは，登校拒否を予防したり，また，登校拒否の生徒を指導したりすることに役立つものである。

　1　本人の性格傾向
　大部分の生徒は，日常，平静に登校という行動を行っている。しかし，この行動ができない登校拒否の生徒には，一般の生徒に比して次のような性格傾向が強い。もちろん，このような性格傾向のすべてが個々の登校拒否の生徒に見られるものではないが，一般的には，これらの性格傾向が登校拒否を起こす重要な背景となっているのである。

　（1）不安傾向が強い
　ささいな事柄や種々の場面に対して極度の不安に陥りやすく，学校生活に対しても強い不安を示しやすい。

　（2）優柔不断である
　決断力に乏しい。「つらさを乗り超える気持の不足」，「ひ弱さ」などと表現されることもある。

　（3）適応性に欠ける
　退行，自閉，自己中心，抑うつなどに近い性格傾向で，適応力も低く，学級内や友人間でも孤立し，集団から遊離しやすい。

　（4）柔軟性に乏しい
　知的能力は平均，あるいはそれ以上で，学習にも熱心で成績がよいが，過度に真面目で几帳面であり，融通性がない。したがって，課題を適切に処理することができないと，自分の内面に逃避する。一般的には，行動的なことが不得手で，体育の課題やスポーツ，遊びなどに参加することを嫌う傾向がある。

　（5）社会的，情緒的に未成熟である

年齢段階相応の社会的,情緒的な発達課題を十分に達成していない場合である。すなわち,自己の主張に終始して相手の主張を頭から否定したり,逆に,自分を抑えひたすら相手に同調したりする。また,ささいなことにもすぐ不安を覚えて挫折し,周囲の助けを求めたり,恐れが先に立って回避的行動に走ったりする。

（6）神経質な傾向が強い

学業成績を気にして,成績順位や評価に一喜一憂したり,自分に対する教師の態度を過敏に読み取り,時には思い過ごしなども交えて自分に不利な方向に判断する。また,級友の自分に対する態度にも過敏に反応し,仲間から遠ざかったり,劣等感を抱いて孤立したりする。

自分の健康について気にしすぎる傾向も見られ,わずかな体の不調にも異常ではないかと恐れ悩み,不眠,頭痛,全身疲労感を訴える。朝,登校時に多く見られる腹痛,頭痛,発熱,嘔吐などの症状も神経質な性格傾向と関連して発生する。

以上を要約すれば,登校拒否の問題の背景となる性格傾向として,学級・ホームルーム,学業成績,級友,教師など学校関係の問題に強い不安を抱く,神経質である,学校環境に適応できない,未成熟・神経症的で自己無力感に悩む,自信に乏しく判断力に欠けるなどが挙げられよう。なお,学級・ホームルーム担任教師の評価では素直,まじめ,小心,弱気,心配性,無口,活気に欠ける,消極的などの性格傾向が多い。

2　家　庭

生徒の性格傾向には,一部には生得的傾向も関与するものの,家庭での養育態度,親の性格,家族関係などの家庭的要因が大きく影響していることは否定できない。登校拒否の問題の家庭的背景としては次の諸点があげられる。

（1）養育態度

人間の性格形成に大きな影響を及ぼすものの1つに生育歴,特に幼少時の育てられ方があげられる。登校拒否の背景となる前述の性格傾向も幼少時に家庭において方向づけられるところが大きいが,これと関係のある養育態度として以下のものがある。

ア）過保護である

過保護的な養育態度とは,具体的には,子供を溺愛し,子供のために犠牲を払うこともいとわず,必要以上に心配し,取り越し苦労的な配慮をし,必要なしつけであっても子供のいやがる場合はこれを行わないなどである。

その結果,子供はそれぞれの年齢段階において必要とされる発達課題の遂行が困難となる。仲間との遊びなどで年齢相応に自分の欲求を自制することができなかったり,遊びに加わることに不安や恐怖を覚えて溶け込んでいけず,親から離れようとしないなどはその例である。また,いつまでも親に依存し,親の支配の下から離れようとしないなどの行動傾向も過保護的な養育態度の所産である。

過保護は,また,困難な問題に直面したときに真正面からこれと取り組むことができない性格の形成を助長し,困難を回避する手段としての発熱,腹痛,失神,皮膚アレルギーなどの心身症的症状を引き起こす素地ともなる。

イ）言いなりである

親が子供の言いなりになり，子供の要求は何でも叶えてやるという養育態度である。子供は自分の欲求を自制する機会を与えられず，我がままに振る舞う行動傾向が身につく。この結果，学級や小グループ内で他の子供と正常な関係を保つことができず，これと対立したり孤立したりする。多くの場合，孤立化し，後の中学校や高等学校での登校拒否の背景になりやすい。

ウ）過干渉である

親が子供を自分の思うように育てようとして，子供の行動に過度に干渉する養育態度である。子供の主体的な考えや行動を無視して，子供の行動を細かく指示したり，親の意見に合わない子供の行動態度を非難，反対したり，子供自身が決めるべき問題でも親が干渉したりすることなどがその例である。このような過干渉の結果，子供は仲間との遊びや日常行動において自分の判断によって行動する態度が身につかず，事あるごとに親に依存し，親の指示がなければ行動できなかったり，親のいないところでは萎縮して自由に振る舞えなかったりするなどの傾向が身につく。

（2）養育者の性格傾向

子供の性格の形成には，養育者，特に父母が重要な役割を演じている。登校拒否の生徒の養育者の性格傾向は，その意味において重要である。特に，幼少時における母親の役割，自我の確立期における父親の役割が重要であり，これらの時期にいずれかが欠け，あるいは実質的不在や不和の場合には問題につながりやすい。なお，祖父母，特に祖母の影響力が強い場合もあることに留意する必要がある。

ア）父親

父親が社会性に乏しく，無口で内向的であり，男らしさや積極性に欠け，自信欠如であるといった場合には，子供の成長過程でモデルとなるべき父親像を子供に示してやることができず，登校拒否の下地となりやすい。また，子供に対して専制的であり，仕事中心で，あまり子供と接触がない場合にも，モデルとしての父親像が与えられないことが多い。

イ）母親

母親が不安傾向を持ち，自信欠如，情緒未成熟，依存的，内気であるといった場合には，一般に子供に対する態度が過保護なものとなりやすい。このような性格傾向と過保護的養育態度の結合は，登校拒否の重要な背景の1つと考えられる。

（3）家族の人間関係

家庭内の人間関係は子供の価値観や生活態度に大きな影響を及ぼし，子供の情緒的，社会的発達と深く関連している。両親や祖父母などの間柄が円満な家庭では，子供も情緒的に安定しているが，逆に，反目の見られる家庭では，子供は情緒的に不安定になりやすい。

（4）学校教育についての価値観

登校拒否の生徒の家庭の多くは教育に対する関心が極めて高い。この関心は，多くの場合，学歴志向につながっており，子供は幼少時から学業成績を最大の関心事として育てられる。したがっ

て，子供は学業成績の低下，教師との感情的対立や摩擦などの事態を学歴への志向の実現を妨げるものと受け取り，学校に対する不安や脅威感をいだきやすい。

3 学 校

幼稚園児の登園拒否や小学生の登校拒否は，親から離れることへのいわゆる分離不安や，何となく学校へ行くのが恐い，行く気がしないという，理由がはっきりしない不安状態から起こる場合が多い。しかし，中学校や高等学校においては，学習，部活動，対人関係などが登校拒否の背景となっている。

（1）学 習

小学校から中学校へ，さらに高等学校へと進むにつれ，教科内容は次第に分化，高度化してくる。また，進学準備もあり，教科の成績が重視されてくる。そのため，程度の差はあるが，学習が遅れたり，学習についていけなかったりすることによって，自信喪失，心因性抑うつ等の問題につながることが多い。

（2）クラブ活動・部活動

クラブ活動やいわゆる部活動は，生徒の健全な人格形成を図る上で有意義なものである。ただし，小学生時代に比べて中学生や高校生の都活動ははるかに組織的，目標志向的，訓練的になる。部員は，決められたルールに従って行動し，練習し，スケジュールを消化することを要求される。しかし，耐性が身についていない生徒は，ルール通りに行動できず，粘りに欠けたり練習に消極的で，引っ込み思案になったり，弱気でやる気をなくしたりする。このような練習態度のため，仲間から排斥され，多くの場合，部に留まりにくくなり，ひいては部活動のみならず学校をも回避し，登校拒否のきっかけとなることも珍しくない。

（3）対人関係

登校拒否の生徒の多くは，前述のような性格や行動傾向のために，対人関係において適切に対応することが苦手である。教師や友人のささいな言葉に神経をとがらせてすぐ不安になったり，教師の叱責に強い恐怖を覚えたりして，自分の思うままにならないと強い不満を持つが，それを相手に直接ぶつけることができず，心の中にためておく。教師や友人との約束を果たそうとはするが，優柔不断やためらいから，結局は，実行せず，友人にいじめられるなど対人関係につまずきがちで，接触も少なくなる。これらの対人関係における孤立的，回避的な行動は登校拒否の1つの要因と見ること　ができよう。

4 社 会
（1）学歴偏重の風潮

今日，我が国の社会における問題の1つとして学歴偏重の弊害が指摘されている。現在の中等教育は，この学歴偏重の社会的風潮の影響を多分に受けており，生徒には，どの高校や大学へ入学するかが一生を左右する重要な問題と映ることも少なくない。受験競争は，一方において，生徒の学習意欲を高めるものであるが，他方，過熱化すると，生徒にとって心理的な負担や圧力となり，登校拒否が起こる背景となっている。また，学業成績を過度に重視する風潮も生徒の心をゆがめ，また，成績の振るわない生徒の意欲を失わせたり，劣等感を植えつけたりして，登校拒

否の土壌をつくることもある。

　欧米においては，登校拒否はわが国におけるほど深刻な問題となっていないと言われる。その原因としては，いわゆるエリートコースに乗るだけが人生のすべてではないという社会的価値や志向の多様性が歴史的に浸透していること，高学歴信仰がわが国ほど強くないことなどがあげられている。登校拒否の背景をなすわが国の社会的情勢を検討する上で参考になろう。

（2）社会環境の急激な変化

　登校拒否の問題が登場したのは，第2次大戦後，国民生活が安定し，次第に向上し始めた頃である。一般に，登校拒否は，都市部，特に大都市ないしその周辺に多く発生していると言われており，また，年を追ってその出現率が増大している。

　大人も含め現代の社会は，物質的には豊かな中で，他人を思いやる心や弱者をいたわる心など人間として基本的に備えるべき精神性の重要さを見失いがちであり，地域社会における連帯感なども薄れてきたと言われている。

　また家庭においては，核家族化や少子家族化の進行が見られる。このような社会環境の急激な変化の中で，子供は，多種多様な対人関係や生活体験の機会に恵まれず，社会性の発達も阻害されがちとなったり，基本的な生活習慣や社会規範を遵守する意識などが十分形成されにくい傾向が見られる。この意味で，登校拒否の背景の1つとして社会の急激な変化をあげることができる。

5　問題の背景についての総合的理解

　これまで，登校拒否の背景として本人の性格傾向，家庭や学校，社会などの諸側面について考えてみたが，現実の登校拒否の生徒にあっては，これらの側面は複雑かつ有機的に絡み合っており，1つか2つの要因をあげて，問題の背景と決めつけることはできない。教師は，常に総合的な視点から問題の背景を洞察することが肝要である。

〈解　説〉

「生徒の健全育成をめぐる諸問題――登校拒否問題を中心に――」（1983年，生徒指導資料第18集）

　この「生徒指導資料18集」は，登校拒否・不登校が増え始めた時期に「校内暴力などの児童生徒の反社会的な問題行動が深刻化しているが，登校拒否をはじめとするいわゆる非社会的な問題行動も憂慮すべき状況にあり，社会的にも大きな関心を集めている（まえがき）」との問題意識で出されたものです。

　そして，内容を見るとまず，第1に，登校拒否は特定の子どもに起こるとして次のように述べています。

　「一般的には生徒本人に登校拒否の下地とも言える登校拒否を起こしやすい性格傾向ができており，それが何らかのきっかけによって登校拒否の状態を招くものと考えられている」（22頁）そして，その「登校拒否を起こしやすい性格傾向としては，次のものをあげています。

　「不安傾向が強い」「優柔不断である」「適応性に欠ける」「柔軟性に欠ける」「社会的，情緒的に未成熟である」「神経質な傾向が強い」（22〜23頁）

以上，一面的に性格傾向を特徴づけていることがわかります。

　また，第2に家庭の父親・母親についても次のように述べています。

　「ア．父親……父親が社会性に乏しく，無口で内向的であり，男らしさや積極性に欠け，自信

欠如であるといった場合には，子供の成長過程でモデルとなるべき父親像を子供に示してやることができず，登校拒否の下地となりやすい」

「イ．母親……母親が不安傾向を持ち，自信欠如，情緒未成熟，依存的，内気であるといった場合には，一般に子供に対する態度が過保護なものとなりやすい。このような性格傾向と過保護的養育態度の結合は，登校拒否の重要な背景の1つと考えられる」（26頁）

以上ふれてきたように，「生徒指導資料18集」では登校拒否は，特定の性格傾向を持った子どもに起こる，そして，そのような子どもを育てた親の性格傾向・育て方にも原因があるとするものです。

さて，一般的に登校拒否になった子どもはなぜ自分は学校に行けないのか，自分を責めます。そして，親，特に母親もそのような子どもを育てた自分の育て方が悪かったのではないかと自分を責めます。このような構造の中で，以上まとめた「生徒指導資料18集」の考え方は，そのような登校拒否児，あるいは登校拒否児を持った母親をますます激しく責めることになります。

このような中で，社会的にも責められ追いつめられ登校拒否家庭の子殺しが相次いだそうです（加藤美帆，2004）。私も独自に調べましたが，1981年から84年にかけて少なくとも登校拒否を原因とする親子心中が4件ありました。

確かに，この「生徒指導資料第18集」は背景を総合的にとらえることも指摘していますが，登校拒否の原因は子や家庭・親の問題に焦点化されており極めて問題の多いものでした。

そして，このような文部省の見解に抗議する意味も込めて全国に自助組織である「親の会」が組織されます[1]。

第3章　登校拒否問題への対応について（資料）

文初中第330号
平成4（1992）年9月24日

登校拒否問題への対応について

　児童生徒の登校拒否問題への対応につきましては，関係者において特段の努力が払われているところですが，依然として登校拒否児童生徒の数は増加傾向にあり，憂慮される事態となっております。

　文部省としても，これまで，登校拒否児童生徒の全国的な状況の把握に努め，指導資料の作成や教育研修の実施など各種の施策を講じてきたところですが，上記のような状況にかんがみ，平成元年7月に有識者による「学校不適応対策調査研究協力者会議」を発足させ，登校拒否問題への対応に関する基本的な在り方について広く総合的・専門的な観点から検討を願い，本年3月13日に「登校拒否（不登校）問題について」の報告を取りまとめていただいたところです。

　文部省としては，この報告の趣旨を踏まえ，今後さらに施策の充実に取り組むこととしておりますが，貴職におかれても，左記により登校拒否問題に対する取組の充実に一層努められるようお願いします。なお，都道府県教育委員会にあっては，管下の市町村教育委員会に対して，都道府県知事及び国立大学長にあっては，管下の学校に対して，この趣旨を徹底されるよう願います。

記

1　登校拒否問題に対応する上での基本的な視点

　［cir1］　登校拒否はどの児童生徒にも起こりうるものであるという視点に立ってこの問題をとらえていく必要があること。

　［cir2］　いじめや学業の不振，教職員に対する不信感など学校生活上の問題が起因して登校拒否になってしまう場合がしばしばみられるので，学校や教職員一人一人の努力が極めて重要であること。

　［cir3］　学校，家庭，関係機関，本人の努力等によって，登校拒否の問題はかなりの部分を改善ないし解決することができること。

　［cir4］　児童生徒の自立を促し，学校生活への適応を図るために多様な方法を検討する必要があること。

　［cir5］　児童生徒の好ましい変化は，たとえ小さなことであってもこれを自立のプロセスとしてありのままに受け止め，積極的に評価すること。

2　学校における取組の充実

（1）学校は，児童生徒にとって自己の存在感を実感でき精神的に安心していることのできる場所――「心の居場所」――としての役割を果たすことが求められること。

（2）学校は，登校拒否の予防的対応を図るために，児童生徒一人一人の個性を尊重し，児童生徒の立場に立って人間味のある温かい指導が行えるよう指導の在り方や指導体制について絶えず検討を加え，次のような取組を行う必要があること。

［cir1］　個に応じた指導に努めるなど指導方法，指導体制について，工夫，改善に努めること。
［cir2］　児童生徒の自立性，主体性を育みながら，一人一人がたくましく生きていくことのできる力を養っていくこと。
［cir3］　児童生徒が適切に集団生活に適応する力を身に付けることができるように，学級活動等を工夫すること。
［cir4］　主体的な進路選択能力を育成するため，発達段階に応じた適切な進路指導を行うこと。
［cir5］　児童生徒の立場に立った教育相談を充実すること。
［cir6］　開かれた学校という観点に立って，家庭や地域社会との協力関係を築いていくこと。
（3）学校においては，全教職員が登校拒否問題についてあらかじめ十分に理解し，認識を深め，個々の問題の対応に当たって一致協力して取り組むとともに，校内研修等を通じて教職員の意識の啓発と指導力の向上に努めること。また，登校拒否児童生徒への具体的な指導に当たっては，次の点に留意する必要があること。
［cir1］　登校拒否となる何らかの前兆や症状を見逃さないよう常日頃から児童生徒の様子や変化をみていくことが大切であり，変化に気付いた時は，速やかに適切な対応をとること。
［cir2］　登校拒否が長期に及ぶなど，学校が指導・援助の手を差し伸べることがもはや困難と思われる状態になる場合もあるが，このような状態に陥りそうな場合には，適切な時期をとらえて，教育センター等の専門機関に相談して適切な対応をとる必要があること。その際，保護者に対し，専門的観点から適切な対応をすることの必要性を助言し，十分な理解を得ることが大切であること。
［cir3］　登校拒否児童生徒が登校してきた場合には，温かい雰囲気のもとに自然な形で迎え入れられるよう配慮するとともに，徐々に学校生活への適応力を高めていくような指導上の工夫を行うこと。

3　教育委員会における取組の充実

　都道府県及び市町村の教育委員会は，自ら登校拒否問題に対する認識を深めるとともに，それぞれの立場から積極的に施策を展開し，学校における取組が効果的に行われるよう支援する必要があること。その際，次に例示するような方策を含め，多様な方策が検討される必要があること。
［cir1］　登校拒否問題への適切かつきめ細かな対応を行うため，それぞれの地域の状況に応じ，登校拒否についてのより的確な実態把握に努めること。
［cir2］　登校拒否児童生徒の指導の中核となる生徒指導担当者等に対して，登校拒否問題についての専門的，実践的研修を積極的に実施するなど教員研修の効果的な実施に努めること。
［cir3］　学校における指導体制を充実させるため，必要に応じた学校への教員の加配，教育相談等の研修講座を通じての専門的力量をもった教員の育成等の施策を講ずること。
［cir4］　教育センター等の教育相談機関の整備や施設・設備，スタッフの充実等を図ること。
［cir5］　学校以外の場所に登校拒否の児童生徒を集め，その学校生活への復帰を支援するため様々な指導・援助を行う「適応指導教室」について，その設置を推進するとともに，指導員や施設設備等の充実に努めること。
［cir6］　社会教育施設を利用して行われる登校拒否児童生徒の適応指導のための自然体験活動等の事業の推進を図ること。その際，施設と学校等との連携に配慮すること。
［cir7］　保護者に対するカウンセリングの実施，保護者同士の懇談会の開催，家庭向けの啓発資

料の作成などの保護者への啓発・支援の取組を行うこと。また，すべての家庭に対して登校拒否への関心を高めるよう啓発を行うこと。

4　関係機関等との連携

（1）学校においては，教育センター，児童相談所等の関係機関と日頃から連携を図っておくことが大切であること。時に登校拒否の程度が進み学校の指導の限界を超えると思われる場合には，速やかに相談・指導を行う専門の関係機関に協力を求めることも必要であること。

（2）相談・指導を行う関係機関としては，適応指導教室，教育センター，児童相談所などの公的機関が適切であるが，公的な指導の機会が得られないあるいは公的機関に通うことも困難な場合で本人や保護者の希望もあり適切と判断される場合は，民間の相談・指導施設も考慮されてよいこと。

ただし，民間施設での相談・指導を考慮する場合，その性格や活動内容は多種多様であるので学校や教育委員会はその施設の実態を十分把握した上で，本人にとって真に適切かどうか判断する必要があること。

（3）学校は当該児童生徒が学校外の公的機関や民間施設において相談・指導を受けている間の状況を十分フォローアップすることが大切であり，可能な限りその指導状況を把握するなど，相談・指導を他の公的機関等に任せきりにすることのないよう留意すること。

（4）義務教育諸学校の登校拒否児童生徒が学校外の公的機関や民間施設において相談・指導を受けている場合の指導要録上の出欠の取扱いについては，別記によるものとすること。

（別記）

登校拒否児童生徒が学校外の公的機関や民間施設において相談・指導を受けている場合の指導要録上の出欠の取扱いについて

1　趣旨

登校拒否児童生徒の中には，学校外の施設において相談・指導を受け，学校復帰への懸命の努力を続けている者もおり，このような児童生徒の努力を学校として評価し支援するため，我が国の義務教育制度を前提としつつ，一定の要件を満たす場合に，これら施設において相談・指導を受けた日数を指導要録上出席扱いとすることができることとする。

2　出席扱いの要件

登校拒否児童生徒が学校外の施設において相談・指導を受けるとき，左記の要件を満たすとともに，当該施設への通所又は入所が学校への復帰を前提とし，かつ，登校拒否児童生徒の自立を助けるうえで有効・適切であると判断される場合に，校長は指導要録上出席扱いとすることができる。

（1）保護者と学校との間に十分な連携・協力関係が保たれていること。

（2）当該施設は，教育委員会等が設置する適応指導教室等の公的機関とするが，公的機関での指導の機会が得られないあるいは公的機関に通うことが困難な場合で本人や保護者の希望もあり適切と判断される場合は，民間の相談・指導施設も考慮されてよいこと。

ただし，民間施設における相談・指導が個々の児童生徒にとって適切であるかどうかについては，校長が，設置者である教育委員会と十分な連携をとって判断するものとすること。このため，学校及び教育委員会においては，学校不適応対策調査研究協力者会議報告（平成4年3月13日）に

別記として掲げられている「民間施設についてのガイドライン（試案）」を参考として，前記判断を行う際の何らかの目安を設けておくことが望ましいこと。
（3）当該施設に通所又は入所して相談・指導を受ける場合を前提とすること。

3　指導要録の様式等について
　前記の取扱いに伴い，平成3年3月20日付け文初小第124号「小学校児童指導要録，中学校生徒指導要録並びに盲学校，聾学校及び養護学校の小学部児童指導要録及び中学部生徒指導要録の改訂について」で示した指導要録の様式等について，それぞれ別紙のように改めることとする。
　別紙（略）

<h3 style="text-align:center">〈解　説〉</h3>

　この報告は，以下の3つの特徴を持っていました。
　まず，第1に，登校拒否の原因を「特定の子どもの性格傾向やそういう子を育てた，親の「養育責任」にあるという，前述の1983年の「生徒の健全育成をめぐる諸問題――登校拒否問題を中心に――」を撤回し，「登校拒否はどの子にも起こりうるものである」とし，原因は学校のあり方を含むものであるとした点です。そして，出来るだけ登校拒否・不登校の子どもを「見守る」としたことです。
　第2に，学校だけでなく「適応指導教室」をはじめ学校外の公的機関や民間指導施設にも，登校拒否の子どもの支援を求め，それらを通じて「子どもの心の居場所づくり」を展開するというものです。また，それらの教室・施設への出席も学校長・教委が適当と見なせば学校への出席と見なすとした点です。
　第3は，この報告書を作成した主体が「学校不適応調査研究協力者会議」となっている。あるいは「適応指導教室」の名称にも見られるように，あくまでも登校拒否の子どもは学校に「不適応」である。そして，その子らを既成の学校に「適応」させるという考え方が色濃く見られるという点です[2]。
　この点について，横湯園子は次のように述べています。
　「学校生活への適応を図るために『適応指導』が強調され，『適応指導学級』を筆頭に具体例が細かく列挙されていて，子どもの心を無視し，休んでいる子どもが『問題』とされる構図に変わりはない」「このような事が平然と行われたら，子どもは地域ぐるみの監視と干渉をうけて追い詰められ息もつけなくなることは目に見えている。本報告の提起する方策は，かえって登校拒否を増加させる恐れのほうが大きいことが危惧される」（『教育研究資料第2集』民主教育研究所，1992年所収）
　この横湯の指摘は，その後の経過を見ると当たっています。すなわち，その後，登校拒否・不登校数は激増しつづけるからです。
　以上，1992年の報告は一定の評価すべき点を持ちながらも本質的には大きな問題点を持っていました。

第4章　今後の不登校への対応の在り方について（報告）
（不登校問題に関する調査研究協力者会議，2003年3月）（資料）

目　次

第1章　はじめに－本協力者会議の基本姿勢
　1　不登校の現状に関する認識
　2　正しい理解に基づく確実な取組の必要性
　3　不登校の要因・背景の多様化と教育の果たす役割
　4　本協力者会議の審議経過と報告のねらい

第2章　不登校の現状
　1　不登校の定義や現状
　　（1）不登校の定義や不登校児童生徒数の推移等
　　（2）不登校となった直接のきっかけ
　　（3）不登校状態が継続している理由（不登校の態様・タイプ）
　　（4）不登校児童生徒への指導の結果
　　（5）進路の状況等
　2　不登校の要因・背景の多様化・複雑化
　　（1）不登校の背景と一般的な社会の傾向等
　　（2）不登校との関連で新たに指摘されている課題
　　（3）不登校の要因・背景の特定の難しさ
　　（4）多様な要因・背景と適切な対応策
　3　不登校の実態把握の在り方
　　（1）適切な実態把握の必要性と調査の在り方
　　（2）実態把握と対応の在り方との関係
　4　高等学校における長期欠席の課題への認識
　5　「ひきこもり」問題との関連

第3章　不登校に対する基本的な考え方
　1　将来の社会的自立に向けた支援の視点
　2　連携ネットワークによる支援
　3　将来の社会的自立のための学校教育の意義・役割
　4　働きかけることや関わりを持つことの重要性
　5　保護者の役割と家庭への支援

第4章　学校の取組
　1　魅力あるよりよい学校づくりのための一般的な取組
　　（1）新学習指導要領のねらいの実現
　　（2）開かれた学校づくり
　　（3）きめ細かい教科指導の実施
　　（4）学ぶ意欲を育む指導の充実
　　（5）安心して通うことができる学校の実現
　　（6）児童生徒の発達段階に応じたきめ細かい配慮
　2　きめ細かく柔軟な個別・具体的な取組
　　（1）校内の指導体制及び教職員等の役割

（2）情報共有のための個別指導記録の作成
　　（3）家庭への訪問等を通じた児童生徒や家庭への適切な働きかけ
　　（4）不登校児童生徒の学習状況の把握と学習の評価の工夫
　　（5）児童生徒の再登校に当たっての受入体制
　　（6）児童生徒の立場に立った柔軟な学級替えや転校等の措置
　3　不登校児童生徒の実態に配慮した特色ある教育課程の試み

第5章　関係機関の連携による取組
　1　入所・通所型の施設の取組
　　（1）適応指導教室の整備充実
　　（2）社会教育施設の体験活動プログラムの積極的な活用
　　（3）公的機関と民間施設やNPO等との積極的な連携
　2　訪問型の支援の取組
　　（1）公的な機関等による訪問型の支援の推進
　　（2）訪問型の支援の実施に当たっての配慮
　3　ITの活用

第6章　中学校卒業後の課題
　1　高等学校に関する取組
　　（1）高等学校入学者選抜等の改善
　　（2）高等学校における長期欠席・中途退学への取組の充実
　2　中学校卒業後の就学・就労や「ひきこもり」への支援
　　（1）中学校卒業後の青少年の進路の相談や受け皿づくりへの期待
　　（2）中学校卒業後のひきこもり傾向にある青少年への支援

第7章　教育委員会に求められる役割
　1　不登校や長期欠席の早期の把握と対応
　2　学校等の取組を支援するための教育条件等の整備
　　（1）教員の資質向上
　　（2）きめ細かな指導のための適切な人的措置
　　（3）保健室や相談室等の整備
　3　学校における指導等への支援
　　（1）モデル的な個別指導記録の作成
　　（2）転校のための柔軟な措置
　4　適切な対応の見極め（「アセスメント」）及びそのための支援体制づくり
　5　学校外の公的機関等の整備充実
　　（1）適応指導教室の整備充実やそのための指針づくり
　　（2）教育センターや教育研究所等における教育相談機能の充実
　6　訪問型支援など保護者への支援の充実
　7　官民の連携ネットワークの整備の推進
　　（1）他部局との連携協力のためのコーディネート
　　（2）関係機関のネットワークづくりと不登校対策の中核的機能の整備充実
　　（3）民間施設等との連携協力のための情報収集・提供等

第8章　国に求められる役割
　1　不登校の実態把握のための概念整理や調査の在り方の検討

2 不登校への対応に関する全国の情報収集・情報提供
3 関係省庁との連携協力
4 不登校施策の改善へ向けた不断の取組

別添
1. <u>適応指導教室整備指針（試案）</u>
2. <u>不登校に対する連携モデル（試案）</u>
3. <u>民間施設についてのガイドライン（試案）</u>

<u>参考資料</u>

資料
1. <u>不登校問題に関する調査研究について</u>
2. <u>不登校問題に関する調査研究協力者会議の審議経過</u>
3. <u>今後の不登校への対応の在り方について（報告骨子）</u>

今後の不登校への対応の在り方について（報告）

第1章 はじめに－本協力者会議の基本姿勢

1 不登校の現状に関する認識

　文部科学省の調査によると、我が国の小・中学校の不登校児童生徒数は、平成13年度には約13万9千人に上っており、過去最多を更新し続けている。
　このように不登校が増加し続けている現状にあって、豊かな人間性や社会性、生涯学習を支える学力を身につけるなど、すべての児童生徒がそれぞれ自己実現を図り、また、社会の構成員として必要な資質・能力の育成を図るという義務教育制度の趣旨から、不登校に関する取組の改善を図ることは、我が国社会にとって喫緊の課題であって、早急に具体的な対応策を講じ、実行する必要がある。
　不登校については、特定の子どもに特有の問題があることによって起こることとしてではなく、どの子どもにも起こりうることとしてとらえ、当事者への理解を深める必要がある。一方で、不登校という状況が継続すること自体は、本人の進路や社会的自立のために望ましいことではなく、その対策を検討する重要性についても認識を持つことが求められる。
　こうした観点から、本協力者会議は、教育行政上の課題として「不登校問題」の解決に向けて調査研究を行うことを設置の趣旨としている。しかし、個々の不登校の事例に着目すると、その要因・背景は多様であり、そうした児童生徒の行為すべてを「問題行動」と決め付けるかのような誤解を避けるため、本協力者会議は、「不登校問題」という語の使用を控えることとした。

2 正しい理解に基づく確実な取組の必要性

不登校については、平成4年3月の「学校不適応対策調査研究協力者会議」の報告「登校拒否（不登校）問題について」（以下、「平成4年報告」という。）があるが、この報告における不登校に対応する上での基本的な視点や取組の充実のための提言自体は、今でも変わらぬ妥当性を持つものである。

　しかしながら、不登校児童生徒数は、現在、調査開始以来最多となっており、この提言が、関係者の間において正しく理解され十分に実践されているのか、また、時代の変化とともに、新たに付加すべき点がないかを今一度検証し、実行に移すための方策を検討することが急務だという基本的な認識に立ち、本協力者会議は検討を行った。

<u>3　不登校の要因・背景の多様化と教育の果たす役割</u>

　不登校の要因や背景としては、後に述べるように、家庭、学校、本人に関わる様々な要因が複雑に絡み合っている場合が多く、さらに、その背後には、個人の生きがいや関心の「公」から「私」への私事化、社会における「学びの場」としての学校の相対的な位置付けの変化、学校に対する保護者・子ども自身の意識の変化等、社会全体の変化の影響力が少なからず存在している。

　そのため、この課題を教育の課題としてのみとらえて対応することに限界があるのも事実である。しかしながら、そうした点も考慮した上で、義務教育段階の児童生徒に対して教育が果たすことができる、あるいは果たすべき役割が大きいこと、また現在の取組には改善の余地があることに着目し、特に教育関係者が取り組む事柄について示すのが、本協力者会議の意図である。これは、不登校児童生徒に向き合って懸命に努力し、成果を上げてきた学校関係者等の実践例等を参考に、学校や教育関係者等が一層充実した学校における指導や家庭への働きかけ等を行うことにより、不登校に関する取組の改善を図り、まずは公教育としての責務を果たそうと考えるものである。

　また、言うまでもなく、不登校は、その要因・背景が多様であることから、学校のみでは解決することが困難な場合も多い課題である。その観点から、本協力者会議においては、学校の取組の強化のみならず、そのために必要な学校への支援体制や関係機関との連携協力等のネットワークによる支援、家庭の協力を得るための方策等についても検討を行った。

<u>4　本協力者会議の審議経過と報告のねらい</u>

　本協力者会議は、文部科学省初等中等教育局長の諮問機関として、平成14年9月に発足し、不登校児童生徒の学校復帰及び自立を支援する観点から、①不登校問題の実態の分析、②学校における取組の在り方、③学校と関係機関との連携の在り方、④その他不登校問題に関連する事項について調査研究を行うという役割を与えられた。

　本協力者会議は、できるだけ実証的・客観的に現状と課題を検証すること、様々な立場から実践に携わっている関係者からヒアリングを行うなど幅広く意見を聴くことに特に意を用いて検討を進めてきた。また、本協力者会議の発足に先立って公表された不登校経験者に対する追跡調査（以下、「不登校経験者の実態調査」という。）の知見を積極的に生かすなど、不登校の当事者の意識や要望等に配慮するとともに、国民の幅広い理解と協力が得られるよう、会議の公開やパブリックコメントを実施するなど、開かれた会議運営に努めてきた。

　本協力者会議の報告は、学校や教育関係者等における取組の充実に資するための指針となる提言である。国、各教育委員会や学校等において関係者が本報告を活用し、今後の不登校に関する取組の充実を図ることに期待したい。

　なお、本報告の提言に基づく個々の学校現場における具体的な指導方法や事例の紹介、家庭との連携協力の在り方等については、今後、別の検討の場へ委ねることとした。

第2章 不登校の現状

1 不登校の定義や現状

(1) 不登校の定義や不登校児童生徒数の推移等

　文部科学省の「学校基本調査」及び「児童生徒の問題行動等生徒指導上の諸問題に関する調査」（以下、「問題行動等調査」という。）においては、「不登校児童生徒」を何らかの心理的、情緒的、身体的あるいは社会的要因・背景により、登校しないあるいはしたくともできない状況にあるため年間30日以上欠席した者のうち、病気や経済的な理由による者を除いたものとして調査しており、本協力者会議においても同様に不登校を定義して検討を行った。

　文部科学省の調査によると、国・公・私立の小・中学校で、平成13年度に「不登校」を理由として30日以上欠席した児童生徒数は、小学生2万6,511人、中学生11万2,211人の合計13万8,722人であり、調査開始以来最多となっている。これを全体の児童生徒数との割合で見ると、小学校では275人に1人（0.36％）、中学校では36人に1人（2.81％）となっており、小・中学校の合計では全児童生徒数の約1.2％を占めている。

　学校数について見てみると、全公立小・中学校中、不登校児童生徒が在籍する学校の割合は、平成3年度は約39.3％であったのが平成13年度は約57.6％となっており、半数以上の学校に不登校児童生徒が在籍しているという状況となっている。同時に、1校当たりの平均の不登校児童生徒数も平成3年度には約4.8人であったのが平成13年度には約7.0人に増加している。

　また、学年別に見ると、学年が上がるにつれて不登校児童生徒数は増加しており、特に小学校6年生から中学校1年生、中学校1年生から2年生の間で大きく増加している。

（参考資料）
(1) 不登校児童生徒数の推移
(2) 不登校児童生徒の在籍学校数等
(3) 学年別不登校児童生徒数

(2) 不登校となった直接のきっかけ

　不登校となった直接のきっかけについては、「学校生活に起因するもの」が36.2％、「家庭生活に起因するもの」が19.1％、「本人の問題に起因するもの」が35.0％となっている。それぞれに含まれる事項毎に見ると、「（特に直接のきっかけとなるような事柄がみあたらない）本人に関わる問題」（28.6％）、「友人関係をめぐる問題」（19.7％）、「親子関係をめぐる問題」（9.7％）等が多い。またこれらの推移を見ると、「友人関係をめぐる問題」の比率が伸びている。

　これを小・中学校別に見ると、小学校においては「本人の問題に起因するもの」のほか、「家庭生活に起因するもの」の割合が高い。中学校においては「学校生活に起因するもの」の割合が最も高く、「本人の問題に起因するもの」が続く。また、個別の事項では、小学校と比して中学校では「学校生活に起因するもの」のうち「学業の不振」の割合や「友人関係をめぐる問題」の割合が高くなっている。

　また、調査方法等が異なるため単純な比較は困難であるが、不登校経験者に直接聞いた「不登校経験者の実態調査」においては、「友人関係をめぐる問題」が最も多く、44.5％を占めており、続いて「学業の不振」が27.6％、「教師との関係をめぐる問題」が20.8％であるなど学校生活に関わるものが顕著となっている。さら

に、同じ調査の中で行われたインタビュー結果では、いじめや体罰等の存在を指摘する声があった。
（参考資料）
（4）不登校となった直接のきっかけ別の推移
（5）本人に尋ねた不登校のきっかけ

(3) 不登校状態が継続している理由（不登校の態様・タイプ）

　文部科学省においては、不登校の要因や背景についても可能な限り把握し、適切な対応を図るために、不登校状態が継続している理由（不登校の態様・タイプ）についても調査をしており、平成13年度においては、「不安など情緒的混乱」が26.1％、「複合（複合的な理由によりいずれの理由が主であるか決めがたい）」が25.6％、「無気力」が20.5％となっている。推移を見ると近年「複合」の割合が伸びており、不登校の要因・背景の複合化や多様化がうかがわれる。また、小・中学校別に見ると、小学校においては、「あそび・非行」型の占める割合が0.7％であり最も少ないのに対して、中学校においては13.6％を占めている。
（参考資料）
（6）不登校状態が継続している理由別推移

(4) 不登校児童生徒への指導の結果

　不登校の増加に対して、学校関係者は手をこまねいていたわけではもちろんない。様々な取組によって、平成13年度では、不登校児童生徒のうち25.6％の者が登校する（できる）ようになっており、21.4％の者が「登校には至らないものの好ましい変化がみられるようになった」との報告がなされている。また、「『指導の結果登校するようになった児童生徒』に特に効果のあった学校の措置」としては、小・中学校とも「家庭訪問を行い、学業や生活面での相談にのるなど様々な指導・援助を行った」、「登校を促すため、電話をかけたり迎えに行くなどした」が多く挙げられている。
（参考資料）
（7）不登校児童生徒への指導結果の状況
（8）「指導の結果登校するようになった児童生徒」に特に効果のあった学校の措置

(5) 進路の状況等

　不登校生徒の進路の状況については、中学校卒業後5年間にわたって追跡調査した「不登校経験者の実態調査」から、様々な知見が得られる。その結果によれば、不登校経験者は、総じて進学率が低く（高等学校等65％、大学等13％）、就職率や高等学校中退経験の割合が高いといった傾向が示されている。また、中学校卒業から5年後の時点（約20歳）では、「就学・就労ともにしていない者」が23％であり、同年齢全体のいわゆる「無業者」の割合に比して高い数値となっている。意識調査の結果と併せて考察すると、就職・就労の経験を通じて、夢や希望を見出して生活している者が少なくない一方で、それらを経験する機会を逸したまま、進路を模索する状態が続いている者が見られる。
（参考資料）
（9）不登校生徒の卒業後の進路

2　不登校の要因・背景の多様化・複雑化

(1) 不登校の背景と一般的な社会の傾向等

　ア　不登校の実態について考える際の背景としては、近年の子どもたちの社会性等をめぐる課題、例えば、自尊感情に乏しい、人生目標や将来の職業に対する夢や希望等を持たず無気力な者が増えている、学習意欲が低下している、耐性がなく未成熟であるといった傾向が指摘されている。
　　また、学校に行かなければならないといった義務感や学校へ行かないことに対する心理的負担感が薄れてきている傾向も指摘されている。「不登校経験者の実態調査」では、「学校へ行きたかったが、行けなかった」という葛藤を抱える事例は依然として少なくなく、不登校当事者自身も悩み苦しんでいることが分かるが、一方で、「学校へ行かないことに何ら心理的負担はなかった」、「自分自身は不登校を悪いこととは思わないが、他人の見方が気になった」といった者が相当の割合を占めている。なお、こうした回答の中に、家庭や地域などの「他人の見方」によって不登校児童生徒が心理的に強い圧迫を感じるような事例や様々な事情でやむを得ず欠席に至っている事例が含まれているということを忘れてはならない。
　　「平成4年報告」が指摘するように、不登校は、特定の子どもに特有の問題があることによって起こるという固定的な概念でとらえるのではなく、「どの子どもにも起こりうる」ものとなっているという現代の社会状況等も視野に入れ、近年の子どもたちの状況を正しく把握した上で総合的かつ効果的に対策を講じることが必要である。
　　（参考資料）
　　（10）同世代の人達について問題だと思う点
　　（11）低年齢少年の価値観　①「自分に自信がある」か、②「自分がだめな人間だと思うことがよくある」か
　　（12）学校を休んでいたときの気持ち

　イ　保護者の側については、近年の都市化、核家族化、少子化、地域における人間関係の希薄化などを背景に、一部では、無責任な放任や過保護・過干渉、育児への不安、しつけへの自信喪失など、家庭の教育力の低下が指摘されている。これらは、アで述べた子どもたちの社会性等をめぐる問題の背景ともなっている。また、保護者自身にゆとりがない等の傾向や、学校に通わせることが絶対ではないとの保護者の意識の変化等についても指摘されているところである。
　　（参考資料）
　　（13）家庭の教育力が低下していると思う理由

　ウ　学校については、1で触れたように学業不振や友人関係等に関する学校生活上の問題、例えば、学校におけるいじめや暴力等の問題、更には個を大切にし、学ぶ意欲を喚起する等の配慮が十分に行き届かないような教育活動や教職員の児童生徒に対する共感的理解の不十分な例なども指摘されており、学校の取組として改善すべき余地があると考えられる。特に、いじめについてはいじめを苦にした自殺が相次いで発生するといった深刻な様相を呈した後、改善の兆しが最近見られるようになったものの依然として発生件数は相当数に上っている（平成13年度25,037件）。また、暴力に関しては、近年増加傾向が続き、平成13年度は初めて減少したものの、取組の一層の充実が求められている（平成13年度33,130件）。
　　また、このように学校をめぐる様々な課題が存し、不登校児童生徒が増加してきている一方で、多くの児童生徒は、学校生活を楽しいと感じている（小学生約92.4％、中学生約89.2％）。学校関係者には、こうした児童生徒の声の背後にある期待や切実な願いに応えていくことが求められる。

なお、一部では受験競争等のストレスが不登校の増加の背景にあるとの指摘もなされている。両者の関連性は明らかではないが、こうしたストレスの問題については、学校・行政それぞれの立場から、教育相談体制や進路指導の充実、入学者選抜の改善等の取組を進めることによって適切に対応していくことが望まれる。
（参考資料）
（14）いじめ、暴力行為の発生件数の推移
（15）学校生活への満足感

(2) 不登校との関連で新たに指摘されている課題

　児童生徒をめぐる課題の中には、最近の社会的な関心の高まりに伴って、不登校との関連性が注目されるようになってきているものが見られる。
　学習障害（LD）、注意欠陥/多動性障害（ADHD）等の児童生徒については、周囲との人間関係がうまく構築されない、学習のつまずきが克服できないといった状況が進み、不登校に至る事例は少なくないとの指摘もある。最近文部科学省が教員を対象に行ったアンケート調査の結果によれば、LD、ADHD等の児童生徒は、小・中学校の通常の学級の在籍者の約6％に達するとの見方もあるところである。
　また、保護者による子どもの虐待については、近年深刻の度を増してきており、平成13年度の児童相談所における相談処理件数は23,274件に達している。虐待を受けた子どもの約半数は小・中学生が占めており、虐待の内容は、身体的虐待、性的虐待、保護の怠慢・拒否（ネグレクト）、心理的虐待と様々である。このうち、ネグレクトには、保護者が学校へ行かせないなど登校を困難にするような事例が含まれており、不登校の背景にそうした疑いがあるものも見られる。また、いずれの種類の虐待であっても、子どもの心身の成長に重大な影響を及ぼすものであり、人間関係をつくれなかったり、非行に走る要因になることなどが懸念される。
　もちろん、LD、ADHD等の発達障害のある児童生徒や虐待を受けた子どもが直ちに不登校になるということでは決してないが、これらの課題に適切な対応をとることは、不登校対策上、重要な意味を持つものと考える。

(3) 不登校の要因・背景の特定の難しさ

　このように、個々の児童生徒が不登校となる背後にある要因や直接的なきっかけは様々であり、また、不登校の状態が継続している間にもその要因や背景が時間の経過と共に変化する、本人にもはっきりとした理由がわからない場合が少なくない等、不登校の要因や背景は一つに特定できないことも多い。こうした点は、個々の不登校の事例についてはもちろん、社会全体の不登校児童生徒数の増加を論じる上でも留意する必要がある。

(4) 多様な要因・背景と適切な対応策

　不登校への対策を考える上では、その背後にある要因・背景と、最初に不登校を引き起こすことになった直接のきっかけ等を整理してとらえ、その対応にあたっては、不登校児童生徒やその保護者等の状況や支援のニーズへ配慮した上で、効果的な対策を講じることが求められる。
　その際、多様な不登校の要因や背景に応じた対策を講じることが必要である。すなわち、不登校は、「学校に行きたいけれども行けない」等の心の問題としてとらえられることが多いが、不登校としてとらえられている中には、あそび・非行による怠学、LD、ADHD等による不適応、病気、虐待等を要因としたものも含まれ、不登校対策はそれらの多様な実態を視野に入れたものでなければならない。例えば、あそび・非行型の不登校といじめにより心に悩みを抱える不登校とでは対応策は大きく異なる。多様な要因や背景のある不登校を一括りに扱い、論じることは問題であり、個々の要因

に応じた適切な対応策が求められる。

3 不登校の実態把握の在り方

(1) 適切な実態把握の必要性と調査の在り方

多様な不登校の実態への対応策を検討するためには、まず適切な実態把握を行う必要がある。

不登校の実態把握に当たっての問題点としては、例えば心因性の病気、虐待等の家庭の問題、保護者の考え方や事情による意図的な長期欠席等、調査上における取扱いが必ずしも十分に明確にされておらず、結果として不登校の概念規定やそれに基づく実態把握が曖昧となっている点や、LD、ADHD等の判断や診断を受けた場合の調査上の取扱いが明確でない点、また、対策が異なるあそび・非行による欠席等を不登校として整理することについての疑問等が指摘されている。また、不登校が継続する理由については、「問題行動等調査」の中で、単一の選択肢の回答を求めている関係上、近年の調査結果においては、「複合」（特定できない等）が占める割合が高く、不登校の要因や背景の実態が見えにくくなっている等の指摘がなされているところである。

今後、国や各教育委員会における実態調査の在り方について、「不登校」の概念規定も含め、必要に応じて見直しのための検討を行っていくべきであると考える。

(2) 実態把握と対応の在り方との関係

不登校の要因や背景を把握することは、適切な対策を考える上で必要である。一方で、不登校の継続する理由や態様（タイプ）は、時期によって変わることもあり、また、対応は個人個人でそれぞれ異なることから、不登校の要因や背景につき把握することはあくまでも一つの目安であるととらえ、固定観念に基づく対応や安易なタイプ分類による硬直的な対応とならないよう注意する必要がある。

4 高等学校における長期欠席の課題への認識

従来は、不登校については、主に義務教育段階の課題としてとらえられ、高等学校における生徒の長期欠席については、行政として必ずしも十分に実態把握がなされてこなかった。しかし、高等学校進学率が約97％に達する現状においては、高等学校における長期欠席の実態があることを認識することは、高等学校における生徒の不適応への対応を図る観点からも、また、中学校時に不登校であった生徒のその後の支援を考える観点からも重要である。高等学校における不適応への対策を検討するために、まずは、高等学校における長期欠席の実態を把握することが今後必要であると考えられる。

5 「ひきこもり」問題との関連

近年社会的な関心が高まってきている、いわゆる「ひきこもり」については、様々なとらえ方がされており、公的な定義はないが、ある調査（社団法人青少年健康センター調査、平成12年11月実施）では、「6ヶ月以上自宅でひきこもって社会参加しない状態（学校や仕事に行かないまたは就いていない）が持続しており、統合失調症等ではないと考えられるもの」とされている。この調査結果によれば、年齢層は、一部に学齢児童生徒を含むが、多くはそれ以上の者であり、20歳代や30歳代の者も相当の割合を占めている。この「ひきこもり」は、児童生徒の社会的な自立を目指すという、本協力者会議の基本的な考え方に照らして、見過ごしにできない問題である。

不登校と「ひきこもり」の関連性については、前述の調査によると、「ひきこもり」の1年間の相談件数のうち約40％が小・中・高等学校での不登校の経験を持つといった結果が示

されている。これは現在「ひきこもり」状態にある者の経験について分析したデータであり、不登校から必ず「ひきこもり」状態になると誤解してはならない。しかし、一方で、不登校の深刻化からその後長期にわたる「ひきこもり」につながるケースもあり、「ひきこもり」を防止する観点からも、不登校への早期の適切な対応は重要であり、また、社会全体で不登校に関する課題に取り組む意義は大きい。

なお、「ひきこもり」については、家族の不安・焦燥感が本人への圧力や叱咤激励につながり、更にそれが本人の焦りを招き「ひきこもり」状態を継続させるといった悪循環が生じることがあり、これを脱するためには、本人や家族の努力のみに任せるのではなく、専門家等の第三者の関わりが欠かせないという指摘がある。この点は「ひきこもり」状態を示す不登校児童生徒やその保護者への対応を考える上でも示唆となろう。

第3章 不登校に対する基本的な考え方

1 将来の社会的自立に向けた支援の視点

ア 不登校の解決の目標は、児童生徒が将来的に精神的にも経済的にも自立し、豊かな人生を送れるよう、その社会的自立に向けて支援することである。その意味においても、学校に登校するという結果のみを最終目標にするのではなく、児童生徒が自らの進路を主体的にとらえ、社会的に自立することを目指すことが必要である。

イ 不登校の時期は児童生徒にとって、場合により、いじめによるストレスから回復するための休養期間としての意味や、進路選択を考える上で自分を見つめ直す等の積極的な意味を持つこともある。しかし、同時に、現実の問題として、不登校による進路選択上の不利益や社会的自立へのリスクがある場合もある。

　こうした点は、不登校経験者の声からも確かめることができる（「不登校経験者の実態調査」）。既に中学校卒業後の進路の状況については触れたが、自らの不登校経験に対する意識を見ると、成長した点等を積極的に評価する回答がある一方で、「生活リズムの崩れ」、「学力・知識不足」、「人間関係に不安」等を理由に、後悔したり、様々な苦労を経験したという回答も相当数ある。なお、卒業後に進学や就労など様々な体験を経ることによって、多くの者が進路の形成を図りつつ将来への夢や希望を持ってきているということにも留意しておきたい。

　関係者はこうした点を認識した上で、児童生徒の将来の自立に向けた支援をする必要がある。その意味から、不登校を「心の問題」としてのみならず「進路の問題」としてとらえ、どのように対応するかが大切な課題である。
　（参考資料）
　（１６）不登校経験に対する評価
　（１７）不登校経験に伴う苦労の内容

ウ こうした観点から、義務教育段階にある不登校児童生徒、更には中学校卒業後に「ひきこもり」状態にあるなど、進学も就労もしていない青少年に対し、「心の問題」の解決を目指した支援のみならず、本人の進路形成に資するような指導・相談や、それに必要となる学習支援や情報提供等を積極的に行うことが重要であると考える。

2 連携ネットワークによる支援

ア 不登校への対応に当たっては、多様な問題を抱えた児童生徒に、態様に応じてきめ細かく適切な支援を行うこと及び社会的自立へ向けて、進路の選択肢を広げる支援をすることが大切である。そのためには、学校、家庭、地域が連携協力し、不登校の児童生徒がどのような状態にあり、どのような支援を必要としているのか正しく見極め（「アセスメン

ト」）を行い、適切な機関による支援と多様な学習の機会を児童生徒に提供することが重要である。
　連携ネットワークによる支援に関しては、不登校の解決を中心的な課題とする新たなネットワークを組織することもあろうが、学校や関係機関等からなる既存の生徒指導・健全育成等の会議等の組織を生かすなどし、効果的かつ効率的に連携が図られるよう配慮することが重要である。

イ　その際に、学校や教育行政機関が、公的機関のみならず、多様な学習の機会や体験の場を提供する民間施設やNPO等と積極的に連携し、相互に協力・補完し合うことの意義は大きい。
　また、義務教育段階の児童生徒の進路形成を支援する観点から、児童生徒と関わりを持ち続けるよう、例えば、学校の教員等が民間施設と連絡を取り合い、互いに訪問する等の具体的行動をとる等の公的機関と民間施設等との連携協力は重要である。

ウ　また、連携ネットワークにおいては、不登校への事後的な対応のみならず、幼稚園・保育所・小学校間、小・中学校間、中・高等学校間等の連携を重視して、個々の児童生徒が抱える課題に関する情報交換や対策の協議を日常的に行うなどして、不登校を生むことのない、一人一人の児童生徒が自己の存在感や自己実現の喜びを実感できる学校教育の実現に向けて日頃より連携を図ることが望まれる。

3　将来の社会的自立のための学校教育の意義・役割

ア　不登校対応の最終的な目標である児童生徒の将来の社会的自立を目指す上で、対人関係にかかわる能力や集団における社会性の育成などの「社会への橋渡し」、あるいは学びへの意欲や学ぶ習慣を含んだ生涯学習の基盤となる学力を育てることを意図する「学習支援」の視点が重要である。
　そのような「社会への橋渡し」や「学習支援」の観点から、特に義務教育段階の学校は、基礎学力や基本的な生活習慣、規範意識、集団における社会性等、社会の構成員として必要な資質や能力等をそれぞれの発達段階に応じて育成する機能と責務を有しており、その役割は大きい。

イ　したがって、学校・教育関係者は、すべての児童生徒が学校に自己を発揮できる場があると感じ、楽しく通うことができるよう、一層の学校教育の充実のための取組を展開していくことがまずもって重要である。同時に、児童生徒の不登校のきっかけとなった問題等には学校に起因するものも多くあることを、危機感を持って認識し、その解消に向けて最大限の努力をすることが必要である。

4　働きかけることや関わりを持つことの重要性

ア　個々の不登校児童生徒に対しては、主体的に社会的自立や学校復帰に向けて歩み出せるよう、周囲の者が状況をよく見極めて、そのための環境づくりの支援をするなどの働きかけをする必要がある。児童生徒の自分の力で立ち直る力を信じることが重要であることは当然であるが、自分の力で立ち直るのを何も関わりを持つことなく、また児童生徒の状況を理解しようとすることもなく、あるいは必要としている支援を行おうとすることもなく、ただ待つだけでは、状況の改善にならないという認識が必要である。
　不登校の背景や態様は様々であり、働きかけの方法自体は個々の児童生徒によってそれぞれ異なる。例えば、無気力傾向が見られる場合には、児童生徒が達成感や満足感を繰り返し味わううちにエネルギーが蓄積され、元気になるといったきっかけづくりを支援すること、また、非行による怠学傾向がある場合には、規則的な生活のリズムを身に付けさせたり、学ぶ意欲を出させるきっかけづくりを行うことや、状況に応じては毅然とした教育的

指導を行うこと、あるいは、保護者による虐待等の問題がある場合には、地域の民生委員や児童相談所等との連携を図り、家庭に対して必要な関与をすることなど、本人の状態やその環境を踏まえた上での適切な働きかけを行うことが重要である。

イ　なお、一部では、「平成4年報告」における「登校拒否（不登校）はどの子どもにも起こりうるもの」、「登校への促しは状況を悪化してしまうこともある」という趣旨に関して誤った理解をし、働きかけを一切しない場合や、必要な関わりを持つことまでも控えて時機を失してしまう場合があるということも指摘されており、そのような対応については、見直すことが必要である。

ウ　言うまでもなく、登校への働きかけの在り方を短絡的にとらえ、画一的に「する」とか「しない」といったように対応するべきではない。児童生徒を全人的に受け止めることなく、また状況への配慮や理解し共感しようとする姿勢なしに、強引な登校への促しを行うことが不適切であることは当然であり、そのような機械的な働きかけにより児童生徒やその保護者等追い詰めるようなことがあってはならない。
　　登校への働きかけの適否を考える上で大切なのは、不登校児童生徒の状態や不登校となった要因・背景等を把握した上で、適時・適切に、かつ個々の状況に応じて対応するといった視点である。
　　また、このように児童生徒と関わりを持とうとしたり、働きかけをする際には、ことさらに、登校への促しということだけを強調するのではなく、人間関係等の悩みを克服し、社会とのつながり等を通じて児童生徒が主体的に立ち上がっていくための支援をするという視点を忘れてはならない。

エ　登校への働きかけの在り方を考えるに当たっては、不登校の当事者の声に耳を傾けることも大切である。既に指摘したとおり、不登校経験者に対する調査結果において、不登校経験に対する様々な自己評価がなされる中、後悔したり、現在の状況に及ぼすマイナスの影響を感じたりする者がいることを踏まえると、個々の不登校の状況に即した対応が大切であることが改めて確認される。また、しばしば不登校児童生徒が、「そっとしておいて欲しい」という気持ちと、「放っておかれると淋しい」という相反する複雑な感情を抱いているということにも留意しておくべきであろう。

5　保護者の役割と家庭への支援

ア　家庭はすべての教育の出発点であり、人格形成の基礎を培う重要な役割を担っており、家庭の教育力の充実を目指して様々な施策の推進を図ることは極めて重要である。しかし、不登校の解決を目指す上では、不登校の原因を特定の保護者の特有の問題のみに見出そうとするのでなく、子育てを支える仕組みや環境が崩れている社会全体の状況にも目を向けつつ、不登校児童生徒の保護者の個々の状況に応じた働きかけをしていくことが大切であると考える。

イ　不登校の要因・背景は多様化しており、虐待等の深刻な家庭の問題を抱えて福祉や医療行政等と連携した保護者への支援が必要な場合もあれば、子どもの非行への対応、基本的な生活習慣や教育環境の改善のための支援を必要としている場合や、保護者自身がしつけや子育てに対する自信がなく支援を必要としている場合等もある。また、不登校となった子どもへ対応するための十分な情報を保護者が持たず悩んでいる場合もある。

ウ　このような保護者を支援し、不登校となった子どもへの対応に関してその保護者が役割を適切に果たせるよう、時機を失することなく児童生徒本人のみならず家庭への適切な働きかけや支援を行う観点から、学校と家庭、関係機関の連携を図ることが不可欠である。
　　その際に、保護者への働きかけが、保護者の焦りや保護者自身を追い詰めることにつながり、かえって事態を深刻化させる場合もあることから、保護者に対しては、児童生徒への

支援等に関して、共通する課題意識を持って取り組むという基本的な関係をつくることが重要である。その意味から、不登校に関する相談窓口に関する情報提供、不登校児童生徒への訪問等における保護者への助言、不登校児童生徒の保護者が気軽に相談できる体制を整えること等が教育関係者等に求められる。また、その際に、「親の会」等の既存の保護者同士のネットワークとの連携協力を図ることや、そのような保護者同士のネットワークづくりへの支援をすることにより保護者を支援すること等も考えられる。なお、保護者との関係においては、「支援する」といったことだけではなく、「親の会」に学校の教員やスクールカウンセラー等が積極的に参加し、保護者の経験から学ぶなど、関係者が相互に意見交換をするという姿勢も大切である。

エ また、不登校となった児童生徒の保護者のみならず、保護者全般に対する不登校への理解を深めるためのセミナー等による啓発を行うことや、就学時検診や乳幼児検診等の保護者が集まる機会を活用した子育て講座、思春期の子どもを持つ保護者向けに作成された資料等の活用など、子育てについての悩みや不安を持つ保護者に対する支援の充実を図ることが期待される。

第4章 学校の取組

1 魅力あるよりよい学校づくりのための一般的な取組

学校における不登校への取組については、ややもすると児童生徒が不登校になってからの事後的な対応への偏りがあったのではないかという指摘も一部にあり、学校は、児童生徒が不登校とならない、児童生徒にとって魅力ある学校づくりを主体的に目指すことが重要である。

具体的には児童生徒にとって、自己が大事にされている、認められている等の存在感が実感でき、かつ精神的な充実感の得られる「心の居場所」として、さらに、教師や友人との心の結び付きや信頼感の中で主体的な学びを進め、共同の活動を通して社会性を身に付ける「絆づくりの場」として、十分に機能する魅力ある学校づくりを目指すことが求められる。すべての児童生徒にとって、学校を安心感・充実感の得られるいきいきとした活動の場とし、不登校の傾向が見え始めた児童生徒に対しても、不登校状態になることを抑止できる学校であることを目指すことが重要である。

(1) 新学習指導要領のねらいの実現

平成14年度から実施されている新学習指導要領は、児童生徒に学習指導要領に示す基礎・基本を確実に身に付けさせ、豊かな人間性や自ら学び自ら考える力などの「生きる力」を育成することを基本的なねらいとしている。児童生徒にとって魅力ある学校づくりのためには、この新学習指導要領の趣旨を実現することがその基本となると考えられる。各学校においては、この新学習指導要領の下、創意工夫に満ちた教育課程を編成し、各教科、道徳、特別活動はもとより、新設された「総合的な学習の時間」を有効に活用し、体験活動を推進するなど、社会性の育成を目指した様々な取組を一層積極的に展開することが望まれる。

特に、学級活動、児童会・生徒会活動、学校行事等の特別活動の充実は、学校生活の基盤となる児童生徒間や教師との人間関係を形成し、児童生徒の学校における居場所づくりや帰属意識を高める観点から重要である。新学習指導要領では、特別活動に関して、学級や学校の生活への適応指導、児童生徒の自発的・自治的な活動、ガイダンスの機能などの充実が図られている。こうした趣旨を踏まえ、例えば、児童生徒にとって環境が変わる入学時や年度初めにおいて、オリエンテーションの期間を意図的に設け、学級活動、児童会・生徒会活動、学校行事等を効果的に関連付けるなど、人

間関係づくりや学校生活への適応に関する指導の充実を図るための取組を一層工夫することが考えられる。また、学級活動において、生き方を考えさせる指導の工夫をしたり、児童会・生徒会活動の中で、規則・規律について主体的に考えさせる取組の充実を図っていくことも意義があろう。

（2）開かれた学校づくり

　新学習指導要領の下での教育活動の実施に当たっては、活動の場を学校内に限定することなく地域の様々な場で活動を展開するとともに、指導者についても教員に限らず外部の多様な人材の協力を得るなど、地域社会の教育力を積極的に生かしていくことが重要である。児童生徒の「心の居場所」や「絆づくりの場」としての学校を実現する上でも、このような取組を通じて、学校と社会とのつながりを強め、開かれた学校づくりを推進することが不可欠である。

　社会の変化を背景に、学校においてはより一層、今日の児童生徒の興味や関心に合った学習や活動の場を提供することが求められているところである。このような課題に応えるためには、地域の団体、企業、ＮＰＯ等との連携により学校外の社会との結び付きを強めるような様々な体験活動の実施や、地域のボランティアや専門家等の学校外の多様な人材の協力を得ること等を通じた開かれた学校を目指す取組により、児童生徒に多様な学習の機会を提供し魅力ある学校づくりを進めることが重要である。

　学校が説明責任を果たしていく観点からは、国の定める小・中学校設置基準において求められているとおり、教育活動その他の学校運営の状況に関する自己点検・評価や保護者等への情報提供について、積極的な取組が必要である。また、学校運営を常に改善し、教職員の意識の向上を図るため、学校評議員制度を活用することにより、保護者や地域の学校に対するニーズを把握することは、保護者や地域との信頼関係を築き、協力を得る上でも有効である。魅力ある楽しい学校づくりのため、学習指導や生徒指導の在り方等について、児童生徒の願いに対して、適切な配慮を行うことはもとより大切なことである。

（3）きめ細かい教科指導の実施

　学校関係者は、学業でのつまずきから学校へ通うことが苦痛となる等、学業の不振が不登校のきっかけの一つとなる例が少なくないということを認識する必要がある。様々な調査を通じて、学年が進むに連れて児童生徒の授業理解度が低下していく傾向が示されていることにも留意すべきであろう。

　学業の不振に関しては、学習習慣、学ぶ意欲の形成に問題がある場合、学習方法や基礎的な内容の理解に問題がある場合、時には生活リズムの乱れや、教師との関係が関連していること等もあり、まずは適切な実態把握に基づき、個々の実態に基づいて事態の改善を図るという基本姿勢を持つことが大切である。

　このような観点に立ち、児童生徒への指導に当たっては、一人一人の個性が異なることを常に意識し、具体的な指導の方法や進度につき、児童生徒の側に立った配慮が必要である。例えば、各教科等において理解の状況や習熟の程度に応じた指導等による「分かる授業」を実施したり、補充指導の充実を図ったりする等、基礎基本の確実な習得のためのきめ細かな指導を推進していくことが重要である。

（4）学ぶ意欲を育む指導の充実

　学校において、児童生徒が発達段階に応じて自らの生き方や将来に対する夢や目的意識について考える、そうしたきっかけを与えることのできる指導を行うことは、児童生徒が楽しく、学ぶ意欲を持って主体的に学校に通う上で重要である。このような観点から、学校においては、あらゆる機会をとらえ、社会との接点や関わりを児童生徒が実感することができるような創意を生かした取組を行うことが望まれる。そのよう

な取組においては、学校外の多様な人材や機関の協力を得た体験活動等が効果的である。

(5) 安心して通うことができる学校の実現

　学校生活に起因する不登校の背景には、いじめ、体罰など児童生徒間や教員との人間関係によるものもある。
　児童生徒が楽しく、安心して通うことができる居場所としての学校づくりのためには、いじめや暴力行為を許さない学級づくり、更には必要に応じて警察等の関係機関との連携を図ったり、出席停止の措置を適切に講じる等、問題行動への毅然とした対応が大切である。さらに、いじめの解決に向けての真摯な取組を進めていく中で、いじめられた児童生徒を守り教育相談等の援助を十分に行うことはもとより、「いじめる側」についても、何らかの問題を抱えており支援を必要としているという認識に立ち、適切に対応することが大切である。
　教員が児童生徒を全人的に受け止め理解し共感しようとする姿勢を持つことは、教員と児童生徒の人間関係の改善を図る上で重要である。また、教員による体罰や人権侵害行為等があってはならないことは言うまでもなく、児童生徒にとって安全で安心できる環境を確保することは学校や教育委員会の当然の責務である。

(6) 児童生徒の発達段階に応じたきめ細かい配慮

　不登校の未然防止の観点から、例えば、小学校では家庭との連携の下、基本的な生活習慣を身に付けることや、中学校では思春期の問題への対応をきめ細かくできるようにする等、各学校種と児童生徒の発達段階に応じた配慮を行うことが重要である。
　特に小学校においては、不登校は中学校生活への不適応や思春期の問題等に限られるものと考えるのではなく、小学校における学校生活上の問題や基本的な生活習慣が身に付いていないこと等が背景となっている場合もあることや、早期の段階での対応が効果的であることを認識し、対応することが必要である。
　中学校においては、小学校と比して学業の不振やあそび・非行等による不登校が増加することに着目し、特にそれらの問題への適切な対応をすることが求められる。
　また、中学校で不登校生徒が大幅に増加することから、小・中学校間の接続の改善を図る観点から、小・中連携を推進する等の配慮が重要である。具体的には、例えば、中学校区の地域コミュニティーでの合同の活動、小・中合同の教育活動の実施や連携カリキュラムづくりの実施、小・中学校間の教職員の交流や兼務等の人事上の工夫、中学校の新一年生の担当教員として必要な資質を考慮した教員の配置の工夫等が考えられる。また、学校の実情に応じて小学校高学年において部分的に教科担任制を取り入れる工夫も、中学校との違いを緩和したり、教師の得意分野を生かした授業の実施をするといった観点等から考えられる。さらに、中学校へ入学する際の不安を解消するために、小学校高学年の児童を対象とする中学校への体験入学を実施したり、中学校入学時や年度初めの人間関係の形成や変化への適応に向けたきめ細かい指導を充実するため、学校や学年の開始時期における集中的なオリエンテーションを設けたり、小規模小学校から中学校へ入学した者への入学時の学級編制上の配慮を行ったりすること等が考えられる。

2 きめ細かく柔軟な個別・具体的な取組

　以下の取組は、基本的には、不登校となった児童生徒に対し、きめ細かく柔軟な対応を事後的に行うための学校における取組について述べたものであるが、これらの事項への取組を日常的に充実することは、同時に、すべての児童生徒や、不登校の傾向はあっても完全な不登校状態にはない児童生徒に対する取組としても重要である。

(1) 校内の指導体制及び教職員等の役割

　ア　学校全体の指導体制の充実
　　　学校全体の指導体制の充実を図る上で、校長の強いリーダーシップの下、教頭、学級担任、生徒指導主事、教務主任、学年主任、養護教諭、スクールカウンセラー、相談員等がそれぞれの役割について相互理解した上で日頃から連携を密にし、一致協力して対応にあたることが、まず重要である。
　　　特に校長は、適切な校務分掌を定め、教員の効果的な役割分担を行うなど、学校全体の体制づくりに努める必要がある。校長の強力なリーダーシップによる指導体制の確立とそれを支える教育委員会の取組により、不登校児童生徒への対応において成果を上げてきた学校の事例もあり、管理職にある者は、自らが果たすべき役割を十分に意識する必要がある。
　　　校内の指導・支援体制については、現実には、不登校児童生徒への対応を学級担任一人に任せがちで、学校全体での組織的かつ具体的な対応が十分に行われていないのではないかという指摘もある。例えば、不登校の児童生徒が現在どのような状況で、どのように学級担任や養護教諭、スクールカウンセラー等が関わっているのか、今後どのように指導・支援を進めるのかといった点で、具体的な情報共有等のための取組が不十分であると考えられる。こうした問題は、学年内のみならず、学年間あるいは学校間の引継に際しても生じていると見られる。
　　　また、個々の教員を援助する校内体制づくりについては、例えば、学校を休みがちである、学習に集中できない、問題行動が見られる、学級生活で孤立しがちである等、何らかの学校生活への適応の面でのつまずきのある児童生徒を早期に見出し、管理職や養護教諭等関係職員が、スクールカウンセラー等も加えて、定期的な会合を開き、当該児童生徒を支援していく校内サポートチームをつくることが有効であると考えられる。さらに必要に応じて、外部の機関の協力を依頼し、協働して支援に当たる等の体制をつくることが考えられる。なお、校内の体制については、既に類似の委員会等の組織がある場合（例えば、生徒指導やLD、ADHD等に対応するための委員会等）には、ケースに応じて、参加する教員や関わる専門家等を替えること等により、複数の組織を設けることなく、柔軟な対応をとることが適当であると考えられる。

　イ　コーディネーター的な不登校対応担当の役割の明確化
　　　各学校においては、不登校児童生徒に対する適切な対応のために不登校について学校における中心的かつコーディネーター的な役割を果たす教員を明確に位置付けることが必要である。
　　　具体的には、当該コーディネーター的な役割を果たす教員は、校内における不登校児童生徒の学級担任や養護教諭、生徒指導主事等との連絡調整及び児童生徒の状況に関する情報収集、児童生徒の状況に合わせた学習支援等の指導のための計画づくりに関する学級担任等との連携、不登校児童生徒の個別指導記録等の管理、学校外の人材や関係機関との連携協力のためのコーディネート等を行うことが求められる。
　　　また、不登校児童生徒への事後的な対応のみならず、不登校傾向がある児童生徒への早期の対応を行うことも重要な役割である。特に、児童生徒の社会性を育む観点等からも効果的である開かれた学校づくりを進めるためには、地域社会や関係機関等との調整は重要であり、学校内に生徒指導や体験活動のための連絡窓口がある場合等にはそのような既存の校内の体制と連携協力を図ることが有効である。
　　　なお、このような学校内外のコーディネーター役を果たす不登校対応担当は、その期待される役割から考えて、各地域や学校の実情に応じ、校長のリーダーシップの下、教頭や生徒指導主事等、全校的な立場で対応することができる教員をあてることが望ましい。

ウ 教員の資質の向上

　学校の教職員、特に学級担任は、児童生徒との関係における自らの影響力を常に自覚し、児童生徒の指導に当たる必要がある。専門性を有するカウンセラー等の学校外の人材、適応指導教室や民間施設等の学校外の施設や関係機関の人材、また、地域の人材等の協力を様々な局面で得ることがあっても、児童生徒の教育指導については、教員がその中心的な存在であることは変わらない。

　不登校の対応にあっては、前述の適切な働きかけ、関わりの重要性を一人一人の教員がしっかりと認識する必要があるとともに、各教員は児童生徒のありのままの姿を受けとめ、先入観を持つことなく粘り強く聴く姿勢を持つことが重要であり、個々の教員が児童生徒に対する共感的理解の基本姿勢を持つことが求められる。このように、児童生徒にとって、話しやすく相談しやすい雰囲気を持ち、児童生徒の立場に立って聴き、指導ができる資質を身に付けることが教員に望まれるが、その場合においても、児童生徒のありのままの姿を受け止めるということが、正すべき行動を正すことなく、それを容認してしまうかのような対応として誤解されてはならない。

　さらに、児童生徒が将来の自らの生き方について考えるきっかけを与えるような指導ができる資質も、児童生徒の進路形成を支援する観点から必要である。

　また、教員は、学級等の集団の成員の心の結び付きを重視し、ともに認め励まし合いながらよりよい学級をつくろうとする中で、児童生徒が存在感や自己実現の喜びを実感できるように努めることが大切である。その意味から、児童生徒理解や個々の児童生徒への対応に関する資質の向上ばかりでなく、学級や学年運営等の望ましい集団の育成に関わる資質や能力を教員養成や研修等において育成することも重要である。

　なお、個々の教員の資質を向上させる上で、システム化された学校内外の研修はもちろん重要であるが、それのみならず、各学校において、不登校児童生徒に対し、複数の教員が事例研究を重ねて継続的に関わっていくこと自体が重要な役割を果たすことに着目する必要がある。

　このほか、不登校の多様、かつ今日的な要因や背景へ対応する上で、初期の段階での対応の判断を誤らないよう、関連する他分野についても基礎的な知識を身に付けておくことが望ましい。例えば、精神医学の基礎知識やLD、ADHD等に関する知識、児童虐待の早期発見や「ひきこもり」に関する知識を教員が身に付ける意義は大きい。ただし、これらの知識については、教員はあくまでも初期の対応を適切にするために必要なものであり、自らが専門的な診断を下そうとしたりすることがないよう注意が必要である。

エ 養護教諭の役割と保健室・相談室等、教室以外の「居場所」の環境・条件整備

　養護教諭は、心の健康問題や基本的な生活習慣の問題等に関わる児童生徒の身体的な不調等のサインにいち早く気付くことができる立場にある。そのため、情緒の安定を図るなどの対応や予防のために養護教諭が行う健康相談活動の果たす役割は大きい。

　また、養護教諭が、児童生徒の抱える問題に関する情報を校内の組織に発信し共有化することにより、組織としての役割分担や支援計画が明確となり、学校全体の取組が一層効果的に推進されることが期待される。

　保健室や相談室等は、児童生徒が不登校状態となる前の段階や、不登校児童生徒の学校復帰のきっかけともなる、いわゆる「保健室登校」や「相談室登校」等の「居場所」として果たす役割は大きい。

　保健室の利用状況を見ると、平成１３年度に「保健室登校」をしている児童生徒がいた学校の割合は、小学校で１２．３％、中学校で４５．５％となっており、平成２年度の調査結果と比して中学校では２倍程度の伸びを示している。また当該校で「保健室登校」をしている児童生徒の平均人数は、小学校では１．４人、中学校で

は2,3人となっている。さらに、平成13年度の「問題行動等調査」においては、「特に効果のあった学校の措置」として、比較的多くの小・中学校が「養護教諭が専門的に指導にあたった」（5.0％）、「保健室登校等特別の場所に登校させて指導にあたった」（7.7％）を挙げている。

したがって、これらの児童生徒がそれぞれ状況に応じて学校生活に適応する努力をしやすいように、保健室や相談室のみならず空き教室等を活用することや、それらの「居場所」の配置の工夫等に配慮することにより、学校内における「居場所」を充実する必要がある。

また、養護教諭がその役割を十分に果たすために、保健室等の物理的なスペースを確保するとともに、学校の設置者において保護者の相談や他機関との連絡のための通信機器の充実、養護教諭の複数配置等の条件整備が必要である。

（参考資料）
（18）「保健室登校」をしている児童生徒がいる学校の割合

オ スクールカウンセラーや心の教室相談員等の外部人材との連携協力

「心の専門家」であるスクールカウンセラーについては、学校における教育相談体制の充実を図る観点から、平成7年度以来、中学校を中心に配置され、逐次その拡充が図られてきている。平成13年度からは、国庫補助事業を実施し、各学校において、臨床心理士等のスクールカウンセラーが活動を行っている（平成14年度配置校：5,500校）。また、国は、平成10年度から、中学生が悩みを気軽に話し、ストレスを和らげることのできるよう「心の教室相談員」を配置する事業を実施しており、教職経験者や青少年団体指導者等の様々な人材が活動を行っている（平成14年度配置校数：4,000校）。

特にスクールカウンセラーについては、「心の専門家」としての専門性と学校外の人材であることによる外部性とにより、不登校児童生徒等へのカウンセリングや教職員、保護者等への専門的助言・援助において効果を上げている。スクールカウンセラーが配置された学校関係者は、その効果を高く評価しており、養護教諭、教師、保護者等からの相談活動へのニーズは高い。また、スクールカウンセラーの配置校と他の学校とを比較すると、不登校の増加を抑止するといった効果も示されている。

スクールカウンセラーには、「学校におけるカウンセラー」という性格上、学校の組織・機能、校風等についてよく承知した上で、独自の資質や対応が求められる。例えば、校長のリーダーシップの下、児童生徒への対応を考える上で必要な情報については、プライバシー等に配慮しつつ関係教職員と共有し、連絡を密にすることや、児童生徒の方から相談に来ることをただ待つのみならず、場合により、学級担任や養護教諭等から得た情報を基に、不登校に関する取組に積極的に関わっていく姿勢が求められる。そうした観点から、不登校あるいはその傾向のある児童生徒への対応、保護者との相談、教員からの相談への対応・助言、教員等に対する研修や事例研究の企画・実施等への参画、専門機関への紹介等を積極的に行うことが求められる。

スクールカウンセラーが学校について学ぶためにも、また、学校の教職員等がスクールカウンセラーと円滑に連携協力していくためにも、今後、国や各自治体において、これまでの調査研究事業の成果と課題を踏まえてマニュアルの作成等の取組を行うことが有効であり、また、研修等を通じて、スクールカウンセラーと教員それぞれの職務内容等の理解を深める必要がある。

今後、スクールカウンセラーに関しては、その専門性を生かし、訪問型の支援において一定の役割を果たすことや、他のスクールカウンセラーへの支援を行うためにスーパーバイザー的な役割を果たす者の配置を進めること、及び早期における対応の必要性を踏まえて学校種別ごとに効果的な配置をすること等につき、検討すべき課題がある。

また、学校におけるカウンセラーとして必要な資質を踏まえた資格や人材養成の在

り方、研修システムなど資質の維持・向上のための方策の在り方、勤務形態の在り方等も、今後の検討課題と考えられる。

このように、スクールカウンセラーの配置を推進していく中で、様々な課題も提起されているが、不登校への対応をはじめ、総じてその成果は大きく、できるだけ早期にすべての児童生徒がスクールカウンセラーに相談できる機会を設けていくことが適当であると考える。国に対しては、引き続きスクールカウンセラーの効果的な活用方法について調査研究を進めつつ、必要な条件整備の在り方を検討していくことを望みたい。

なお、これらのスクールカウンセラーや「心の教室相談員」の事業以外に行われている各教育委員会独自の教育相談体制の充実に向けた取組についても今後一層の充実が望まれる。

(参考資料)
(19) スクールカウンセラーの配置状況

(2) 情報共有のための個別指導記録の作成

前述の学校全体の指導体制の充実のための取組を実効あるものとする観点から、校内・関係者間で情報を共有し、特定の教職員のみでなく、指導組織を生かした共通理解の下で指導・対応に当たる体制を確立することが重要である。

そのような情報共有のためには、個人情報の取扱いに十分配慮しつつ、不登校児童生徒の個別の指導記録づくりを行うことが有効であると考えられる。当該指導記録には、児童生徒の欠席や「保健室登校」などの状況はもとより、関係機関との連携の下に行った対応とその際の児童生徒の言動・状況や保護者の対応等の経過について記載することが考えられる。

記載に当たっては、客観的事実のみを記載し、主観的な判断を避けるように努めなければならない。また、当該指導記録を保護者との相談や家庭訪問の際に使用し、保護者の見解を聞いた上で作成するなどの取組も、保護者との連携を深める上で有意義であろう。さらに、当該指導記録を児童生徒の指導のため関係機関との連携において使用することを想定する場合には、その旨を保護者に説明し、当該指導記録の役割やその記載事項等について保護者からの理解を得ておくことが重要である。

このように当該指導記録の保有等につき個人情報の保護に配慮しつつ、保護者や関係機関との連携のほか、学年間や小・中学校間、転校先等との引継ぎや教育委員会への連絡等において活用することが考えられるところであり、各学校の適切な取組を望みたい。

(3) 家庭への訪問等を通じた児童生徒や家庭への適切な働きかけ

既に第3章の「基本的な考え方」で述べたように、学校は、登校への働きかけについては時期や態様に応じた適切な配慮をする必要があることを踏まえつつ、児童生徒が学校外の施設に通う場合や家庭にいる場合であっても、当該児童生徒は自らの学級・学校の在籍児童生徒であることを自覚し、関わりを持ち続けるよう努めるべきである。

そのような観点からも、学級担任等の教職員が児童生徒の状況に応じて家庭への訪問を行うこと等を通じて、その生活や学習の状況を把握し、児童生徒本人やその保護者が必要としている支援をすることは大切である。

(4) 不登校児童生徒の学習状況の把握と学習の評価の工夫

不登校児童生徒が適応指導教室や民間施設等の学校外の施設において指導を受けている場合には、当該児童生徒が在籍する学校がその学習の状況等について把握すること

は当該児童生徒の学習支援や進路指導を行う上で重要である。
　学校が把握した当該学習の計画や内容がその学校の教育課程に照らし適切と判断される場合には、当該学習の評価を適切に行い指導要録に記入したり、また、評価の結果を通知表その他の方法により、児童生徒や保護者、当該施設に積極的に伝えたりすることは、指導の改善による児童生徒の学習の充実はもとより、学校に通うことができない不登校児童生徒の学習意欲に応え、自立を支援する上で意義が大きい。

(5) 児童生徒の再登校に当たっての受入体制

　不登校児童生徒が再登校をしてきた場合には、温かい雰囲気の下に自然な形で迎え入れられるよう配慮するとともに、徐々に学校生活への適応を図っていけるような指導上の工夫を行うことが重要である。その際に、当該児童生徒の状況が学校の教職員の共通理解の下にあることは重要であり、情報共有がなされていないために児童生徒が再び登校への意欲をなくすようなことがあってはならない。
　また、再登校に当たっては保健室や相談室等の教室以外の学校の居場所を積極的に活用することが考えられる。

(6) 児童生徒の立場に立った柔軟な学級替えや転校等の措置

　いじめに関しては、前述のようにいじめを絶対に許さない毅然とした対応をとることがまずもって大切である。また、いじめられている児童生徒の立場に立つとき、緊急避難としての欠席が弾力的に認められてよいことはもとよりであり、こうしたいじめを背景とする欠席に際しては、その後の学習に支障のないよう適切な配慮が求められる。
　さらに、弾力的な対応として、いじめられた側の児童生徒に対して柔軟に学級替えや転校を認めることが可能となっているところであり、不登校についても、学校におけるいじめが原因で不登校となっている場合等は、そのような学級替えや転校の措置を活用することが考えられる。
　また、教員による体罰や暴言等、不適切な言動や指導が不登校の原因となっている場合は、学校や教育委員会の関係者は、そのような不適切な言動や指導をめぐる問題の解決に真剣に取り組むとともに、保護者等の意向を踏まえつつ、十分な教育的配慮を持った上で学級替えや転校を柔軟に認めていくことが望まれる。
　なお、今日、多くの場合、欠席日数が著しく長期にわたったとしても、不登校児童生徒の進級や卒業の認定については弾力的に取り扱われているが、保護者等から学習の遅れに対する不安により、進級時の補充指導や原級留置に関する要望がある場合には、その意向を踏まえて、補充指導の実施に関して柔軟に対応するとともに、校長の責任において原級留置の措置をとるなど、適切な対応をとることが考えられる。また、欠席日数が著しく長期にわたる不登校児童生徒の進級や卒業に当たっては、こうした点について予め保護者等の意向を聴いて参考とするなどの配慮をすることが望まれる。

3　不登校児童生徒の実態に配慮した特色ある教育課程の試み

　不登校児童生徒の実態に配慮した特色ある教育課程については、学習指導要領等の基準によらない教育課程の編成・実施を特例的に認める研究開発学校制度の活用により、不登校児童生徒を対象とした分教室における特別のカリキュラムの編成などに関する研究が行われているところであり、引き続きその推進が期待される。
　また、それに加えて、平成15年4月に施行される構造改革特別区域制度の下では、不登校の児童生徒の実態に配慮した特色ある教育課程や指導方法等による学校の設置や、不登校児童生徒の指導を行うNPOで一定の実績等を有するものの学校設置について、その成果を検証していくことも考えられる。その際には、学校の裁量の大きさに伴って説明責任が強く求め

られることから、適当な尺度や基準の下、情報公開、第三者評価などが適切に実施される必要があろう。特に、こうした学校を利用する児童生徒の学習到達度については、十分なフォローアップが求められよう。

第５章 関係機関との連携による取組

１ 入所・通所型の施設の取組

（１）適応指導教室の整備充実

ア 適応指導教室の整備充実と整備指針の策定

適応指導教室とは、教育委員会が、教育センター等学校以外の場所や学校の余裕教室等において、不登校児童生徒の学校生活への復帰を支援するため、児童生徒の在籍校と連携を取りつつ、個別カウンセリング、集団での指導、教科指導等を組織的・計画的に行う施設として設置したものをいう。適応指導教室は、不登校児童生徒の学校復帰等の支援に関し、大きな役割を果たしてきた実績があり、今後もその役割は重要である。

適応指導教室の設置数については、平成２年度においては８４箇所であったのに対し、平成１３年度９９１箇所に達しており、全国的に整備が進められてきている。しかしながら、平成１３年度において、適応指導教室を設置している市町村教育委員会の割合は、全体の約２７％であり、また、利用者からの評価は他の学校外の施設に比して高くなっているものの、全国の不登校児童生徒のうち１割程度の者しか通級できていないという実態からも、いまだ適応指導教室の整備状況は十分なものとは言えず、今後一層、質・量両面の充実が望まれる。同時に、適応指導教室から各家庭等へ、より一層その存在や指導内容等について積極的に周知し働きかける等、主体的な活動を行う必要がある。さらに、地域によっては、小学生の受入が十分にできていないといった指摘もあり、今後児童生徒の発達段階に応じたよりきめ細かい対応が求められる。

また、適応指導教室については、その役割や望ましい在り方について明確にされてこなかったこともあり、具体的な在りようは地域の実情に応じ、様々なものとなっている。全国的な整備充実を図る上では、その望ましい在り方について示すモデル的な整備指針を作成することも意義があると考え、本報告において「適応指導教室整備指針（試案）」を掲げた。

なお、適応指導教室については、その役割や機能に照らし、より適切な呼び方を望む声もあったことから、今後、国として標準的な呼称を用いる場合は、例えば、不登校児童生徒に対する「教育支援センター」という名称を適宜併用することを提案したい。また、既に各地域では、様々な親しみやすい名称を付している実態があり、そうした工夫は今後ともあってよいと考える。

（参考資料）
（２０）適応指導教室の設置数及び利用状況の推移
（２１）不登校経験者の利用施設の評価
（別添１）
適応指導教室整備指針（試案）

イ 適応指導教室の指導体制の充実

適応指導教室の指導体制については、指導員数が全国平均で、１施設当たり平均３名程度、かつ、非常勤職員が全体の指導員の約８割を占めているのが現状であり、一部の大規模な施設を除けば、指導員の量的不足や非常勤職員が多いために専門性を生かした指導やノウハウの蓄積が困難であるといった課題がある。したがって、

今後、適応指導教室への常勤職員の配置が望まれる。
　また、適応指導教室の指導員は、集団への適応、情緒の安定、基礎学力の補充、基本的生活習慣の改善等のための相談・適応指導に必要な知識及び経験または技能、熱意と識見を有している必要があり、これらの資質・能力の向上のため、指導員に対する研修等の充実も不可欠である。
　さらに、適応指導教室の指導体制をめぐっては、専門性の不足や年齢構成の偏りなどの課題が指摘されている。児童生徒がどのような状態にありどのような支援を必要としているのか適応指導教室が正しく見極め（「アセスメント」）を行い、教育相談を実施することや、後述する地域ネットワークの中核的機能を担うことなどを考えると、カウンセラー等の専門家など多様な人材を配置することも望まれる。
　そのほか、地域や学校の実情に応じて、不登校児童生徒が在籍する学校の学級担任、その他の教員がコーディネーター的な不登校担当教員との連携の下、機動的に適応指導教室に赴き、保護者や指導員等との情報交換や相談を行ったり、児童生徒の状態に応じて学習指導や教育相談を行ったりすることも考えられる。
（参考資料）
（２２）適応指導教室の指導体制

ウ　地域ネットワークにおける中核的機能の整備
　不登校児童生徒が、各地域において身近で公的支援を受けられるよう、適応指導教室の物理的な整備充実を図る一方で、既存の適応指導教室や学校、地域の関係機関との連携協力・資源の共有化を図ることが必要である。このため、地域において教育センターや適応指導教室が核となり、学校や他の小規模な適応指導教室、児童相談所、警察、病院、ハローワーク等の関係機関、更には民間施設やNPO等と連携し、不登校児童生徒やその保護者を支援するネットワークを整備することが望まれる。
　また、LD、ADHD等が不登校の背景にある場合が見られることから、特別支援教育のセンター的機能を有する養護学校との連携も望まれる。
　教育委員会の中には、不登校児童生徒やその保護者を対象とした宿泊型の施設を設置し、そこを核として、周辺の学校に対し不登校児童生徒への対応に関し助言したり、教員のための研修や事例研究会を企画・実施するほか、悩みを抱える保護者に対する相談や保護者同士のネットワークづくりへの支援、数日間にわたる体験活動プログラムの提供、各種の情報収集を行うなど、地域ネットワークにおける中核的機能を担わせている事例もある。こうした試みが、各地で積極的に進められていくことを期待したい。
（別添２）
不登校に対する連携モデル（試案）

（２）社会教育施設の体験活動プログラムの積極的な活用

　社会教育施設では、不登校児童生徒を対象とする様々な野外体験活動プログラム等が提供されており、例えば、宿泊型のものや自然を利用したもの等、都市部における適応指導教室や小規模な適応指導教室では提供しにくいものが実施されている場合も多い。
　今後、適応指導教室とこれらの体験活動プログラム等を実施する社会教育施設との積極的な連携が望まれる。

（３）公的機関と民間施設やNPO等との積極的な連携

　不登校児童生徒への支援については、民間施設やNPO等においても様々な取組がなされており、今後、学校、適応指導教室等の公的機関は、民間施設等の取組の自主性や成果を踏まえつつ、より積極的な連携を図っていくことが望ましい。

具体的な連携の内容としては、例えば、各地域のネットワークを活用しながら、公的機関による民間施設に関する情報提供や、共同の事例検討会の実施、研修等における講師としての協力、不登校児童生徒の指導計画の共同作成・実施、体験活動プログラムの共同開発・実施、訪問型の支援に関するマニュアルの共同作成、第4章で触れた学校外での学習評価における連携等の取組が考えられる。

このような公的機関と民間施設等との密接な連携を進める上で、公的機関による情報収集のみならず、民間施設からの積極的な情報提供や民間施設の運営等に関する透明性の確保が望まれる。また、民間施設等の実践には評価すべきもの、参考とすべきものが多々ある一方で、一部には不適切な指導が疑われるものや活動の実態がはっきりしないものもあるという指摘もある。その観点から、本協力者会議においては、「平成4年報告」に別記として掲げられている「民間施設についてのガイドライン（試案）」について、事業運営の透明性の確保や相談・指導面での情報公開の必要性の観点から見直しを行った。

教育委員会、学校、適応指導教室等の公的機関は、このガイドライン（試案）を保護者等へ周知するとともに、ガイドライン（試案）に照らして把握できた情報を保護者の参考に資するよう提供することが望ましい。また、不登校児童生徒や保護者は、民間施設において相談・指導を受ける際には、当該ガイドライン（試案）や教育委員会等から示された情報に留意することが望まれる。さらに、学校は、教育委員会と連携し、民間施設における相談・指導が個々の児童生徒にとって適切であるかの判断や出席扱いの適否の判断等をするに際して、当該ガイドライン（試案）を参考とすることが望ましい。

そのほか、地域の実情に応じ、教育委員会が当該ガイドライン（試案）等を考慮しつつ、不登校児童生徒への支援に関し実績がある民間施設に、適応指導教室の相談・指導の業務を委託する等の「公設民営型」の適応指導教室についても今後検討することが考えられる。

（別添3）
民間施設についてのガイドライン（試案）

2 訪問型の支援の取組

(1) 公的な機関等による訪問型の支援の推進

不登校児童生徒や「ひきこもり」の青少年を対象とする公的な機関等による訪問型の支援については、一部の自治体で既に実施され、成果を上げているところである。

今後、適応指導教室に通うことができない者など、支援を受けていない不登校の児童生徒やその保護者等に対し、より積極的に支援を行う観点から、地域の実情や状況等を踏まえつつ、このような取組が全国各地で実施されることが望まれる。その際、適応指導教室や教育センター等、地域の中核的な機能を持った公的施設が人材バンクを整備して訪問に当たる人材の斡旋を行うなど、訪問型支援にあたり、コーディネーターとしての機能を果たすことが考えられる。

（参考資料）
（23）訪問指導に係る事業の実施状況
（24）訪問指導の内容

(2) 訪問型の支援の実施に当たっての配慮

公的な機関等による訪問においては、専門家のみならず、様々な人材と連携協力して実施することが考えられる。例えば、一部の自治体では大学との組織的な連携により、心理学や教育学を学ぶ大学生等を派遣することにより成果を上げている例もある。その場合には、この活動を大学における単位認定に反映させる等の措置も考えられる。

また、専門家以外の多様な人材が訪問型の支援に関わる場合には、適切な事前の指導や活動中の援助あるいは研修のためのスーパーバイザーの確保等、訪問する者の資質向上等のための方策を検討する必要がある。
　なお、特に、ひきこもりがちな不登校児童生徒の家庭を訪問する際には、その影響の大きさを考え、守秘義務の遵守はもとより、所定の時間外の私的な接触には慎重に対処したり、スーパーバイザーへの報告を確実に行うなど、指導する上での配慮事項等につき十分徹底を図る必要がある。さらに、訪問が解決に向けての次のステップへ結び付くよう適応指導教室や学校等と密接な連携を図ることが求められる。

3 IT等の活用

　ITを不登校児童生徒への指導や支援にどのように活用していくかについては、今後先駆的・実験的な事例等を踏まえながら研究する必要がある。既に保護者との相談等における電子メールの活用については一定の成果が報告されている。また、特に、ひきこもり傾向がある等、人との直接的な関わりが苦手な児童生徒については、相談等のきっかけとしてITを活用することは有効である。教育委員会が、不登校児童生徒の家庭に対してパソコンを貸与し、学校や適応指導教室への無料アクセスを認め、カウンセラーに相談したり、他の児童生徒と交流したりすることを可能とするといった実験的な取組も試みられている。
　また、このような取組の可能性に目を向けると同時に、児童生徒がそれだけにのめり込んでしまうことがないよう人間関係づくりや学校復帰等、次のステップにつながるようにする等、その活用に当たり十分配慮が必要と考えられる。
　なお、学習指導におけるITの活用については、高等学校以上では、通信制の学校が存するなど相応の普及をしているが、義務教育段階にあっては、ひきこもり傾向のある不登校児童生徒に対し部分的にインターネットを利用した学習の実施、個別学習ソフトの開発などの試みも見られるものの、今後なお一層の研究を進めていくことが必要である。

第6章 中学校卒業後の課題

1 高等学校に関する取組

（1）高等学校入学者選抜等の改善

　　高等学校入学者選抜については、学力検査と調査書による選抜が中心であるが、選抜方法の多様化や評価尺度の多元化の観点から改善が進められてきており、そのいずれか一方を用いたり、更には、そのいずれも用いずに他の方法によることも可能となってきている。
　　今後は、このような選抜方法の多様化の流れの中、高等学校で学ぶ意欲や能力を有する不登校生徒について、これをより適切に評価することが望まれる。例えば、進学の動機や高校で学びたいこと、学校外を含めて中学校時代に学んだ事柄などを記載した自己申告書を調査書に添付することや調査書に代えて提出することを認めたり、また、例外的な選抜枠を設けて面接や実技、作文のみで評価したり、学力検査の成績のみで評価することも考えられる。一部の教育委員会では、既にこうした方法を取り入れており、今後更なる取組の広がりを望みたい。
　　なお、国の実施する中学校卒業程度認定試験については、やむを得ない事情により不登校となっている生徒が在学中に受験できるよう、その受験資格の拡大が図られたところであり、不登校生徒や保護者に対してこの制度に関する適切な情報提供を行い、様々な選択の幅を広げる配慮が望まれる。

（2）高等学校における長期欠席・中途退学への取組の充実

高等学校における不適応による長期欠席についても行政として把握し課題として認識することが必要であることは既に第2章「不登校の現状」で述べたとおりである。国においては、高等学校での長期欠席に関する調査は行っていないが、中途退学に関しては、「問題行動等調査」の一環として把握している。学校復帰のできなかった長期欠席者は、中途退学者の中に含まれてしまっていると考えられる。この調査結果によると、平成13年度の公私立高等学校の中途退学者は約10万5千人、在学者全体に占める割合（中退率）は2.6％となっている。中退率は近年横ばいであるが、過去と比べると比較的高い水準にあり、また、その事由別の構成比の推移を見ると、「学校生活・学業不適応」の項目、例えば「人間関係がうまく保てない」が伸びている。

高等学校における長期欠席や中途退学の課題については、小・中学校時に不登校であった生徒や、高等学校入学後も欠席傾向がある生徒に対し、単位制の活用や選択幅の拡大等による個に応じた教育課程編成、少人数制の指導による「分かるまで」のていねいな教科指導、生徒の個人として優れている点や長所、学習における進歩の状況の積極的な評価、体験活動の積極的な推進、副担任制を活用することによる担任の選択制度等の多様な取組が行われている。今後、各地域の実情に合わせ、中高一貫教育の推進や、総合学科や単位制高等学校等の特色ある高等学校づくり等も含め、多様な取組や工夫が行われることを期待したい。

（参考資料）
（25）高等学校中途退学者数の推移
（26）事由別中途退学者数の構成比の推移

2 中学校卒業後の就学・就労や「ひきこもり」への支援

（1）中学校卒業後の青少年の進路の相談や受け皿づくりへの期待

中学校時に不登校であり高等学校へ進学しなかった者、または高等学校へ進学したものの中途退学をした者等、中学校卒業後に進学も就労もしていない者等に対して、例えば、通信制の高等学校や専修学校高等課程への進学、放送大学の選科履修生・科目履修生や大学入学資格検定試験等を通じた多様な進学、職業訓練等の機会等について相談できる窓口や社会的自立を支援するための受け皿が必要である。

不登校経験者を対象とした調査では、多くの者が何らかの支援を望んでいるが、その内容をみると、中学校在学時には「心理相談」が最多であるが、中学校卒業後では「技術指導」の比重が相対的に増してくるという傾向がみられる。

こうした支援の望ましい在り方については、今後、各都道府県や市町村の青少年担当部局、福祉・労働担当部局等との連携や都道府県と市町村との連携の下に検討する必要があるが、その検討に当たっては、自治体において既にそのような施設を設置している例や、青少年の自立支援を行い、成果を上げている既存の民間施設等の取組等が参考になると考えられる。

（参考資料）
（27）不登校経験者が求める支援

（2）中学校卒業後のひきこもり傾向にある青少年への支援

中学校卒業後のひきこもり傾向にある青少年やその家庭への支援については、教育行政のみでそれを行うことは困難であるが、状況に応じ、訪問や手紙等による働きかけを家族との連携の上で行うことが望ましい。また、電話や面接による相談や訪問による本人や家族への支援、あるいは進路や就職に関する情報提供を行う等、保健・医療・福祉・労働行政機関と教育行政機関や関係するNPO等が連携した地域のサポートネットワークを整えていくことが有効であると考えられる。

第7章 教育委員会に求められる役割

1 不登校や長期欠席の早期の把握と対応

　各市町村教育委員会においては、不登校や長期欠席は、義務教育制度に関わる重大な課題であることを認識し、学校等の不登校への対応に関する意識を高めるとともに、学校が家庭や関係機関等と効果的に連携を図り、課題の早期の解決を図るための体制の確立を促すことが重要である。
　例えば、児童生徒が連続して欠席している等、不登校傾向が見られた場合には、各学校が速やかに市町村教育委員会へ報告をし、それを受けて市町村教育委員会が学校の指導計画づくりを促すとともに、フォローアップを行う等、早期の把握と対応に関する学校や教育行政関係者等の意識を高めている例もあり、そうした取組を広げていくことが望まれる。
　また、不登校の背景に児童虐待があると疑われる事例に際しては、その実情に応じ、教育委員会として出席督促を行うとともに児童相談所への通告について学校を指導するなど、適切な対応をとることが求められる。

2 学校等の取組を支援するための教育条件等の整備

　各教育委員会においてはまず、不登校に対する正しい認識の下に、適切な取組が各学校において行われるよう方針を立て、指導・啓発を行うことが求められる。

　（1）教員の資質向上

　　　教育委員会においては、従来より、教員の採用・研修を通じて、その資質向上に取り組んでいるところであるが、こうした取組が各教員の不登校への適切な対応に資することが期待される。
　　　教員採用については、熱意があり人間性豊かな人材が確保されるよう、採用選考方法の工夫改善に引き続き努めていく必要がある。
　　　また、初任者研修をはじめとする教職経験に応じた研修、生徒指導・教育相談といった専門的な研修、管理職や生徒指導主事を対象とする研修などの体系化とプログラムの充実を図り、教員に対して、例えば不登校に関する知識や理解、児童生徒に対する理解、関連する分野の基礎的な知識などを身に付けさせていくことが必要である。加えて、視野を広げたり、知識・能力の専門性を高めたりするためには、様々な機関や施設等へ教員を派遣する長期研修の推進も重要である。例えば、関係機関との連携を推進する観点からは、児童相談所などへの長期派遣研修を積極的に進めることも意義あることと考える。また、教員の現職教育の機会を提供している大学・大学院との連携を図り、指導的な教員を対象にカウンセリングなどの専門的な能力の育成を図っていくことも望まれる。その他、例えば放送大学を利用した学習など、教員の自己啓発を促すことも大切である。
　　　なお、教員のみならず、スクールカウンセラー等を対象とした研修等の充実も望まれる。

　（2）きめ細かな指導のための適切な人的措置

　　　不登校を未然に防ぐ観点から、魅力ある学校づくり、「心の居場所」としての学校づくりを進めるためには、少人数授業やティームティーチング、習熟度別指導などのきめ細かな指導が可能となるよう、適切な教員配置を行うことが必要である。また、小・中学校さらには高等学校の間の連携を推進するため、異校種間の人事交流や兼務

などを進めていくことも期待される。

また、不登校児童生徒が多く在籍する学校については、教員の加配等、効果的かつ計画的な人的配置に努める必要がある。そのためにも、日頃より各学校の実情を把握し、また加配等の措置をした後も、校内指導体制の確立、家庭や関係機関との連携の強化等に向け、この措置が効果的に活用されているか等のフォローアップを十分に行うことが大切である。

さらに、教員による体罰や暴言等、不適切な言動や指導が不登校の原因となっている場合は、人的措置を含め、厳正な対応をとることが必要である。

(3) 保健室や相談室等の整備

不登校児童生徒への対応に当たり、養護教諭の果たす役割や「保健室登校」・「相談室登校」の意義に鑑み、養護教諭の複数配置や研修機会の充実、保健室等の環境整備、情報通信機器の整備等が望まれる。

3 学校における指導等への支援

(1) モデル的な個別指導記録の作成

各市町村教育委員会においては、各学校で不登校児童生徒に対する個に応じたきめ細かい指導を行うために活用できるよう個別指導記録のモデル案等を作成することが求められる。また、当該個別指導記録が効果的に活用されるよう適切な指導が望まれる。

(2) 転校のための柔軟な措置

いじめや教員による不適切な言動や指導等が不登校の原因となっている場合等には、市町村教育委員会においては、保護者等の意向を踏まえつつ、学校と連携した適切な教育的配慮の下に、就学すべき学校の指定の変更や区域外就学を認める措置を講じることが望まれる。また、他の児童生徒を不登校に至らせるような深刻ないじめや暴力行為があった場合は、必要に応じて出席停止措置を的確に講ずる必要がある。

4 適切な対応の見極め(「アセスメント」)及びそのための支援体制づくり

不登校の要因・背景が多様化しているため、対策を検討する上で、初期に適切な対応の見極め(「アセスメント」)を行うことは極めて重要である。そのためには、児童生徒の状況によっては、個別の教員や校内の関係者のみが対応するのではなく、専門知識を持つ外部の者等の協力を得ることが必要であり、そのような初期段階のアセスメント機能に関し、各学校等をサポートする地域の体制を構築することにつき、各教育委員会は今後具体的に検討していく必要がある。その際に、適応指導教室の機能を充実してそうした役割を担わせたり、あるいは学校と関係機関等のコーディネートを行わせることも考えられる。

5 学校外の公的機関等の整備充実

(1) 適応指導教室の整備充実やそのための指針づくり

各都道府県教育委員会においては、適応指導教室の更なる整備充実のために、域内の市町村教育委員会と緊密な連携を図りつつ、未整備地域を解消して不登校児童生徒や保護者が利用しやすい環境づくりを進めたり、別添1の「適応指導教室整備指針(試案)」を参考に、地域の実情に応じた指針を作成し、必要な施策を講じていくことが求められる。もとより、市町村教育委員会は、主体的に適応指導教室の整備充実を進

めていくことが必要である。

（2）教育センターや教育研究所等における教育相談機能の充実

　　　教育委員会は、所管する教育センターや教育研究所等における教育相談機能を活用し、保護者や不登校児童生徒をはじめ、学校、適応指導教室等が身近に助言・援助を得られる体制の整備を図り、域内の不登校に関する連携ネットワークの機能の充実を図ることが望ましい。その際、ITの有効な活用方法について研究を進め、教育相談の実践に生かしていくことが期待される。

<u>6 訪問型支援など保護者への支援の充実</u>

　各都道府県・市町村教育委員会においては、保護者全般に対する不登校への理解を深めるための啓発を行うことや、不登校のみならず子育てについての保護者に対する支援を充実することが求められる。
　また、不登校の対応にあたっては、ひきこもりがちな不登校児童生徒やその保護者等に対し、必要な配慮の下、訪問型の支援を積極的に推進することが期待される。その際には、家庭の協力を得ることが不可欠であり、また、保護者自身が悩みを抱えている場合等もあることから、情報提供や保護者のネットワークとの連携等による支援の充実が必要である。

<u>7 官民の連携ネットワークの整備の推進</u>

（1）他部局との連携協力のためのコーディネート

　　　各教育委員会においては、学校と関係機関との連携協力を推進するため、積極的に他の保健・福祉・医療・労働分野の部局等とのコーディネーターとしての役割を果たす必要がある。

（2）関係機関のネットワークづくりと不登校対策の中核的機能の整備充実

　　　各教育委員会においては、不登校へ対応するための学校、適応指導教室、児童相談所、警察、病院、ハローワーク等の関係機関や民間施設、NPO等のネットワークづくりや、その中核的な機能の整備充実に努める必要がある。

（3）民間施設等との連携協力のための情報収集・提供等

　　　教育委員会においては、情報公開を適切に行っている健全な民間施設やNPO等との連携協力を推進するため、積極的に情報収集に努めるとともに、学校や保護者等への情報提供を適切に行うことが必要である。また、各民間施設等は、設置者の判断によりそれぞれ自らの責任で自主的に運営されていることを前提に、各公的機関や保護者等へその情報提供を行うことが望ましい。

第8章 国に求められる役割

<u>1 不登校の実態把握のための概念整理や調査の在り方の検討</u>

　前述のように、現状の不登校の概念規定や要因・背景などの実態把握の在り方については、見直すべき課題もあり、国において、今後検討を行う必要がある。
　また、高等学校における長期欠席を把握するための調査の在り方についても検討を行う必要

がある。

2 不登校への対応に関する全国の情報収集・情報提供

　国においては、各教育委員会等において展開されている有効な施策や実践事例に関し、情報収集や情報提供に努め、各教育委員会等の不登校対策の推進を支援することが望まれる。その一環として、本協力者会議の報告を踏まえて、各学校の指導方法の改善が図られるよう、より具体的な手法や事例等について紹介する指導資料の作成を行うことを求めたい。

3 関係省庁との連携協力

　国においては、各教育委員会等が推進する不登校に対する様々な取組を支援し、教育委員会・学校と関係機関との連携協力が円滑に進むよう、青少年行政や、保健・福祉・医療・労働行政等を担当する関係省庁と積極的に連携協力をする必要がある。

4 不登校施策の改善へ向けた不断の取組

　国においては、各教育委員会等の不登校施策への取組の充実を支援するため、不登校施策の改善のための不断の取組をすることが求められる。
　当面、これまで行われてきた教員の資質向上や教員配置の充実による学校の指導体制の強化、スクールカウンセラーの配置等による教育相談体制の充実、体験活動の推進等に引き続き努めることが求められる。
　また、新たに、本協力者会議の報告に基づく指導資料の作成を行うほか、平成１５年度から実施される事業を積極的に展開し、適応指導教室を中心とした地域ネットワークの整備のための実践的な研究を進め、この報告で述べた様々な提言の具現化を図っていくことが必要である。さらに、不登校児童生徒に対するITの有効な活用の在り方などについても、教育相談・学習指導の両面にわたって研究を一層深めていくことが望まれる。
　既に述べたとおり、本報告書の提言は、教育委員会や学校等での具体的な取組の充実を図ることに主眼を置くものであるが、文部科学省においては、スクールカウンセラーの配置、更には不登校児童生徒の実態に配慮した特色ある教育課程の試み等の課題について、取組の成果と課題を十分に検証しつつ、必要な検討を行うことを望みたい。

　不登校対策については、画一的な不登校像を安易に描いて論ずるのではなく、不登校児童生徒の将来の社会的自立を目指し、一人一人の状況を踏まえて、その「最善の利益」が何であるのかという視点に立ち、真剣に考えなければならない課題である。国はもとより、家庭、地域、学校関係者など教育に携わる者全てが、そうした姿勢を常に保ちつつ、不断の取組を進めていくことを願って止まない。

不登校問題に関する調査研究協力者会議委員

荒井　祐司	東京国際学園高等部校長
石郷岡　悦子	東京都目黒区立下目黒小学校長
伊藤　美奈子	お茶の水女子大学大学院助教授
大橋　重保	名古屋子ども適応相談センター適応指導部長
尾木　和英　◎	東京体育大学教授
下司　昌一	明治学院大学教授
近藤　正隆	日本青少年育成協会専務理事
斎藤　環	医療方針爽風会佐々木病院診療部長
斎藤　八重子	東京都立城南高等学校長
菅原　寛	大阪府松原市教育委員会学校教育部次長
須藤　稔	栃木県教育委員会総務課児童生徒推進室室長
相馬　誠一	広島国際大学教授
藤田　猛	日本ＰＴＡ全国協議会副会長
松野　智子	岩手県立盛岡北高等学校養護教諭
森田　洋司　○	大阪市立大学大学院教授
山上　美弘	東京都武蔵野市立第一中学校長

◎主　査　　○副主査

(別添1)

適応指導教室整備指針（試案）

1 趣 旨
   ○ 教育委員会は，適応指導教室の整備に当たって，この指針の定めるところに留意し，不登校児童生徒に対する適切な支援を行わなければならない。
      なお、本整備指針においては、適応指導教室を「教育支援センター」（以下，「センター」という。）と仮称する。

2 設置の目的
   ○ センターは，不登校児童生徒の集団生活への適応，情緒の安定，基礎学力の補充，基本的生活習慣の改善等のための相談・適応指導（学習指導を含む。以下同じ。）を行うことにより，その学校復帰を支援し、もって不登校児童生徒の社会的自立に資することを基本とする。

3 自己評価・情報の積極的な提供等
   ○ センターは，その目的を実現するため，その相談・適応指導，その他のセンターの運営状況について改善・充実を図るとともに、自ら点検及び評価を行い，その結果を公表するよう努めるものとする。
   ○ センターは，その相談・適応指導，その他のセンターの運営の状況について，保護者等に対して積極的に情報を提供するものとする。

4 対象者
   ○ 入室や退室等に関する方針や基準が明らかにされていること。
   ○ 不登校児童生徒の入退室等の決定については，その態様等を踏まえ，センターにおける指導の効果が達せられるよう児童生徒の実情等の的確な見極め（アセスメント）に努めるものとする。その際には，当該児童生徒が在籍する学校関係者はもとより，専門家を含めて検討を行うことが望ましい。
   ○ 必要に応じて，中学校を卒業した者についても進路等に関して主として教育相談等による支援を行うことが望ましい。

5 指導内容・方法
   ○ 児童生徒の立場に立ち，人命や人格を尊重した人間味のある温かい相談・適応指導を行う。
   ○ 相談に関しては，共感的な理解に立ちつつ，児童生徒の自立を支援する立場から実施する。
   ○ 各教科等の学習指導に関しては，在籍校とも連絡をとり，施設及び児童生徒の実情に応じて実施する。
   ○ 指導内容は，児童生徒の実態に応じて適切に定め，個別指導と併せて、センター及び児童生徒の実情に応じて集団指導を実施するものとする。その際，児童生徒の実情に応じて体験活動を取り入れるものとする。
   ○ 家庭訪問による相談・適応指導は，センター，地域，児童生徒の実情に応じて適切に実施することが望ましい。通室困難な児童生徒については，学校や他機関との連携の下，適切な配慮を行うことが望ましい。
   ○ センターは，不登校児童生徒の保護者に対して，不登校の態様に応じた適切な助言・援助

を行うものとする。

6 指導体制
  ○ センターには，相談・適応指導などに従事する指導員を置くものとする。
  ○ 指導員は，通所の児童生徒の実定員１０人に対して少なくとも２人程度置くことが望ましい。
  ○ 指導員は，相談・適応指導，学習指導等に必要な知識及び経験又は技能を有し，かつその職務を行うに必要な熱意と識見を有するものをあてるものとする。
  ○ 教育委員会は，指導員の資質向上のため適切な研修の機会を確保するよう努めることとする。
  ○ カウンセラーなどの専門家を常勤又は非常勤で配置し，児童生徒の指導方針等につき、協力を得ることが望ましい。
  ○ その他，年齢，職種等，多様な人材の協力を得ることが望ましい。その際、協力を得る人材の実情に応じ、適切な研修を行い，又は指導体制等を整えることが望ましい。

7 施設・設備等
  ○ 施設・設備は，相談・適応指導を適切に行うために，保健衛生上，安全上及び管理上適切なものとする。
  ○ センターは，集団で活動するための部屋，相談室，職員室などを備えることが望ましい。
  ○ センターは，運動場を備えるなどスポーツ活動や体験活動の実施に関する配慮がなされていることが望ましい。適切な施設を有しない場合は，積極的に他のセンター等と連携することが望ましい。
  ○ センターでの個別学習や，家庭との連絡のため，必要な情報通信機器・ネットワークが整備されていることが望ましい。
  ○ センターには，相談・適応指導を行うため，児童生徒数に応じ，保健衛生上及び安全上必要な教具（教科用図書，学習ソフト，心理検査用具等）を備えるものとする。また，これらの教具は，常に改善し，補充するよう努めなければならない。

8 学校との連携
  ○ 指導員等は，不登校児童生徒の態様に応じ，その支援のため，在籍校との緊密な連携を行うものとする（定期的な連絡協議会，支援の進め方に関するコーディネート等の専門的な指導等）。
  ○ 指導員等は，不登校児童生徒の学校復帰後においても，必要に応じて在籍校との連携を図り，継続的に支援を行うことが望ましい。
  ○ 指導員等は，児童生徒の実情等の的確な見極め（アセスメント）にそった児童生徒の個々の回復状況を把握し，守秘義務に配慮した上で，本人，保護者の意向を確かめて在籍校に学習成果等を連絡するものとする。
  ○ 指導員等は，不登校に関し，学校に対する専門的な指導・助言・啓発を行う。

9 他機関・民間施設・ＮＰＯ法人等との連携
  ○ センターは，教育センターや社会教育施設などの教育機関や児童相談所，警察，病院，ハローワーク等の関係機関との連携を適切に図り，不登校に関する地域ぐるみのサポートネットワークづくりに努めるものとする。
  ○ センターは，不登校関係の民間施設，ＮＰＯ法人等との連携・協力を適切に図ることが望ましい。
  ○ 民間施設との連携については国が示している「民間施設についてのガイドライン（試案）」等に留意するものとする。

10 教育委員会の責務

○ 教育委員会は，前各項の趣旨が達せられるよう，教育委員会規則の制定や指導体制の充実等，センターの整備に関し必要な方策を講じなければならない。
○ 教育委員会は管轄地域以外のセンターの連携・協力関係が，適切に図ることができるよう配慮しなくてはならない。

〈解　説〉

文部科学省「不登校への対応の在り方について」(2003 年)

　この通知は，引き続き登校拒否・不登校問題が社会的に大きな問題となる中で出されたものです。特に，この通知が出された背景には，森田洋司らが行った1993年度登校拒否・不登校児童生徒の5年後の進路が，その他の一般児童生徒の進路に比べて，高校進学・大学進学ともかなり低く，高校中退率などがかなり高いという事実を踏まえて行われたようです。すなわち，高校への進学率は同世代の進学率よりもかなり低い，65.3％，高校退学率は，同世代のそれよりもかなり高い38％，大学・短大・高専への進学率も同世代よりもかなり低い8.5％，就学も就職もしていない青年は22.8％でした[3]。

　この通知では，以下の5点が強調されます。

　「将来の社会的自立に向けた支援の視点」「連携ネットワークによる支援」「将来の社会的自立のための学校教育の意義・役割」「働きかけることや関わりを持つことの重要性」「保護者の役割と家庭への支援」

　この通知のキーワードは，「社会的自立」と「働きかけ」です。それまでは，どちらかというと「登校拒否はどの子どもにもおこりえる」とし，出来るだけ焦らずに「待つ」ということが強調されましたが，先にふれた調査結果も踏まえ，文科省は方針転換をし，登校拒否を促す路線へと揺り戻しが起こったのです。

　その内容は，第1に，登校拒否・不登校の児童生徒の進路保障・社会的自立を考える。そして，第2に，ただ「待つ」のではなく「働きかける」ことを重視することなどです。

　そして，このあと全国的には第1に，「数値目標」に基づく「不登校半減計画」「不登校ゼロ運動」等が展開されました[4]。また，第2に「スクーリング・サホート・ネットワーク整備事業」(SSN)開始(2003年)年，「スクール・ソーシャルワーカー(SSW)」活用事業開始(2008年)など，第3に，「不登校追跡調査」(2011～12年度)等が行われてきました。

　この中で，第1の動向を方法論的に指導したのは東京学芸大学の小林正幸等でした。小林等は，例えば熊谷市の「不登校半減計画」などに取り組み，それなりに成果を上げます。しかしながら，この学校へ行かせること＝適応させることを自己目的とする取り組みは次の2つの意味で大きな問題点を持つものでした。

　第1に，学校へ適応させようとするきめ細かい取り組みは，適応できない子どもを疎外し，より追い詰める可能性があることです。すなわち，確かに一部の自治体・学校では登校拒否・不登校数が減ったかもしれません[5]。しかし，そのような取り組みの中でも，なお学校へ行けない・行かない子どもは存在します。

　例えば，いじめられた後遺症で学校に行けない子どもや教師の体罰が原因で学校に行けない子どもの場合には，そのような子どもの心のケアをきめ細かくする必要があります。しかしながら，小林等の取り組みには，そのような視点が見受けられません。

第2に，学校の指導により学校に行けた子どもは真に登校拒否を克服できたのかという点，あるいはそれでも，学校に行けなかった子どもはより疎外感を味わうのではないかという疑念が残るという点です。すなわち「最悪の場合，生徒指導によって子どもを追いつめておきながら，耐えきれず学校を離脱した者の責任を問うという構造的な〈排除〉の論理が作動する危険性をはらんでいる（山本宏樹，75頁）といえます。

　第2の，SSW等の導入にもとづくいわば「福祉的〈包摂〉」（山本）はどう考えれば良いでしょうか（この点については本資料集第Ⅲ部第2節の山本の論述参照）。

　2006年ぐらいから，貧困・格差との関連で，子ども登校拒否・不登校が問題となってきました。この問題に即して，SSW等が導入されました。この福祉的取り組みは，今日厚生労働省が進めるサポートステーション事業などとともに，一定の成果を生んでいるようです。

　しかしながら，例えば35人学級を政府の力で行おうとすることを放棄したり，福祉にまわすお金を削ったりする中で，どんどん社会的に貧困に落ち込む家族・子どもが増えています。そして，厚生労働省の調査では，子どもの貧困率が過去最悪の16.3％になっています（『朝日新聞』2014年7月28日付）。

　そのような中では，やはりこの福祉的〈包摂〉も限界があります。

　このように，文科省・厚労省と各都道府県教委はある意味必死で登校拒否・不登校の数を減らすことを自己目的にしてきました。そして，数量的には，その後登校拒否・不登校の数は高止まりで，増えないという点では一定の「成果」を生みました。しかしながら，この「成果」も2013年度6年ぶりに小中学生で7,000人も登校拒否・不登校数が増え，とりわけ小学生では割合で過去最高を記録するという事態，あるいは2014年度も3,000人も増え，破綻したのではないでしょうか。

　問題は，全国一斉学力テストなどの競争を煽ったり，学級定数減などの措置をしない，教師の労働条件を改善しないなどの教育制度の改善をしない。すなわち，どの子も生き生きと楽しく学べ，どの教師も楽しく働ける学校づくりを一切せず，教育改悪を進める今日の安倍内閣のもとでの教育行政のあり方に在るのではないでしょうか。

　また，登校拒否・不登校を克服するとは単に子どもが学校に戻ることではない。単に数を減らすことではないという，克服するという意味を深めることを要請しています[6]。

注

（第2〜4章）
1）大阪の「登校拒否を克服する会」が始まるのは1986年です。
2）竹内常一『子どもの自分くずし，その後』（太郎次郎社，1998年，178〜179頁）。
3）最近の調査では，中学卒業後高校などに進学した生徒は85％になるなどかなり改善しています（『東京新聞』2014年7月10日付）。
4）小林正幸，小野昌彦の著書参照。
5）埼玉県・新潟県など。埼玉県では熊谷市・川口市など。
6）登校拒否・不登校を克服するという中身については，高垣忠一郎，竹内常一の文献参照（本資料集第Ⅲ部201ページの参考文献一覧参照）。

参考文献

(第 2 〜 4 章)

朝倉景樹 (1996)『登校拒否のエスノグラフィー』彩流社

加藤美帆 (2012)『不登校のポリティクス——社会統制と国家・学校・家族』勁草書房。

貴戸理恵 (2004)『不登校は終わらない——「選択」の物語から〈当事者〉の語りへ』新曜社。

教育と医学の会 (2014)『教育と医学』「不登校をとらえなおす」慶応大学出版会, No. 729.

教育科学研究会 (2010)『教育』「特集 1 不登校はいま」国土社, No. 772.

小林正幸・小野昌彦 (2005)『教師のための不登校サポートマニュアル——不登校ゼロへの挑戦』明治図書。

竹内常一 (1987)『子どもの自分くずしと自分つくり』東京大学出版会。

竹内常一 (1998)『子どもの自分くずし, その後』太郎次郎社。

高垣忠一郎 (2012)『3.11 生みの苦しみによりそって——原発震災と登校拒否——』新日本出版社。

高垣忠一郎 (2014)『登校拒否を生きる——「脱落」から「脱出」へ——』新日本出版社。

土井隆義 (2009)『キャラする／される子どもたち——排除型社会における新たな人間像——』岩波ブックレット。

土井隆義 (2014)『つながりを煽られる子どもたち——ネット依存といじめ問題を考える——』岩波ブックレット。

藤森毅 (2013)『いじめ解決の政治学』新日本出版社。

保坂亨 (2000)『学校を欠席する子どもたち——長期欠席・不登校から学校教育を考える——』東京大学出版会。

保坂亨 (2009)『"学校を休む"児童生徒の欠席と教員の休職』学事出版。

前島康男編著 (2004) 編著『希望としての不登校・登校拒否』創風社。

森田洋司 (1991)『「不登校」現象の社会学』学文社。

山田哲也 (2014)「不登校現象は学校に何を問いかけているか」, 教育科学研究会編『学力と学校を問い直す』かもがわ出版。

山本宏樹 (2008)「不登校公式統計をめぐる問題」『教育社会学研究』第 83 集。

第5章　不登校に関する調査研協力者会議最終報告（案）及び教育再生実行会議第9次提言など

まえがき

　2014年から2016年の現在まで，登校拒否・不登校そしてフリースクール等をめぐる問題で，関係者の間では，問題の取り扱いや見方をめぐって大きく揺れ動き論議がまき起こりました。その論議の経緯は基本的に第Ⅱ部で取り扱います。ここでは，今後の登校拒否・不登校，そしてフリースクール等をめぐる問題を考える上でとても大切だと考えられる，2つの文書とフリースクール等検討会議の最近の検討状況を掲載し解説を加えます。

資料1　不登校児童生徒への支援に関する最終報告（案）
―― 一人一人の多様な課題に対応した切れ目のない組織的な支援の推進 ――

はじめに

　我が国の教員は、これまで学習指導や生徒指導等まで幅広い職務を担い、児童生徒の状況を総合的に把握して指導を行っている。このような取組は高く評価されてきており，国際的に見ても高い成果を上げている。ただし、この在り方は、教員が役割や業務を際限なく担うことにもつながりかねず、国際調査においても、我が国の教員は、幅広い業務を担い、労働時間も長いという結果が出ている。

　また、社会や経済の変化に伴い、児童生徒や家庭、地域社会も変容し、不登校児童生徒への支援の在り方についても複雑化・多様化しており、学校や教員だけでは十分に解決することができない課題がある。そのために、コミュニティ・スクール（学校運営協議会制度）や様々な地域人材等との連携・協働を通して、保護者や地域の人々を巻き込み、教育活動を充実させていくことも求められている。

　以上のような状況に対応していくためには、個々の教員が個別に課題に対応するのではなく、校長のリーダーシップの下、学校のマネジメントを強化し、組織として対応できる体制を創り上げるとともに、充実した指導体制を整備することが必要である。

　その上で、不登校の未然防止や早期発見・早期対応、不登校となった児童生徒への支援という課題に対して総合的な対策を充実していくために、学校や教員が心理や福祉等の専門家（専門スタッフ）や教育支援センターや児童相談所など学校外の専門機関等、児童生徒を支援する資源との横の連携を進めるとともに、継続的に一貫した支援を行う観点から、小学校、中学校、高等学校という児童生徒の成長を見守る縦の連携が重要である。

　このような「チームとしての学校」の概念を実現することによって、教職員一人一人が、自らの専門性を発揮するとともに、専門スタッフや関係機関等の参画を得て、不登校をはじめとする様々な課題の解決に求められる専門性や経験を補い、児童生徒との関わりを充実していくことで、副題として掲げている、**一人一人の多様な課題に対応した切れ目のない組織的な支援の推進**の実現が期待できる。

第1章　はじめに～本協力者会議の基本姿勢～
1　本協力者会議の審議経過と報告のねらい

　本協力者会議は、文部科学省初等中等教育局長の諮問機関として、平成27年1月に発足し、不登校児童生徒の社会的自立を支援する観点から、①不登校児童生徒の実情の把握・分析、②学校における不登校児童生徒への支援の現状と改善方策、③学校外における不登校児童生徒への支援の現状と改善方策、④その他不登校に関連する施策の現状と課題について調査研究を行う役割を与えられた。

　不登校に関する調査研究については、学校不適応対策調査研究協力者会議の平成4

年3月報告「登校拒否（不登校）問題について」、不登校問題に関する調査研究協力者会議の平成15年3月報告「今後の不登校への対応の在り方について」（以下「平成15年報告」という。）があるが、それぞれ、不登校に対応する上での基本的な視点や取組の充実のための提言自体は今でも変わらぬ妥当性がある。

しかしながら、不登校児童生徒が依然として高水準で推移していることから、これらの提言が関係者の間において正しく理解され実践されているか、また、時代の変化とともに、新たに付加すべき点がないかを今一度検証することが必要である。

本協力者会議は、現状と課題をできる限り実証的・客観的に検証すること、様々な立場から実践に携わっている関係者からヒアリングを行うなど幅広く意見を聴くことに特に配慮し、検討を進めてきた。また、本協力者会議の発足に先立って公表された不登校経験者に対する追跡調査の結果報告の知見を積極的に生かすなど、不登校の当事者の意識や要望等に配慮するとともに、国民の幅広い理解と協力が得られるよう、会議を公開するなど、開かれた会議運営に努めてきた。

本報告は、学校や教育関係者等における取組の充実に資するための指針となる提言を盛り込んでいる。国、各教育委員会や学校等において関係者が本報告を活用し、今後の不登校に関する取組の更なる充実を図ることを期待したい。

<u>2　「平成15年報告」から現在までの不登校施策の変遷</u>

「平成15年報告」以降も、不登校に関して、様々な取組がなされてきており、その進捗状況を分析した。

「校外の施設による不登校児童生徒の出席扱い」については、平成15年度の小中学校の不登校児童生徒数は126,212人、そのうち学校外で指導等を受けた児童生徒数は11,245人（不登校児童生徒数全体の8.9%）であり、そのうち指導要録上出席扱いとされたのは3,438人（指導等を受けた児童生徒に占める割合は30.6%）であった。平成26年度の小中学校の不登校児童生徒は122,902人、学校外で指導等を受けた児童生徒数は38,059人（不登校児童生徒数全体の31.0%）であり、そのうち指導要録上出席扱いとされたのは17,457人（指導等を受けた児童生徒に占める割合は45.9%）であった。このことから、学校外の施設を利用する割合や指導要録上出席扱いとされる割合は増えているといえる。また、学校内外で指導を受けた児童生徒数は、平成15年度は76,299人（不登校児童生徒数全体の60.5%）、平成26年度は97,975人（不登校児童生徒数全体の79.8%）となっており、このことから、学校内外の機関等を利用する割合も増加していることが伺える。

平成17年7月、構造改革特別区域法による特区803「不登校児童生徒等を対象とした学校設置に係る教育課程弾力化事業」の全国化により、特別な教育課程を編成する学校（以下「不登校特例校」という。）が指定されることとなったが、平成16年から全国化される平成17年7月までは5校、平成17年7月から平成27年8月現在までは5校の合計10校が指定されている。これらのうち、平成19年4月に指定された京都市立洛友中学校においては、不登校を克服しようとする昼間部の生徒と、義務教育未修了のまま学齢を超過してしまった夜間部の生徒の交流を図っているよう

な好事例もある。
　また、平成17年7月「IT等の活用による不登校児童生徒の学習機会拡大事業」を全国化する通知により、ICT等を活用した不登校児童生徒の指導要録上の出席扱いについては、平成17年度は196人であったものが、平成26年度は250人となっている。
　総じて、これら制度の活用状況は大きくは伸びていないことから、今後、「出席扱い」などの制度の検証を行うとともに、例えば洛友中学校などの好事例の周知や、ICT教材開発やそれらの情報配信なども含め、これら制度の活用を促進する必要がある。

（参考資料）
参考資料（●）相談・指導等を受けた学校内外の機関等及び指導要録上出席扱いとした児童生徒数の推移
参考資料（●）「不登校児童生徒を対象とした学校の設置に係る教育課程の弾力化」について
参考資料（●）学校外の機関等で相談・指導を受けた児童生徒数（教育支援センター・民間施設を抜粋）
参考資料（●）自宅におけるIT等を活用した学習活動を指導要録上出席扱いとした児童生徒数の推移

3　不登校の定義及び認識

　文部科学省の「学校基本調査」及び「児童生徒の問題行動等生徒指導上の諸問題に関する調査」（以下「問題行動等調査」という。）においては、「不登校児童生徒」を何らかの心理的、情緒的、身体的あるいは社会的要因・背景により、登校しないあるいはしたくともできない状況にあるため年間30日以上欠席した者のうち、病気や経済的な理由による者を除いたものとして調査しており、本協力者会議においても同様に不登校を定義して検討を行った。
　不登校については、特定の児童生徒に特有の問題があることによって起こるものではなく、どの児童生徒にも起こり得ることとして捉え、教育関係者は当事者への理解を深める必要がある。また一方で、不登校という状況が継続し、結果として十分な支援が受けられない状態が続くことは、自己肯定感の低下を招くなど、本人の進路や社会的自立のために望ましいことではなく、その対策を検討する重要性についても十分に認識する必要がある。豊かな人間性や社会性、生涯を通じた学びの基礎となる学力を身に付けるなど、全ての児童生徒がそれぞれの自己実現を図り、社会の構成員として必要な資質・能力の育成を図ることは喫緊の課題であって、早急に不登校に関する具体的な対応策を講じる必要がある。
　不登校の要因や背景としては、本人・家庭・学校に関わる様々な要因が複雑に絡み合っている場合が多く、更にその背後には、社会における「学びの場」としての学校の相対的な位置付けの変化、学校に対する保護者・児童生徒自身の意識の変化等、社会全体の変化の影響力が少なからず存在している。
　そのため、この課題を教育の観点のみで捉えて対応することには限界があるが、義

務教育段階の児童生徒に対して教育が果たす役割が大きいことを考えると、不登校に向き合って懸命に努力し、成果を上げてきた関係者の実践事例等を参考に、不登校に対する取組の改善を図り、学校や教育関係者が一層充実した指導や家庭への働き掛け等を行うことで、学校教育としての責務が果たされることが望まれる。

ただし、不登校は、その要因・背景が多様であり、学校のみで解決することが困難な場合が多いという課題があることから、本協力者会議においては、学校の取組の強化のみならず、学校への支援体制や関係機関との連携協力等のネットワークによる支援、家庭の協力を得るための方策等についても検討を行う。

<s>なお、</s>不登校<s>とは</s><s>については</s>、多様な要因・背景により、結果として不登校状態になっているということであり、その行為を「問題行動」と判断してはいけない。不登校の児童生徒が悪いという根強い偏見を払拭し、「行きたくても行けない」現状に苦しむ児童生徒とその家族に対して、「なぜ行けなくなったのか」や「どうしたら行けるか」などの原因や方法のみを論ずるだけでは決して解決は望めない。そのため、学校・家庭・社会は、不登校児童生徒に寄り添い<s>、</s>共感的理解と受容の姿勢を持つことが<s>、</s>児童生徒の自己肯定感の回復のためにも大事である。不登校児童生徒にとっても、共感者との信頼関係を構築していく過程が<s>は</s>、社会性や人間性の伸長につながり、結果として、社会的自立が果たされることが期待される。

さらに、「病気」による長期欠席にも「不登校」が潜在化している可能性があることから、発熱や頭痛、腹痛といった病気を理由とする欠席であっても、3日連続で休む場合は不登校の可能性を学校内において検討すべきである。他にも「経済的理由」や「その他」による欠席についても、児童生徒の学習を受ける権利を保障する観点から、児童相談所などの福祉機関と連携を図ることにより、その長期欠席状態の解消が期待される。

4　不登校に対する学校の基本姿勢

不登校の要因や背景が多様化・複雑化し、教員だけでの対応が困難化した現在においては、様々な専門スタッフと連携協力して効果的な体制を構築することが求められるが、一人一人の児童生徒の健全な成長を促す教育活動の根幹は、専門スタッフが配置されていても、教員が学校組織の中心となって担わなければならない。また、中でも学級担任がその中核として重要な役割を果たしてきている。

このことから、教員が教育に関する専門性を高めるとともに、専門スタッフを効果的に活用するためのマネジメント能力の向上を図っていくことが重要である。さらに、校長以下一丸となって、学級担任をチームで支える体制を整えることが必要である。

5　効果的な支援に不可欠なアセスメント（見立て）

不登校児童生徒に効果的な支援を行うためには、不登校の要因や背景を的確に把握し、支援策を検討しなければならず、その実態の把握が適切でなければ、そこから導き出される支援策も不適切なものとなる。そのため、不登校児童生徒への支援を検討する際には、不登校の要因や背景を正確に把握するため、学級担任の視点を重視しつ

つも、スクールカウンセラーによるカウンセリングを通じたアセスメントが有効である。そして、不登校の要因についての的確な実態把握とアセスメントを通じて導き出された支援策については、学校や保護者を始め、教育委員会、教育支援センター、児童相談所、警察などの関係機関において情報を共有し、一体となって組織的、計画的な支援を行うことが重要である。

第2章　不登校の現状と実態把握
1　不登校の現状と分析

（1）不登校児童生徒数の推移等

　「問題行動等調査」によると、我が国の小・中学校の不登校児童生徒数は平成25年度に6年振りに増加し、不登校児童生徒数が高い水準で推移するなど、憂慮すべき状況である。具体的には、国・公・私立の小・中学校で平成26年度に不登校を理由として30日以上欠席した児童生徒数は、小学生は25,866人、中学生は97,036人の合計122,902人となっている。これを全体の児童生徒数との割合で見ると、小学生は0.39％、中学生は2.76％となっており、小・中学生の合計では全児童生徒の約1.21％を占めている。

学校種 年度	小学校		中学校		計	
	不登校児童数	全体に占める割合	不登校生徒数	全体に占める割合	不登校児童生徒数	全体に占める割合
平成13年度	26,511	0.36%	112,211	2.81%	138,722	1.23%
平成26年度	25,866	0.39%	97,036	2.76%	122,902	1.21%

　不登校児童生徒が在籍している小・中学校数の割合について見てみると、平成13年度は57.6％であったところ、平成26年度は60.2％となっており、不登校児童生徒の人数やその割合は減っているが、不登校児童生徒が在籍している学校数の割合は増加している。

　また、学年別に見ると、学年が上がるにつれて不登校児童生徒数は増加しており、特に小学校6年生から中学校2年生にかけて、大きく増加している。

（2）不登校となったきっかけ

　平成26年度「問題行動等調査」における「不登校になったきっかけと考えられる状況」について、小学校では、不安など情緒的混乱が36.1％、無気力が23.0％、親子関係をめぐる問題が19.1％となっている。また、中学校では、不安など情緒的混乱が28.1％、無気力が26.7％、いじめを除く友人関係をめぐる問題が15.4％となっている。

（3）不登校児童生徒への指導の結果、効果があった取組

　平成18年度「問題行動等調査」における「指導の結果登校するようになった児童

生徒に特に効果があった取組」では、「家庭訪問を行い、学業や生活面での相談に乗るなど様々な指導・援助を行った。」が５１．２％、「登校を促すため、電話をかけたり迎えに行くなどした」が４９．２％、「保護者の協力を求めて、家族関係や家庭生活の改善を図った」が４０．０％となっており、平成２６年度「問題行動等調査」における「指導の結果登校する又はできるようになった児童生徒に特に効果があった取組」では、「登校を促すため、電話をかけたり迎えに行くなどした。」が５１．２％、「家庭訪問を行い、学業や生活面での相談に乗るなど様々な指導・援助を行った。」が４７．７％、「スクールカウンセラー等が専門的に指導にあたった。」が４１．２％となっており、これらのことから、不登校状態の改善には、家庭への働き掛けやスクールカウンセラー等の活用が有効であることが見て取れる。

(４) 進路の状況等

　文部省が平成５年度不登校生徒を追跡調査した「不登校に関する実態調査」（以下「平成５年度不登校実態調査」という。）と文部科学省が平成２６年７月に公表した、不登校経験者へのアンケートによる「不登校に関する実態調査～平成１８年度不登校生徒に関する追跡調査報告書～」（以下「平成１８年度不登校実態調査」という。）を比較すると、

　　高校進学率　６５．３％→８５．１％、
　　高校中退率　３７．９％→１４．０％
　　大学・短大・高専への就学率　８．５％→２２．８％
　　専門学校・各種学校への就学率　８．０％→１４．９％

など、いずれも不登校生徒の進路状況は改善しており、このことから、不登校などの課題を持った多様な生徒に対する支援が充実している高等学校等が増えてきたことが伺える。中学校段階において不登校であってもその進路選択の可能性が広がるよう、高等学校における学力保障の取組や教育相談体制の充実、更には多様な入学者選抜の実施が今後も必要である。

(参考資料)
参考資料（●）小・中学校の不登校児童生徒の状況
参考資料（●）学年別不登校児童生徒数の推移
参考資料（●）不登校となったきっかけと考えられる状況の推移
参考資料（●）「指導の結果登校する又はできるようになった児童生徒」に特に効果のあった学
　　　　　　校の措置の推移
参考資料（●）平成１８年度における「指導の結果登校する又はできるようになった児童生徒」
　　　　　　に特に効果のあった学校の措置
参考資料（●）「平成１８年度不登校実態調査」の進学・就学・就業状況について

2　不登校の要因・背景の多様化・複雑化

(１) 不登校の背景と社会的な傾向
　　不登校の実態について考える際の背景として、近年の児童生徒の社会性等をめぐる

課題、例えば、自尊感情に乏しい、人生目標や将来の職業の対する夢や希望等を持たず、無気力な者が増えている、耐性がなく、コミュニケーション能力が低いなどといった傾向が指摘されている。

保護者の側については、核家族化、少子化、地域における人間関係の希薄化などにより家庭が孤立し、そのような家庭においては、過保護・過干渉、育児への不安、しつけへの自信喪失などの課題を抱え込みがちとなることが指摘されている。また、金融危機などの経済停滞により、生活の余裕がなくなり、保護者自身にゆとりがないなどの傾向から、虐待や無責任な放任に至るケースが生じることも指摘されている。加えて、学校に通わせることが絶対ではないという保護者の意識の変化等についても指摘されている。

「平成１８年度不登校実態調査」では、「不登校のきっかけ」として、「友人との関係」が５３．７％、「生活リズムの乱れ」が３４．７％、「勉強が分からない」が３１．６％となっている。

特に、「平成５年度不登校実態調査」と比較して大幅に変動している選択肢「友人との関係」は４４．５％→５２．９％、「家族の生活環境の急激な変化」４．３％→９．７％について留意する必要がある。また、「平成５年度不登校実態調査」にはない選択肢「生活リズムの乱れ」が「平成１８年度不登校実態調査」では２番目に多く選択されている点にも留意する必要がある。

「平成１８年度不登校実態調査」では、「不登校の継続理由」から傾向分析し、「無気力型」（４０．８％）「遊び・非行型」（１８．２％）「人間関係型」（１７．７％）「複合型」（１２．８％）「その他型」（８．７％）の５つに類型化した。

また「不登校の継続理由」との関連が高い「不登校のきっかけ」として、
「無気力でなんとなく学校へ行かなかったため」では、
　　「勉強が分からない」、
　　「生活のリズムの乱れ」、
　　「インターネットやメール、ゲームの影響」
「遊ぶためや非行グループにはいっていたため」では、
　　「学校のきまりなどの問題」
　　「生活リズムの乱れ」
「いやがらせやいじめをする生徒の存在や、友人との人間関係のため」では、
　　「友人との関係」、
　　「クラブや部活動の友人・先輩との関係」
となっている。

（２）不登校との関連で新たに指摘されている課題

児童生徒をめぐる課題の中には、周囲との人間関係がうまく構築できない、学習のつまずきが克服できない、といった状況が進み、不登校に至る事例が少なくないとの指摘もある。例えば、自閉症、学習障害、注意欠陥／多動性障害等の発達障害のある児童生徒についても、そのような事例が指摘されることがある。

また、児童相談所における虐待の相談対応件数は、平成１３年度は２３，２７４件であったが、平成２６年度は８８，９３１件と増加している。虐待の内容は、身体的

虐待、性的虐待、保護の怠慢・拒否（ネグレクト）、心理的虐待と様々であり、そのうち、ネグレクトには保護者が学校に行かせないなど、児童生徒の登校を困難にする事例も含まれている。また、いずれの虐待も、児童生徒の心身の成長に重大な影響を及ぼすものであり、人間関係を構築できない、学校における問題行動を助長するなどの要因になることが懸念される。こうした状況が長期化すれば、情緒障害の背景要因である精神障害等を引き起こすような事例が指摘されることもある。

　障害のある児童生徒や保護者による虐待を受けた児童生徒が直ちに不登校になるわけではないが、これらの児童生徒の学習や生活上の課題について、実態を把握し適切な対応をとることは、不登校対策はもとより、いじめや暴力行為などの問題行動に対する今日の生徒指導の重要な課題と考える。

（3）不登校の要因・背景の特定と対応策

　児童生徒が不登校となる要因や直接的なきっかけは様々であり、また、不登校状態が継続すれば、時間の経過とともに不登校要因は変化し、また、学習の遅れや生活リズムの乱れなどの要因も加わることで解決の困難度が増し、ますます学校に復帰しづらくなる。そのため、これら「不登校のきっかけ」や「不登校の継続理由」などの不登校となる要因を的確に把握し、早期に、丁寧に、その要因を解消することが不登校を解消する上で必要不可欠である。例えば、不登校は「学校に行きたいけれども行けない」等の心の問題として捉えられることが多いが、不登校として捉えられている中には、あそび・非行による怠学、人間関係のこじれ、勉強のつまずき、無気力、病気、虐待等を要因としたものも含まれる。実際に不登校児童生徒への支援を行うに当たっては、不登校児童生徒のみならず、その保護者等にも共感する姿勢やこれからの支援を共に考える姿勢を示すことで信頼関係を構築するとともに、よく話し合うことで支援のニーズを的確に把握し、個々の児童生徒の要因に応じた効果的な支援策を講じることが必要である。

（参考資料）
参考資料（●）「平成18年度不登校実態調査」の「不登校のきっかけ」と「不登校の継続理由」
　　　　　との相関
参考資料（●）「平成18年度不登校実態調査」の不登校の類型化について
参考資料（●）児童相談所での児童虐待相談対応件数

3　不登校の実態把握の在り方

（1）不登校の適切な実態把握の必要性

　不登校児童生徒への効果的な支援を行うためには、不登校のきっかけや継続理由についての適切な実態把握が必要である。不登校の実態把握の観点としては、人間関係の問題を背景とした心因性の病気、人間関係のこじれ、勉強のつまずき、虐待等の家庭の問題、保護者の考え方や事情による意図的な長期欠席等が考えられ、また、継続理由についても、学習の遅れや生活リズムの乱れなどが考えられる。これらの実態把握が適切になされなければ、そこから導き出される支援策も不適切なものとなり、

結果として、不登校がなかなか解消されない可能性もあり、その点に特に留意しなければならない。

　不登校経験者からのアンケートによる「平成１８年度不登校実態調査」における「不登校のきっかけ」（複数回答可）では、友人との関係が５２．９％、生活リズムの乱れが３４．２％、勉強が分からないが３１．２％の順で高い割合を占めていた。一方、学校から提出された平成１８年度「問題行動等調査」における「不登校となった直接のきっかけ」（中学校）について、「本人に関わる問題」は２８．４％、「友人関係の問題」は２２．１％、「学業の不振」は８．５％、「親子関係の問題」は８．２％となっている。調査対象・選択肢・回答者等の調査方法が異なるため単純な比較はできないが、不登校の要因を正確に把握するためには、スクールカウンセラーによる本人へのカウンセリングやアセスメント等を行うことが重要である。

（２）効果的な支援策の検討に当たって
　不登校の継続理由やその態様は、不登校の段階によって変わることもあり、その対応も児童生徒個々によって異なることから、不登校のきっかけや継続理由を適切に把握し、その要因を解消するための支援策を講じる必要がある。その際、マニュアルなどの固定観念に基づく対応やタイプ別による硬直的な対応策などを極力排するとともに、当該児童生徒やその保護者等と支援方策についてよく話し合い、全員が理解する必要がある。

第３章　不登校支援に対する基本的な考え方
１　将来の社会的自立に向けた支援の視点

　不登校の解決の目標は、児童生徒が将来的に精神的にも経済的にも自立し、豊かな人生を送れるよう、その社会的自立に向けて支援することである。その意味において、不登校対策は、学校に登校するという結果のみを最終目標にするのではなく、児童生徒が自らの進路を主体的に捉えて、社会的に自立することを目指すことが必要である。
　児童生徒によっては、不登校の時期が、いじめによるストレスから回復するための休養時間としての意味や、進路選択を考える上で自分を見つめ直す等の積極的な意味を持つこともある。しかし、同時に、現実の問題として、不登校による進路選択上の不利益や社会的自立へのリスクが存在する。
　「平成１８年度不登校実態調査」では、不登校経験者にインタビュー調査を実施しているが、行かないことも意味があったという不登校に対する肯定的な意見が回答者の３２．６％、行けば良かったと後悔しているという否定的な意見が回答者の３９．４％、仕方がない又は考えないようにしている等の中立的な意見が２８．１％を占めている。不登校であったことに対する肯定的な意見では、「不登校を経験したおかげで今の自分がいる」や、「不登校を経験したことで出会いや友人の大切さを知った」というものがあった。不登校であったことについて否定的な意見では、「当時は授業が嫌いで遊ぶのが好きというだけだった」、「一般知識や対人関係の経験に乏しい点が悔やまれる」や、「不登校となったことで友人関係もなくしてしまった」というものがあった。

中立的な意見は、「当時は不登校をするしかなかったから仕方がなかった」、「過去のことは考えても仕方がない」などであった。このように、仕方がなかったなどの意見も合わせれば、行っておけば良かったと考えている割合が多いという結果となった。多くの児童生徒が持つ小中学校生活の思い出を持たないという事実が生涯にわたる喪失感につながる可能性があることを考えれば、教育関係者が不登校児童生徒を支援する職責の重大さを改めて認識する必要がある。

2　個別の児童生徒に対する組織的・計画的支援

不登校児童生徒への支援については、個々の児童生徒ごとに不登校となったきっかけや不登校の継続理由が異なることから、それらの要因を適切に把握し、個々の児童生徒に合ったきめ細やかな支援策を策定する必要がある。また、その支援策を当該児童生徒と関わる学校関係者や家庭、必要に応じた関係機関が情報を共有して、組織的・計画的に支援していくことが必要である。

3　連携ネットワークによる支援

不登校への対応に当たっては、多様な問題を抱えた児童生徒に、傾向に応じてきめ細かく適切な支援を行うことや、社会的自立へ向けて進路の選択肢を広げる支援をすることが大切である。そのためには、学校、家庭、社会が連携協力し、不登校児童生徒がどのような状態にあり、どのような支援を必要としているのか正しく見極め（アセスメントを行い）、適切な機関による支援と多様な学習の機会を児童生徒に提供することが重要である。

連携ネットワークによる支援に関しては、不登校の解決を中心的な課題とする新たなネットワークを組織することも一つの手段であるが、不登校児童生徒を積極的に受け入れる学校や関係機関等からなる既存の生徒指導・健全育成等の会議等の組織を生かすなどして、効果的かつ効率的に連携が図られるよう配慮することが重要である。

その際、学校や教育行政機関が、多様な学習の機会や体験の場を提供するフリースクールなどの民間施設やＮＰＯ等と積極的に連携し、例えば、学校の教員等が民間施設と連絡を取り合い、互いに訪問する等の具体的行動をとるなど、相互に協力・補完し合うことの意義は大きい。

また、連携ネットワークにおいては、不登校児童生徒への事後的な対応のみならず、幼稚園・保育所・小学校・中学校・高等学校・高等専修学校等のそれぞれの間の連携を重視して、個々の児童生徒が抱える課題に関して、情報交換し、必要に応じて対策を協議するなどして、一人一人の児童生徒が自己の存在感や自己実現の喜びを実感できる学校教育の実現に向けて、日頃から連携を図ることが望まれる。

4　将来の社会的自立のための学校教育の意義・役割

不登校対応の最終的な目標である児童生徒の将来の社会的自立を目指す上で、対人関係に係る能力や集団における社会性の育成などの「社会への橋渡し」を図るととも

に、学びへの意欲や学ぶ習慣を含む生涯を通じた学びの基礎となる学力を育てる「学習支援」の視点が重要である。そのような「社会への橋渡し」や「学習支援」の視点から、特に義務教育段階の学校は、基礎学力や基本的な生活習慣、規範意識、集団における社会性等、社会の構成員として必要な資質や能力等をそれぞれの発達段階に応じて育成する機能と責務を有しており、その役割は極めて大きい。

したがって、学校・教育関係者は、全ての児童生徒が学校に自己を発揮できる場があると感じ、自分と異なる多様な特性を受容し合えるような集団づくりを通して、楽しく、安心して通うことができるよう、学校教育の一層の充実のための取組を展開していくことが重要である。同時に、児童生徒の不登校のきっかけとなった問題には学校に起因するものも多くあることを真摯に受け止め、その解消に向けて最大限の努力をすることが必要である。

5　児童生徒の可能性を伸ばす学校の柔軟な対応

既存の学校教育になじめない児童生徒については、学校としてどのように受け入れていくかを検討し、なじめない要因を解消することに努めるとともに、場合によっては、社会的自立を促す観点から、教育支援センターや不登校特例校、本人の希望を尊重した上での夜間中学校での受入れ、ＩＣＴを使った学習支援やフリースクールなど、様々なツールを活用した社会的自立への支援も検討する必要がある。

6　働き掛けることや関わることの重要性

不登校児童生徒が、主体的に社会的自立や学校復帰に向かうよう、周囲の者は、その環境づくりを支援するなどの働き掛けを行うことが必要である。「平成１８年度不登校実態調査」においても、「不登校のきっかけ」と「不登校の継続理由」の関連や「不登校だった当時にほしかった支援」と「現在必要としている支援」の関連は強い相関が示されたところであり、児童生徒自身の力で立ち直るのを信じることも大切だが、その環境づくりのためにも適切な支援を働き掛ける必要がある。

不登校のきっかけや継続理由は様々であり、その支援も個々の児童生徒によって異なる。例えば、「無気力型」には、達成感や充実感を繰り返し味わうことで自己有用感・自己肯定感を上昇させることが登校につながる。また、「遊び・非行型」には、まずは決まり事を守らせるき然とした教育的な指導を行うことや、規則的な生活リズムを身に付けさせること、学ぶことに興味を持たせることが登校につながる。「人間関係型」には、まずはきっかけとなった人間関係のトラブルを解消することが登校につながる。なお、いずれの場合も、不登校期間における学習の遅れは同時に解消しなければならない。また、不登校の類型は一つの状態を示しているにすぎず、関わることで状態が変化していくことに留意する必要がある。

7　学校内外を通じた切れ目のない支援の充実

学校になじめない児童生徒の社会的自立を支援する観点から、学校内外を通じた支

援を充実することが必要である。
　学校における支援としては、学校と関係機関が連携し、不登校児童生徒の実態に応じた支援策を策定し、それを組織的・計画的に実施していくことが重要である。また、児童生徒の才能や能力に応じてそれぞれの可能性を伸ばせるよう、学校以外の場を活用した柔軟な対応も検討する必要がある。
　また、教育支援センターやフリースクール、家庭などの学校以外の学習機会を通じた支援としては、個別支援の重要性に鑑み、その支援の在り方を含め、学びの支援体制を構築することが必要である。例えば、不登校などの中学生等を対象とした地域人材による学習支援（地域未来塾）を活用することも考えられる。
　学校内外全体として教育環境を整え、個々の児童生徒の状況に応じた支援を一層推進する必要がある。

<u>8　保護者の役割と家庭への支援</u>

　家庭教育は全ての教育の出発点であり、人格形成の基礎を培う重要な役割を担っており、家庭の教育力の向上を目指して様々な施策の推進を図ることは極めて重要である。しかし、不登校の解決を目指す上では、不登校の原因を特定の保護者の特有の問題のみに見いだそうとするのではなく、子育てを支える環境が崩れている社会全体の状況にも目を向けつつ、不登校児童生徒の保護者の個々の状況に応じた働き掛けをしていくことが大切である。
　第2章1（3）に記載したとおり、家庭への直接的な働き掛けが不登校改善において最も効果があるが、不登校の要因・背景は多様化しており、虐待等の深刻な家庭の問題などにより、福祉や医療行政等と連携した保護者への支援が必要な場合もあれば、児童生徒の非行への対応や生活習慣、教育環境の改善のための支援を必要としている場合、保護者自身が子育てに対する自信を失っていたり、就労等の事情で子育てに関わる余裕がなかったりして、支援を必要としている場合等もある。また、不登校となった児童生徒への支援に関する情報を保護者が持たず悩んでいる場合もある。
　このような場合には、児童相談所や要保護児童対策地域協議会等の福祉機関と連携して家庭の状況を正確に把握する必要がある。その上で、時機を失することなく児童生徒本人のみならず家庭への適切な働き掛けや支援を行うため、学校と家庭、関係機関の連携を図ることが不可欠である。その際、保護者への働き掛けが保護者の焦りや保護者自身を追い詰めることにつながり、かえって事態を深刻化させる場合もあることから、保護者に対しては、児童生徒への支援等に関して、課題意識を共有して一緒に取り組むという信頼関係をつくることが重要である。その意味から、不登校に関する相談窓口の情報提供、不登校児童生徒への訪問時における保護者への助言、家庭教育支援チーム等による相談対応や訪問型支援等、不登校児童生徒の保護者が気軽に相談できる体制を整えることが求められる。また、その際、既存の保護者同士のネットワークとの連携協力を図ることや、そのようなネットワークづくりへの支援を通じて、保護者を支援することも考えられる。なお、そのようなネットワークに学校の教員やスクールカウンセラー、スクールソーシャルワーカーが積極的に参加し、意見交換をするという姿勢も大切である。

さらに、不登校となった児童生徒の保護者のみならず、保護者全般に対して不登校への理解を深めるセミナー等の実施、就学時健診や乳幼児健診等の保護者が集まる機会を活用した家庭教育学級・子育て講座の実施、思春期の子供を持つ保護者向けに作成された資料等の活用など、子育てについての悩みや不安を持つ保護者に対する支援の充実を図ることが重要である。

第4章 重点方策

第3章の不登校に対する基本的な考え方に基づき、今後不登校施策の中で重点的に取り組むべき方策として、次のことが必要であると考える。
・困難を抱える児童生徒には、「児童生徒理解・教育支援シート」を作成するなど、個々の児童生徒に合った支援計画を策定し、その児童生徒を支援する関係者により、組織的・計画的な支援を実施すること。
・市区町村教育委員会における教育支援センターの整備を含めて、不登校児童生徒個々に応じた支援や学習機会を確保する体制を整備すること。
・学校での教育の実施を原則としつつ、特別な事情がある児童生徒には、児童生徒の特性に合った一人一人の学び方を尊重し、多様な教育環境を提供できるよう、教育委員会等において学習機会を保障すること。

1 「児童生徒理解・教育支援シート」による困難を抱える児童生徒への支援

不登校児童生徒への効果的な支援については、個々の児童生徒ごとに不登校となったきっかけや不登校の継続理由を適切に把握し、その児童生徒に合った支援策を策定することが重要である。そのため、状況に応じて学級担任、養護教諭、スクールカウンセラー、スクールソーシャルワーカー等の適切な学校関係者が中心となり、児童生徒や保護者等と話し合うなどして「児童生徒理解・教育支援シート」を作成することが必要である。その際、必要に応じて関係機関によるアセスメントを行うことが重要である。また、そのシートを活用した支援に当たっては、学校及び教育支援センターなどの関係機関を中心として組織的・計画的に実施していくとともに、その進捗状況に応じて、定期的に「児童生徒理解・教育支援シート」を見直すことも必要である。

「児童生徒理解・教育支援シート」の作成については、不登校の定義である年度間で30日以上の欠席に至った時点では確実に作成する必要がある。ただし、欠席日数のみに捕らわれず、遅刻や早退などにも着目し、不登校が危惧された時点で迅速に組織的な計画を立てて支援することは、非常に有効であることから、児童生徒の状況に合わせて柔軟に作成することが望ましい。例えば、初期段階では、欠席が目立つ児童生徒の記録として事実関係を記載できる範囲で記載し、その児童生徒の状態に合わせて段階的に作成・活用していくことも有効と考えられる。

また、予防的観点から、いわゆる教務日誌等において、学級担任が日常観察の中で、全ての児童生徒を対象として、学習上の課題や社会的自立に当たっての課題を他の教員等からも情報を得ながら個人情報の保護に留意した上で記録・保管し、「児童生徒理解・教育支援シート」の作成に当たって活用することも有効と考えられる。

なお、「児童生徒理解・教育支援シート」の作成について、全国的な実施を促す観点からモデル的なフォーマットとして「児童生徒理解・教育支援シート」（試案）（別添参照）を掲げた。この（試案）は共有すべき必要最低限の情報を盛り込んでいるが、今後、各学校において記載項目をその実態に応じてカスタマイズして実践的に使用されることが望まれる。また、学校においては、障害のある児童生徒に対する「個別の教育支援計画」や外国人児童生徒に対する指導計画等、児童生徒の課題の状況によって様々な支援計画が作成されている。それらの支援計画の基本的情報は共通した内容もあることから、「児童生徒理解・教育支援シート」を作成する際には、既存の支援計画を「児童生徒理解・教育支援シート」に添付し参照できるようにした上で、共通する内容の記述を省略するなど、作成に係る業務を合理化することも可能である。
　また、これらの情報は関係者間で共有されて初めて支援の効果が期待できるものであり、<u>児童生徒</u>子供を支援するネットワークとして、**横軸**は学校、保護者を始め、教育委員会、教育支援センター、児童相談所、警察などの関係機関、**縦軸**は小学校、中学校、高等学校、高等専修学校などにおいて情報を共有し、広く組織的・計画的な支援ができるようにすることが重要である。なお、関係者での情報の共有に当たっては、共有する関係者を明らかにするとともに、相手方が守秘義務を負っているか否かをあらかじめ確認しておく必要がある。
　なお、個人情報保護条例などで一般的には非開示となっている個人情報のみを記載した純然たる内部用文書や教務日誌等についても、任意の様式により、必要に応じて作成し、保管・共有することも考えられる。
　このような取組を推進するため、「平成15年報告」においても提言されている学校において不登校対策について中心的かつコーディネーター的な役割を果たす教員を明確に位置付けることも必要である。
　具体的には、不登校の未然防止等の学校内における計画策定や不登校児童生徒の学級担任、養護教諭や生徒指導主事、スクールカウンセラーやスクールソーシャルワーカーとの連絡調整、「児童生徒理解・教育支援シート」を取りまとめ学校として組織的な対応を行うこと等の役割が期待され、そのためには、生徒指導<u>のための</u><s>加配などを含め</s>人的措置の充実が必要である。

2　不登校児童生徒を支援するための体制整備

　教育支援センターについては、「平成15年報告」において「適応指導教室整備指針（試案）」を作成し、不登校児童生徒の学校復帰を支援する機関として整備してきたところ、平成5年度の設置数372か所に対して、平成18年度は1,164か所、平成26年度は1,324か所と着実に整備が進んでいる。また、小中学校の不登校児童生徒による教育支援センターの利用状況は、平成5年度は8.0％であり、平成18年度は13.0％、平成26年度は12.1％となっている。
　これまでの教育支援センターは不登校児童生徒のうち、通所希望者への支援が中心であったところであるが、不登校児童生徒への支援に関する知見や技能が豊富であることから、今後は、通所を希望しない児童生徒も含めた<s>全ての</s>不登校児童生徒に対して訪問支援や地域の人材を活用したメンターの活用などのアウトリーチ型支援を実施

することや、「児童生徒理解・教育支援シート」のコンサルテーションを担当するなど、不登校児童生徒の支援の中核となることが期待される。

一方、全国における現在の設置状況は、全ての自治体のうち、設置していない自治体が７３０自治体（全体の約４０％）に上った。不登校は特定の児童生徒にのみ起こるものでなく、どの児童生徒にも起こり得るものである。不登校児童生徒への学習支援など無償の学習機会を確保するため、また、これから期待される不登校児童生徒への支援の中核的な役割を果たしていくためにも、まだ教育支援センターが設置されてない地域には、教育支援センターの設置、又はこれに代わる、不登校児童生徒を支援する体制整備を促進することが望まれる。また、既に教育支援センターが設置されている地域においても、アウトリーチ型支援など、不登校児童生徒をより一層支援する体制を整備する必要がある。そのためにも、人的措置の充実や不登校児童生徒への指導に関して一定の成果を果たしているスクールカウンセラーの配置等が望まれる。

なお、教育支援センターの設置促進に当たっては、例えば、自治体が施設を設置し、民間の協力のもとに運営する公民協営型の設置等も考えられる。

そのため、国においては、教育支援センターが設置されていない地域への設置促進やアウトリーチ型支援などの教育支援センターの機能強化に関する調査研究の実施や、入所している児童生徒へのカウンセリングなどを充実させるため、教育支援センターへのスクールカウンセラー配置に関する自治体への財政支援が望まれる。

（参考資料）
参考資料（●）教育支援センター設置数及び利用状況

3　既存の学校になじめない児童生徒に対する柔軟な対応

既存の学校になじめないなど特別な事情がある児童生徒の場合には、例外的に一人一人の学びが認められるよう、教育支援センターや不登校特例校、ＩＣＴを使った学習支援など、多様な教育機会の確保も検討する必要がある。また、多様な学習機会の確保の観点から、例えば、今後拡充が見込まれる夜間中学校において、本人の希望を尊重した上での受入れを検討することも考えられる。

不登校特例校は、文部科学大臣が認定すれば、特別の教育課程による義務教育等を実施できる仕組みである。現在認定されている中学校の教育課程は年間の授業時数７００単位時間程度で実施されており、必ずしも学校単位だけでなく、分校や分教室の形で認定を受けることも可能である。

市町村立学校であれば、標準的な職員は国庫負担の対象となり、また、不登校特例校は学校教育法上の学校であるため、不登校特例校である中学校を卒業した者は高等学校入学資格も有することになる。

不登校児童生徒が多数に及ぶ現状を踏まえれば、多様な教育機会を確保する観点から、都道府県と市町村がよく連携し、このような不登校特例校の制度を活用した学校や分校、分教室の設置を検討していくことも重要なことである。

ＩＣＴを活用した学習支援としては、不登校児童生徒が、家庭等でＩＣＴを活用した学習を行う際、それを学校における指導要録上の出席扱いとすることが認められて

いる。一方で、平成26年度「自宅におけるIT等を活用した学習活動を指導要録上の出席扱いとした児童生徒数」は、小学校85人、中学校165人であり、その制度の活用は十分進んでいるとは言えず、その原因は、学校の教員が十分関われない家庭の学習を学校として出席扱いすること等に困難があること等が考えられる。この観点から、例えば、ICTを活用して、学校関係者等が不登校児童生徒の学習支援につながる内容を発信することが考えられる。

　また、義務教育段階であっても、不登校児童生徒について、学校と家庭や教育支援センターとの間をICTの活用により同時に結び、家庭や教育支援センターで学ぶ児童生徒に対する授業を行うことは、現行制度の下でも認められると考えられる。

　このような現行制度内で行うことができるICTを活用した取組については、国の通知の発出等によりそれを明確化することが考えられるほか、現場のニーズを施策に的確に生かしていくための調査研究等を行っていくことが考えられる。

第5章　学校等における指導の改善

　未然防止や早期発見・早期対応、不登校期間中の支援などの学校等における指導の改善について「平成15年報告」等において既に報告されているところであるが、時代の変化とともに新たに付加すべき点等を踏まえつつ、今回、改めて、取りまとめることとする。

1　不登校児童生徒の発生を防ぐ指導の改善

（1）魅力あるよりよい学校づくり

　学校における不登校への取組については、児童生徒が不登校になってからの事後的な対応に偏っているのではないかという指摘もある。児童生徒が不登校にならない、魅力ある学校づくりを目指すという未然防止が重要である。具体的には児童生徒にとって、自己が大事にされているか、自分の存在を認識されていると感じることができるか、かつ精神的な充実感を得られる心の居場所となっているか、さらに、教師や友人との心の結び付きや信頼感の中で共同の活動を通して社会性を身に付けるきずなづくりの場となっているか、学校が児童生徒にとって大切な意味のある場となっているか等について見直すなど、魅力ある学校づくりを目指すことが求められている。全ての児童生徒にとって、学校が安心感・充実感が得られる活動の場であることが重要である。

（2）きめ細かい教科指導の実施

　学校関係者は、学業のつまずきから学校へ通うことが苦痛となる等、学業の不振が不登校のきっかけの一つとなるケースが多いということを認識する必要がある。

　学業の不振に関しては、学習習慣、学習方法、学ぶ意欲の形成に問題がある場合、基礎的な内容の理解に問題がある場合、また、生活リズムの乱れや、教師との関係が関連していること等もある。例えば、基礎的な内容を十分に理解できないまま進級することで、新たな知識の習得が困難であるなど学業不振となったきっかけや学業不振に至った実態を適切に把握することが大切である。

このような観点に立ち、児童生徒への指導に当たっては、一人一人の学習状況を十分に把握し、具体的な指導方法や進度について児童生徒の側に立った配慮が必要である。例えば、各教科等において個々の理解の状況や習熟の程度に応じた少人数指導を行ったり、板書の工夫やＩＣＴの活用を図ったり、放課後における補充指導を充実させたりするなど、基礎基本の確実な習得のためのきめ細やかな指導を推進していくことが重要である。「分かる授業」の実施により、その学年で身に付けるべき学習内容を確実に習得できるよう、授業の工夫・改善が望まれる。

さらに、例えば、読むことや書くことに対して困難がある児童生徒への配慮としてパソコンの利用を認めるなど、児童生徒一人一人のニーズを把握し、適切な指導や必要な支援を行う必要がある。

（３）学ぶ意欲、社会性を育む指導

児童生徒が発達の段階に応じて自らの生き方や将来への夢や目的意識を考える、そのような指導を行うことは、児童生徒が学ぶ意欲を持って主体的に学校に通う上で重要である。このような観点から、学校においては、あらゆる機会を捉えて、学習内容が社会との接点や関わりを持っていることを児童生徒が実感できるような創意をいかした取組を行うことが望まれる。そのような取組においては、学校外の多様な人材や機関の協力を得た体験活動等が効果的である。

また、学校生活に起因する不登校の背景には、いじめ、暴力行為、体罰など、児童生徒間や教員との人間関係によるものもある。学校を児童生徒が楽しく、安心して通うことのできる居場所とするためには、いじめや暴力行為を許さない学校づくりや、必要に応じて警察等の関係機関との連携や出席停止の措置を適切に講じるなど、問題行動へのき然とした対応が必要である。また、いじめの解決に向けた取組としては、いじめられた児童生徒は徹底して守り通すとともに、いじめる側についても、教育的配慮の下、き然とした態度で指導することが必要である。その際、いじめる側についても何らかの問題を抱えており、そのことが問題行動を起こす要因となっている場合も多いことから、いじめる側も支援を必要としているという認識に立ち、社会性を育む指導を図ることが必要である。

（４）学校と保護者・地域住民等の連携・協働体制の構築

学校を児童生徒が安心できる心の居場所やきずなづくりの場とするため、社会総掛かりで児童生徒を育んでいくことが必要である。そのため、例えば、生徒指導を担当する教諭と地域連携を担当する教職員が協働し、コミュニティ・スクール（学校運営協議会制度）や学校支援地域本部等を活用し、開かれた学校づくりを推進していくことで、学校と保護者や地域住民等との連携・協働体制を構築することが重要である。

（５）将来の社会的自立に向けた生活習慣づくり

不登校のきっかけや継続理由として、生活リズムの乱れなど生活習慣に起因すると見られるものが一定の割合で見られるが、家庭における生活習慣の乱れを個々の家庭や子供児童生徒の問題として見過ごすことなく、社会全体の問題として、学校・家庭・地域が連携して取り組んでいくことが必要である。特に、生活圏の拡大や行動の多様

化等により生活リズムが乱れやすい環境にある中学生や高校生を中心として、児童生徒子供たちが将来の社会的自立に向けて、主体的に生活をコントロールする力を身に付けることができるよう、保護者に対する啓発と併せて、学校や地域における取組を推進することが重要である。

2 不登校児童生徒に対する効果的な指導の在り方

（1）早期対応の重要性

不登校児童生徒への支援においては、いったん欠席状態が長期化すると、学習の遅れや生活リズムの乱れなども生じて、その回復が困難である傾向が示されていることから、早期の支援が必要である。そのため、予兆への対応を含めた初期段階から、段階ごとの対応を整理し、組織的・計画的な支援につながるようにする必要がある。例えば、ある問題から自尊感情が低下して不登校となった場合は、不登校の初期段階では自己肯定感の低下が著しく低下しており、まずは、その回復を図る観点から、児童生徒とからの信頼関係の構築に力点を置き、心の休養を促すとともに、不登校の要因となっている問題の原因を聴取し、その問題原因を取り除くけるよう努めることが重要である。自己肯定感が回復し、児童生徒や保護者との信頼関係が構築された中間期段階では、学校復帰に向けた支援方策について話合い、保護者の協力の下、家庭内での学習活動等を支援することが必要である。回復期段階に至って学校復帰に向けた登校刺激が有効となると考えられる。そのほかにも、発達に課題があり、集団になじめない場合や対人関係のスキルが不足している場合、ネグレクトなどにより生活習慣が身に付いていない場合など、要因や背景によって早期対応の在り方も変わってくる。いずれの場合にも、要因や背景を的確に把握し、適正な支援策を講じる必要があり、その際、児童生徒がどの段階にあるかの判断は難しく、スクールカウンセラー等の専門家によるコンサルテーションが必要となる。

（2）教員の資質向上

不登校児童生徒の効果的な支援のためには、教員が不登校に対する正しい認識を持ち、適切な支援ができる資質を備えることが必要であることから、各教育委員会においては、教員の採用・研修を通じて、教員の資質の維持・向上を図る必要がある。また、学校に通う児童生徒の現状が多様化していること等を踏まえれば、教員養成を行う大学等において、生徒指導力の向上を図るため、例えば、教育支援センターやフリースクールなどの教育支援機関や児童養護施設等において一定期間実習を行うことを奨励するなどの取組も有効と考える。

（3）スクールカウンセラーやスクールソーシャルワーカーとの連携協力

「心理の専門家」であるスクールカウンセラーについては、学校における教育相談体制の充実の観点から、平成7年度から調査研究委託事業として中学校を中心に配置され、カウンセリングを通じた児童生徒への心のケアや教職員・保護者への助言・援助を実施してきたところ、その専門性や外部性が高く評価され、平成13年度からは国庫補助事業として実施され、平成26年度においては、7,344人が22,01

３か所に配置されている。また、「福祉の専門家」であるスクールソーシャルワーカーについては、平成２０年度から調査研究委託事業として教育委員会を中心に配置され、子供が置かれた環境に働き掛けて（ソーシャルワーク）、関係機関等との連携により子供の状態を改善してきたところ、平成２１年度からは国庫補助事業として実施され、平成２６年度においては１，１８６人が１，２５５か所に配置され、学校の要請により派遣されている。現在においては、子供の内面に働き掛けるスクールカウンセラー、子供の周りの環境に働き掛けるスクールソーシャルワーカーは、教育相談体制の両輪として活躍しており、学校においては、これらの専門家を効果的に活用し、学校全体の教育力の向上を図ることが重要である。そのため、「教育相談に関する調査研究協力者会議」から出される提言を踏まえ、これら専門家の活動方針等に関する指針を教育委員会において策定し、学校は指針に基づき、実態に応じて効果的に活用することが必要である。

（４）学校段階間の接続の改善

　　各種調査によれば、いじめの認知件数、不登校児童生徒数、暴力行為の加害児童生徒数などが中学校１年生になったときに大幅に増えるなど、児童が小学校から中学校への進学において、新しい環境での学習や生活に不適応を起こす、いわゆる「中一ギャップ」が指摘されている。

　　このような児童生徒の状況に応じて、中学校への進学に際して、生徒が体験する段差に配慮し、その間の接続をより円滑なものとするために小中一貫教育が取り組まれ、国の実態調査において顕著な成果が明らかになっている。平成２７年通常国会ではこうした成果を踏まえ、小中一貫教育を行う新たな学校の種類として義務教育学校を制度化することにより、設置者の判断により学校段階間の接続の改善に取り組みやすい環境が整備された。今後、義務教育学校や、それに準じて教育課程を編成する小中一貫教育を施す中学校併設型小学校及び小学校併設型中学校等において、例えば４・３・２や５・４など小学校段階と中学校段階に意図的な移行期間を設けたり、９年間を見通して予防的な生徒指導を充実させたりすること等により、不登校を未然に防止する取組を推進することが重要である。また、小中一貫教育を通じて蓄積される優れた取組の中には、既存の小中連携でも活用が可能なものもあることから、そうした事例を広く普及させることが必要である。

（５）家庭への訪問等を通じた児童生徒や家庭への適切な働き掛け

　　これまでの問題行動等調査における効果のあった取組で、登校刺激や家庭訪問による指導・援助、保護者への働き掛けによる家庭生活の改善などが常に上位に位置しており、このことからも家庭訪問による支援の重要性が伺える。

　　学校で見せる顔と家庭や地域で見せる顔が全く違っている児童生徒がいることから、プライバシーに配慮しながらも家庭内における児童生徒の居場所を確認することは、児童生徒を理解するために有効と考えられている。学校は、定期的に家庭訪問を実施して、児童生徒の理解に努める必要がある。また、その際には、児童生徒や保護者の心情を受け入れ、共感し、寄り添う姿勢を大切にし、適切な働き掛けとなるように組織的・計画的に行うことが重要である。

さらに、児童生徒や保護者との面談を通じて信頼関係を築くことで、不登校児童生徒への支援について教員と保護者の協働体制の構築も期待できる。不登校の原因が解消されておらず、自己肯定感が低下した状態で、信頼関係も構築されていないまま登校刺激を行っても、児童生徒や保護者に対して無用なプレッシャーを与えるだけであることに注意する必要がある。

なお、家庭訪問の実施は、放課後や早朝、休日に実施されることもあることから、教員の勤務の振替等の配慮も重要である。

(6) 不登校児童生徒の登校に当たっての受入れ体制

不登校児童生徒が登校をしてきた場合は、温かい雰囲気で迎え入れられるよう配慮するとともに、徐々に学校生活への適応を図っていけるような指導上の工夫を行うことが重要である。このため、当該児童生徒の状況を学校の教職員が共通理解することは重要であり、そのため、第4章にある「児童生徒理解・教育支援シート」の活用が一層有効となる。

登校に当たっては、保健室や相談室など学校での居場所を作り、友人との交流を通じて、その居場所から徐々に学校生活になじませることも有効である。また、教室に入る際にも、友人の協力を得て、自然な形で迎え入れられるよう配慮するなど、徐々に学級生活に順応できるよう指導上の工夫が重要である。

なお、この期間においては、教員や学習ボランティア等による学習支援を実施し、教室に入っても授業が理解できる程度の学力を身に付けさせることが肝要である。

(7) 児童生徒の立場に立った柔軟な学級替えや転校等の措置

いじめによる不登校に関しては、いじめられている児童生徒が緊急避難として欠席することは弾力的に認められてもよいこととなっており、いじめを背景とした欠席の際には、その後の学習に支障のないよう適切な配慮が求められる。(いじめ防止対策推進法第23条第4項関連)

さらに、弾力的な対応として、いじめられている児童生徒や保護者等の意向を踏まえ、柔軟に学級替えや転校を認めることが可能となっている。なお、いじめにより児童生徒が相当の期間欠席を余儀なくされている疑いがある場合はいじめ防止対策推進法上の重大事態となるため、「不登校重大事態に係る調査の指針」(別添参照)に沿って適切に対応する必要がある。(いじめ防止対策推進法第28条第1項第2号関連)。

また、教員による体罰や暴言等、不適切な言動や指導が不登校の原因となるのは言語道断である。そのような場合、学校や教育委員会の関係者は、不適切な言動や指導をめぐる問題解決に真摯に取り組むとともに、保護者の意向を踏まえ、十分な教育的配慮の上で、学級替えや転校についても柔軟に認めていくことが望ましい。

なお、義務教育においてはほとんどの場合、欠席日数が長期にわたったとしても、不登校児童生徒の進級や卒業の認定は弾力的に取り扱われているところである。平成15年5月16日付け文部科学省初等中等教育局長通知(15文科初第255号)「不登校の対応の在り方について」(以下「平成15年通知」という。)にも触れられているが、保護者等から、学習の遅れに対する不安により、進級時の補充指導や進級や卒業の留保に関する要望があった場合は、その意向を踏まえて、補充指導の実施につい

て柔軟に対応するとともに、校長の責任において進級や卒業を留保するなどの措置をとるなど、適切に対応する必要がある。また、欠席日数が長期にわたる不登校児童生徒の進級や卒業に当たって、あらかじめ保護者等の意向を確認するなどの配慮が重要である。

(8) 不登校の類型別支援に対する評価について
　類型別の効果的な支援を検討するため、「平成18年度不登校実態調査」とは別の過去に不登校経験者に対して実施したアンケート調査から、不登校のタイプや不登校時に受けた支援とその支援に対する評価をクロス集計することによって、不登校のタイプ別にどのような支援に対して評価しているのかを分析する。なお、「平成18年度不登校実態調査」と今回分析する調査は、調査項目が若干異なるため、類型についても近い傾向にある分析にとどまるが、不登校児童生徒本人による評価として参考に値すると考えられる。

　なお、本調査では「A群：ひきこもり・身体症状（頭痛・腹痛・吐き気など）・うつ状態」、「B群：無気力（やる気がない）・家での暴力・昼夜逆転や生活の乱れ」として「症状なし（ABともになし：170人・8.7%）」「こもり（Aのみ：264人・13.4%）」、「拒否（Bのみ：516人・26.3%）」、「両方（ABともにあり：1,015人・51.7%）」の4つのタイプに分け、分析をしている。

　この結果、保健室登校などの別室登校は4つのタイプで評価を得ているが、登校するように電話やメールをすることは、全体的に評価が低い。また、個別に見れば、「症状なし」は、家庭訪問や「適応指導教室」への通室が他タイプと比べて高い評価を得ているが、「両方」については、友人関係を改善するような工夫や指導、登校するように電話やメールをすること、家庭訪問が他タイプと比べて評価が低い。また、「症状なし」は支援を受け入れやすい傾向にあり、「両方」は支援を受け入れにくい傾向にある。

（参考資料）
参考資料（●）不登校児童生徒の支援に関する国の事業等
参考資料（●）学校における教育相談体制の充実に向けて
参考資料（●）スクールカウンセラー等配置箇所数、予算額の推移
参考資料（●）スクールソーシャルワーカーの配置状況について
参考資料（●）不登校の類型別支援に係るアンケート調査結果

3　不登校児童生徒の実態に配慮した特色ある教育課程について

　不登校児童生徒の実態に配慮した特色ある教育課程については、文部科学大臣の指定により、不登校児童生徒を対象として、特別の教育課程による義務教育等を実施できる不登校特例校などの制度がある。
　現在、不登校特例校は全国で10校あり、その実態を調査したところ、◆

第6章　学校外の活動や関係機関との連携について
1　支援ネットワークの整備

教育支援センターには、が、不登校児童生徒の支援のに関する中核となることが期待される。的役割を担う観点から、既存の教育支援センターは、学校、地域の関係機関との連携協力・資源の共有化を図ることが必要である。また、地域においては支援の中核となる教育センターや教育支援センターや教育センターなどが、学校や他の小規模な教育支援センター、児童相談所、警察、病院、ハローワーク等の関係機関、更には民間施設やＮＰＯ、家庭教育支援チーム等と連携し、不登校児童生徒やその保護者を支援するネットワークを整備することが必要である。

さらに、全国的な見地では、全国適応指導教室連絡協議会などの連絡協議会において、全国の教育支援センターの知見や技能に関する情報がを集約されし、各地域に還元されることで、不登校児童生徒への効果的な支援の在り方が全国で共有され、支援の質が確保されることが重要である。

2　社会教育施設の体験活動プログラムの積極的な活用

社会教育施設では、不登校児童生徒を対象とする様々な野外体験活動プログラム等が提供されており、例えば、自然を利用したものや宿泊型のもの等、不登校児童生徒を支援している機関では提供しにくいプログラムが実施されている場合も多い。体験活動においては、積極的態度の醸成や自己肯定感の向上等が期待されることから、社会教育施設との積極的な連携が重要である。

3　学校外施設の活用等による指導要録上の出席扱いについて

学校外施設において、指導・助言を受けた場合の指導要録上の出席扱いについては、我が国の義務教育制度を前提としつつ、一定の要件を満たす場合に校長が指導要録上出席扱いとできるものであるが、校長の判断であるため、地域や学校において、その適用に若干のばらつきがあることが指摘されている。不登校児童生徒の懸命の努力を学校として適正に評価し支援するため関して、各学校の参考とするため、その取組事例を示すこととする。

【教育支援センターでの出席扱い】
　一部には、出席扱いについて基準を設けている教育委員会自治体がある。その基準として、教育支援センター（適応指導教室）整備指針（試案）等を参考に、教育委員会において教育支援センターの設置目的や事業内容などを勘案した設置要綱でを定めており、その要綱の内容を踏まえて、当該教育支援センターに通所する場合は出席扱いとしている学校がある。いる。

出席扱いとなったきっかけについては、学校側からの働き掛け又は教育支援センター側からの働き掛けが多い。日々の連携の状況としては、児童生徒が教育支援センターに通所した場合、保護者が学校に連絡をしたり、教育支援センターが学校に定期的に月1回の文書報告や定期的な電話連絡をしたりしている。また、学校と教育支援センターが相互に訪問している状況も見受けられる。

出席扱いとしなかった事例としては、通所手続きをするも、実際には通所していない場合がほとんどである。

【民間団体・民間施設での出席扱い】
　　出席扱いについての基準を持っている自治体は多くなく、多くの場合は各不登校児童生徒の状況ごとに判断している。
　　出席扱いとなったきっかけは、学校側、保護者側又は施設側の働き掛けと様々で、その多寡は見られない。
　　日々の連携の状況としては、学校、施設、保護者の３者が話合い、活動内容を確認して出席扱いとする個別的な連携が一般的であるが、施設における指導状況を確認した教育委員会が、校長会に情報提供し、域内の統一した対応として、その施設において不登校児童生徒が助言・指導を受けた場合を出席扱いとする旨を申し合わせるなど決定している例もある。また、月１回の頻度で、定期的に学校と施設の双方が連絡を取り合い、通所状況や活動記録の共有を図っている事例が多い。
　　出席扱いとしなかった事例としては、施設への出席状況が確認できない、教育委員会や学校が施設の支援内容等を確認したが、その内容や指導方法が不明確であったため認められなかったなどがある。

<u>4　ＩＣＴ等の活用による指導要録上の出席扱いについて</u>

　　「ＩＴ等を活用した学習活動を行った場合の指導要録上の出欠の取扱い」については、不登校児童生徒数に比して、出席扱いとなっている人数が少ない。このような状況を踏まえ、不登校児童生徒の懸命の努力が適正に評価されるよう、各学校の参考として、その取組事例を示すこととする。
　　出席扱いの基準を設けている自治体については把握できなかったが、出席扱いとなったきっかけは様々であり、学習意欲の高い児童生徒が対象となることが多い。保護者から、民間のＩＴ教育を利用している申し出があり、学校が教育委員会に相談し、出席扱いとした例などがある。
　　連携状況としては、週２，３回の電話連絡に加え、学校が家庭に学習プリントやテストを送付したり、民間業者から送られる学習記録を学校へ送付したりして、日々の学習状況を把握している事例がある。対面指導の在り方としては、定期的な家庭訪問や別室登校、放課後登校を実施している例がある。
　　出席扱いとしなかった事例としては、家庭訪問等による対面指導を設定したが、家庭の協力が得られず、児童の学習状況が確認できなかった、無料のネット学習プログラムを実施するとしていたが、計画的な学習プログラムではなかったなどがある。

第７章　中学校卒業後の課題
<u>1　高等学校の関する取組</u>

（1）高等学校入学者選抜等の改善

　高等学校入学者選抜については、学力検査と調査書による選抜が中心であるが、選抜方法の多様化や評価尺度の多元化の観点から改善が進められてきており、そのいずれか一方を用いること、更には、そのいずれも用いずに他の方法によることも可能となってきている。「平成18年度不登校実態調査」においても、「平成5年度不登校実態調査」と比較して高校進学率が65．3％から85．1％と大幅に増加している。

　今後は、このような選抜方法の多様化の流れの中、高等学校で学ぶ意欲や能力を有する不登校生徒について、これをより適切に評価することが望まれる。例えば、進学の動機や高校で学びたいこと、学校外を含めて中学校時代に学んだ事柄などを自ら記述した書類など調査書以外の選抜資料の活用を図ることや、面接や実技、作文のみで評価すること、学力検査の成績のみで評価したりすることも考えられる。一部の教育委員会では、既にこうした方法を取り入れており、今後取組が広がることが重要である。

　なお、国の実施する中学校卒業程度認定試験については、やむを得ない事情により不登校となっている生徒が在学中に受験できるよう、その受験資格の拡大が図られており、不登校生徒や保護者に対して、この制度に関する適切な情報提供を行い、様々な選択の幅を広げる配慮が重要である。

（2）高等学校における長期欠席・中途退学への取組の充実

　高等学校における不登校については、平成16年度から調査を開始し、平成16年度は67,500人（不登校率1．82％）、平成26年度は53,154人（不登校率1．59％）となっている。また、中途退学（国公私立高等学校）については、平成17年度は76,693人（中途退学率2．1％）、平成24年度は51,781人（中途退学率1．5％）となっており、いずれも改善の傾向を示している。これらは、入学の段階で生徒の能力、適性、興味や関心等に合った学校で生徒を受け入れていくことが、その後の不登校や中途退学を未然に防止する手立てとして、各自治体において多様なタイプの高等学校設置が進められてきた成果と考えられる。引き続き、教育的ニーズを踏まえた特色ある高等学校づくり等を含めた、様々な取組や工夫が行われることが重要である。

2　中学校卒業後の就学・就労や「ひきこもり」への支援

　平成27年7月に成立した「子ども・若者育成支援推進法」においては、家庭、学校、職域、地域その他の社会のあらゆる分野における全ての構成員が、社会生活を円滑に営む上での困難を有する者に対する修学又は就業を助けるなどの各々の役割を果たすとともに、相互に協力しながら一体的に取り組むこととされており、学校においては関係機関と連携して、児童生徒が社会とのつながりを絶やさないように配慮することが求められている。

　中学校時に不登校であり、高等学校に進学しなかった者、中学校卒業後に進学も就労もしていない者又は高等学校へ進学したものの中途退学した者等、中学校卒業後に進学も就労もしていない者等に対しては、例えば、通信制の高等学校や高等専修学校

専修学校高等課程への進学、放送大学の選科履修生・科目履修生や高等学校卒業程度認定試験等を通じた多様な進学、職業訓練等の機会等について相談できる窓口や社会的自立を支援するための受け皿が必要である。

また、不登校等の様々な事情からほとんど学校に通えず、実質的に十分な教育を受けられないまま中学校を卒業した者のうち、改めて中学校で学び直すことを希望する者については、夜間中学において、それぞれの収容能力に応じて、可能な限り受入れに取り組むことが重要である。

未就学、未就労の者は社会とのつながりが希薄になることでますます社会的自立が困難になっていく。そのため、中学校卒業段階や中途退学段階において進路が明らかでない又は進学も就職も予定していない生徒に対しては、生徒の社会とのつながりを絶やさないため、また、保護者を支援する観点からも、保護者の了解を得た上で「子ども・若者総合相談センター」や「地域若者サポートステーション」など青少年担当部局や福祉・労働担当部局などにつなぐことでいで、引き続き、社会的自立を促す支援をしていく必要がある。また、中学校卒業生や中途退学者が進路相談に訪れた際には、青少年担当部局や福祉・労働担当部局のパンフレットなど相談機関に関する情報提供を行うなど適切な対応が必要である。

（参考資料）
参考資料（●）義務教育修了者が中学校夜間学級への再入学を希望した場合の対応に関する考え方について（通知）
参考資料（●）「入学希望既卒者」の夜間中学への入学許可フロー

第8章　教育委員会に求められる役割
1　不登校や長期欠席の早期把握と対応

　　教育委員会においては、学校等の不登校への対応に関する意識を高めるとともに、学校が家庭や関係機関等と効果的に連携を図り、課題の早期解決を図るための体制の確立を支援することが重要である。

　　例えば、児童生徒が連続して欠席している等、不登校傾向が見られた場合には、各学校が速やかに市町村教育委員会へ報告し、それを受けて市町村教育委員会が学校の指導計画づくりを支援するなど、早期の把握と対応について学校や教育行政関係者の意識を高める取組もある。教育委員会においては、管下の学校に対して、「児童生徒理解・教育支援シート」の積極的な活用を促し、その効果検証を実施することが重要である。その際、このような取組を推進するためにはコーディネーター的な役割を果たす教員の存在が重要であることから、生徒指導のための加配などを含めた人的措置の充実が効果的必要である。

2　学校等の取組を支援するための教育条件等の整備

　　教育委員会においては、まず、不登校に対する正しい認識の下に、適切な取組が各

学校において行われるよう方針を立て、指導することが求められている。

(1) 教員の資質向上

　教育委員会においては、従来、教員の採用・研修を通じて、その資質の向上に取り組んでいるところであるが、こうした取組は各教員の不登校への適切な対応に資する重要な取組である。

　従来、教員が備えるべき資質能力については、例えば使命感や責任感、教育的愛情、教科や教職に関する専門的知識、実践的指導力、総合的人間力、コミュニケーション能力等が繰り返し提言されてきたところであり、教員の養成・採用・研修を通じてこれら不易の能力を備えた教員が確保されてきた。一方で、不登校を初めとした多種多様な教育課題に対応するためには、教員採用において、教育課題等に対応できる力量を備えた人材が確保されるよう、引き続き採用選考方法の工夫改善に努めていく必要がある。

　また、初任者研修を始めとする教職経験に応じた研修や生徒指導、教育相談、いじめ等の専門的な研修、管理職や生徒指導主事を対象とする研修などの体系化とプログラムの充実を図り、不登校に関する知識や理解、児童生徒に対する理解、関連する分野の基礎的な知識などを身に付けさせていくことが必要である。加えて、視野を広げたり、知識・能力の専門性を高めたりするためには、様々な機関や施設等へ教員を派遣する長期研修の推進も重要である。例えば、関係機関との連携を推進する観点からは、児童相談所などへの長期派遣研修を積極的に進めることも意義あることと考えられる。また、教員の現職教育の機会を提供している大学・大学院との連携を図り、指導的な教員を対象にカウンセリングなどの専門的な能力の育成を図っていくことも重要である。なお、スクールカウンセラーやスクールソーシャルワーカーなどは、それぞれ心理や福祉の専門家であるが、それぞれの専門性と学校教育との連動について学校教育への理解が必要となってくることから、そのような観点からの研修の充実も重要である。

(2) きめ細やかな指導のための適切な人的措置

　不登校を未然に防ぐ観点から、魅力ある学校づくり、「心の居場所」としての学校づくりを進めるためには、少人数授業やチームティーチング、習熟度別指導などの児童生徒一人一人に対してきめ細やかな指導が可能となるよう、適切な教員配置を行うことが必要である。また、小・中学校さらには高等学校の間の連携を推進するため、異なる校種間の人事交流や兼務などを進めていくことも重要である。

　また、不登校児童生徒が多く在籍する学校については、教員の加配等、効果的かつ計画的な人的措置配置に努める必要がある。そのためにも、日頃より各学校の実情を把握し、また加配等の措置をした後も校内指導体制の確立、家庭や関係機関との連携の強化等に向け、この措置が効果的に活用されているか等のフォローアップを十分に行うことが必要である。なお、教員による体罰や暴言等、不適切な言動や指導が不登校の原因となっている場合は、懲戒処分を含めた厳正な対応が必要である。

(3) 保健室や相談室等の整備

保健室や相談室は、不登校傾向の児童生徒や学校復帰の際の居場所として活用されており、養護教諭は学級担任の次に児童生徒に日常的に接していることから、現在、スクールカウンセラーやスクールソーシャルワーカーが学校に常駐しているわけではないことに鑑みれば、依然として、教育相談において養護教諭が教育相談において果たす役割は非常に大きい。大規模校や不登校児童生徒が多い学校などにおける養護教諭の複数配置や、研修機会の充実、保健室や相談室等の環境整備、情報通信機器の整備等が重要である。

（4）転校のための柔軟な措置

いじめや教員による不適切な言動や指導等が不登校の原因となっている場合等には、市町村教育委員会においては、保護者等の意向を踏まえつつ、学校と連携した適切な教育的配慮の下に、就学すべき学校の指定変更や区域外就学を認める措置を講じることが重要である。また、他の児童生徒を不登校に至らせるような深刻ないじめや暴力行為があった場合には、出席停止措置を講じるなど、き然とした対応をする必要がある。

3 アセスメント（見立て）実施のための体制づくり

不登校の要因・背景が多様化しているため、対策を検討する上で、初期の段階で適切な対応のアセスメントを行うことは極めて重要である。そのためには、児童生徒の状態によって、心理や福祉の専門家の協力を得る必要がある。教育委員会においては、アセスメントが適切に行われるよう、スクールカウンセラーやスクールソーシャルワーカーの配置・派遣など、学校をサポートしていく体制整備を検討していく必要がある。その際、第4章でも記述しているが教育支援センターの機能強化を図り、そうした役割を担わせることも考えられる。

4 学校外の公的機関等の整備充実

不登校は特定の児童生徒にのみ起こるものでなく、どの児童生徒にも起こり得るものであることから、不登校となった児童生徒の学習支援等を確保する観点から、「平成15年報告」の別添1「適応指導教室の整備指針（試案）」を参考として、引き続き、教育支援センターの整備促進を図ることが必要である。財源や人材の確保が困難な場合にあっても、近隣の既設の教育支援センターとの連携や官民協働型による教育支援センターの設置、アウトリーチ型支援や学習機会確保の支援などにより、不登校となった児童生徒に対して何らかの支援ができる体制を構築していくことが必要である。

5 訪問型支援など保護者への支援の充実

教育委員会においては、保護者全般に対して、不登校のみならず子育てや家庭教育についての相談窓口を周知し、不登校への理解や不登校となった児童生徒子供への対応に関しての情報提供や相談対応を行うなど保護者に対する支援の充実が求められる。

また、引きこもりがちな不登校児童生徒の家庭に対して、~~プライバシーに配慮しつつも、~~家庭教育支援チーム等による訪問型支援が不登校対策の面で成果を上げている事例もみられることから、<u>プライバシーに配慮しつつも、</u>困難を抱えた家庭に対する支援を積極的に推進することが重要である。その際、教育委員会<u>に</u>は、家庭教育支援チーム等が学校やスクールソーシャルワーカー、保健・福祉機関等と十分に連携できるようにコーディネートすることが求められる。

<u>6　官民の連携ネットワークの整備推進</u>

　教育委員会は、学校と関係機関との連携を推進するため、積極的に福祉・保健・医療・労働分野の部局等とのコーディネーターとしての役割を果たす必要があり、第6章の1の支援ネットワークの整備に努め、各学校が関係機関と連携しやすい体制を構築する必要がある。

第9章　国に求められる役割
<u>1　不登校児童生徒支援のため体制構築に関する支援について</u>

　「児童生徒理解・教育支援シート」の管理・活用による組織的・計画的な支援や関係機関との連携をコーディネートする教員が必要であり、そのための~~生徒指導加配~~<u>教職員定数</u>の充実が必要である。また、心理や福祉の専門家としてのスクールカウンセラーやスクールソーシャルワーカーの配置拡充や家庭教育支援チーム等の設置促進を図る必要がある。

<u>2　不登校の実態把握について</u>

　不登校の背景には、様々な事情があるため、その実態を詳細に把握し、不登校に関する施策の効果を検証することが必要である。例えば小学校高学年から高等学校入学後までの5年程度の追跡調査の実施について検討を行う必要がある。

<u>3　不登校への対応に関する全国の情報収集・情報提供について</u>

　国においては、教育委員会等において取り組まれている効果的な施策や実践事例に関する情報収集や情報提供に努め、教育委員会等の不登校対策が充実したものとなり、学校の指導方法が改善されるよう支援することが必要である。

<u>4　関係省庁との連携について</u>

　国においては、教育委員会等が不登校児童生徒への支援に関し、関係機関との連携をスムーズに行えるよう、青少年行政を始めとして、保健・福祉・医療・労働行政等を担当する厚生労働省や警察庁などの関係省庁と積極的に連携協力をする必要がある。

5 不登校施策の改善へ向けた不断の取組について

　国においては、不登校児童生徒の社会的自立を支援するため、不登校施策の改善のための不断の取組をすることが求められている。
　当面、本報告書にも記述している教員の資質向上や適切な教員等の配置による指導体制の強化、スクールカウンセラーやスクールソーシャルワーカーの配置等による教育相談体制の充実等に引き続き努める必要がある。また、本報告書において重点方策としている「児童生徒理解・教育支援シート」の普及、教育支援センターの設置促進・機能強化の取組への支援、既存の学校になじめない児童生徒に対する柔軟な対応の促進が図られるよう、必要な検討を行うことが求められる。

　不登校対策については、画一的な不登校像を安易に描いて論ずるのではなく、不登校児童生徒の将来の社会的自立を目指し、一人一人の不登校に至った状況を受け入れ、共感し、寄り添い、その「最善の利益」が何であるのかという視点に立ち、真剣に考えなければならない課題である。国はもとより、学校関係者、家庭、地域など教育に携わる者全てが、常にそうした姿勢を保ちつつ、不断の取組を進めていくことを願って止まない。

資料2　教育再生実行会議・第9次提言
全ての子供たちの能力を伸ばし可能性を開花させる教育へ

はじめに

　日本の将来を担う子供たちの教育の再生は、国の最重要課題です。
　教育再生実行会議では、平成25年1月の発足以来、これまでに八次にわたる提言を行ってきましたが、既にそれを受けて法令改正や新たな施策が次々と実施に移され、教育再生は大きく前進しています。この歩みを緩めることなく、更に確かなものにしていくためには、提言の狙いが教育現場で真に有効に生かされるよう、絶えず進捗状況を確かめつつ、予想以上の速度で進む情報通信技術の進展等を踏まえ、時代を先取りした新たな教育を創造していく必要があります。

　従来の工業中心の時代から、情報・知識が成長を支える時代に入り、情報通信技術をはじめとする科学技術の発展や急速なグローバル化は、社会の在り方に劇的な変化をもたらしています。近い将来には、IoT（Internet of Things）[1]や人工知能の進化等により、現在人間が行っている様々な仕事が機械により代替されると予想されるなど、その変化はますます加速しています。
　このような情報化時代においては、人間にとって、コンピュータや機械で置き換えることのできない志、創造性、感性等が一層重要になります。社会の在り方としても、一人一人が多様な個性や能力を発揮し、新たな価値を創造したり、互いの強みを生かし合い、人が人としてより幸せに生きることのできる「多様性（ダイバーシティ）」に富んだ社会を築いていくことが、発展への原動力として不可欠と考えられます。

　我が国の学校教育、とりわけ義務教育はこれまで、全国津々浦々にまで高い水準の教育を普及し、成長を支える人材の育成に大きな成果を上げ、国際的にも高く評価されてきました。学級などの集団の教育力を生かした指導、確かな学力の育成を担保する充実した教科学習、豊かな情操の涵養（かん）や生活指導も含めた人間として調和のとれた育成を目指す指導、授業研究や研修等への教師の熱心な姿勢や、児童生徒等のために家庭にまで働きかけようとする使命感の強さなど、我が国の教育が培ってきた強みは今後とも大切にすべきです。
　しかし一方では、これまでの教育で十分に力を伸ばし切れていない子供たちがいるのも事実です。このような子供たちに、一人一人の状況に応じて、その力を最大限伸ばすために必要な教育を提供するという視点に立つことが重要です。多様な個性や能力のあ

---

[1] インターネットを媒介してあらゆる「モノ」がネットワークでつながること。

る子供たちが、これまで十分に伸ばせていなかった能力を開花させ、社会の中で活躍できる可能性を広げられるよう、これまで以上に学校が地域や社会と連携しながら、これまでよりも包容力を高め、懐深い教育を展開していくことや、ICT 等を活用して一人一人の特性に応じた適切な配慮や支援を充実し、世界で最も進んだ教育を実現していくことが必要です。

　教育再生実行会議では、このような認識の下、平成27年11月以降、①「情報化時代に求められる『多様な個性が長所として肯定され生かされる教育』への転換」という新たな検討課題について、先導的な取組の視察や、構成員以外の学識経験者も交えた勉強会も行いつつ議論を重ねるとともに、②新たに「提言フォローアップ会合」を開催し、これまでの提言の進捗状況について、提言の理念が教育現場に浸透し実際の教育活動に反映されるよう、視察等も行いながら議論してきました。
　今般、これまでの検討の結果を第九次提言として取りまとめました。今回の提言は、単に学校教育だけでなく社会全体の在り方に関わるものであり、政府が目指す「一億総活躍社会」実現の基盤ともなるものです。政府においては、教育関係者だけでなく、幅広い国民の理解と参画を得つつ、提言の内容を速やかに実現されることを期待します。

1．多様な個性が生かされる教育の実現

　「多様な個性が長所として肯定され生かされる教育」の実現には、子供たち一人一人の課題に丁寧に対応するとともに、長所や強みを生かすという視点に立った教育の充実が不可欠です。
　障害や不登校、学習内容の未定着、家庭の経済状況、日本語能力の問題等から、これまで十分に能力を伸ばしきれていなかった子供たちも含め、全ての子供の能力を最大限に伸ばす教育の実現が求められます。また、我が国ではこれまで、特に優れた能力を更に伸ばす教育や、リーダーシップを育てる教育が十分でなかったとの指摘もあります。
　以下、教育現場が直面するいくつかの例を中心に、採るべき施策を提言します。なお、現実には複数の要因が相互に深く関連している場合もあり、常に複眼的な視点に立った対応が重要であることに留意する必要があります。
　なお、施策の実行に当たっては、喫緊の課題として対応するべきもの、中長期的な視野で対応するべきものといった取組の優先順位や、何を実現するかという視点から成果目標を明確にすることが必要です。また、常にその効果や課題、費用の在り方等について検証しつつ、より効果的・効率的な施策の立案に生かしていくサイクルを確立するとともに、その内容を広く国民に発信し説明責任を果たしていくことも求められます。

（1）発達障害など障害のある子供たちへの教育

　学習上又は生活上特別な支援が必要な子供たちへの教育については、特別支援学校をはじめ、幼稚園、小学校、中学校、高等学校、高等専修学校等でも支援体制の充実など様々な取組が進んでいます。また、障害者の権利に関する条約の締結等を踏まえ、「インクルーシブ教育システム」[2]の構築に向けた取組が重要になっています。発達障害に関しても、学校や教育委員会等での理解は深まりつつありますが、一人一人の子供へのきめ細かい対応や支援については、今なお途上であると考えられます。特別支援教育の対象となる子供の数は増加しており、特に発達障害は、学習のつまずきや不登校等につながる場合もあり、幼児教育段階での対応の充実も含め、早期からの適切な支援が非常に重要です。

　これまでの取組に加え、発達障害の早期発見・支援のための仕組みの構築、地域における教育・保健・医療・福祉・労働分野等の関係機関の連携強化、特別支援教育についての教師の専門性の向上、学校における支援体制の充実等が急務です。

〔早期発見・早期対応の仕組みづくり〕
○　発達障害を早期に発見し適切な支援につなげるため、国、地方公共団体は、１歳６か月児健診、３歳児健診の結果が就学時健診や就学中の健診にも引き継がれ活用されるよう促す。就学時健診や就学中の健診において、最新の科学的知見に基づき、発達障害を含む個々の障害の特性に対応した的確な検査がなされるよう、発達障害の特性を踏まえた視点を健診時の問診票や面接実施要領等に明確に位置付けるとともに、マニュアル[3]の見直しや先進事例の周知を行う。さらに、健診の結果等を踏まえ、早期からの教育相談・支援に資するため、関係部局・機関や地域等との連絡調整、情報収集等を行う職員の地方公共団体への配置を充実する。

〔学校での個別カルテ（仮称）の作成と引継ぎ〕
○　特別な支援を必要とする子供について、各発達段階を通じ、円滑な情報の共有、引継ぎがなされるよう、国は、乳幼児期から高等学校段階までの各学校等で個別の支援情報に関する資料[4]（個別カルテ（仮称））を作成し、進級、進学、就労の際に、記載された情報の取扱いについて十分配慮した上で、その内容が適切に引き継がれる仕組みを整える。高等教育段階においても、個別カルテ（仮称）の作成・活用を推進する。特に、特別支援学級及び通級による指導の対象となる児童生徒について

---

[2] 人間の多様性等の尊重を強化すること、障害者がその能力等を最大限度まで発達させること、自由な社会への効果的な参加を可能とすること等を目的とし、障害のある者と障害のない者が共に学ぶ仕組み。
[3] 「就学時の健康診断マニュアル」（文部科学省の補助により財団法人日本学校保健会が作成（平成14年3月31日、最終改訂平成24年10月11日））。
[4] 幼稚園教育要領、小・中・高等学校学習指導要領に規定されている「個別の指導計画」や「個別の教育支援計画」を活用することが考えられる。

は、個別カルテ（仮称）の作成を義務化する。

〔各地方公共団体における一元的な体制の整備〕
○　上記の個別カルテ（仮称）の有効活用も含め、乳幼児期から青年期まで継続的に発達支援・相談等を行う体制の整備を促すため、国は、各市区町村等において教育・福祉・医療・労働分野等の関係部局が連携した体制を整備することによって成果を上げている先進的な取組事例について情報提供するとともに、モデル事業の実施等を通じた支援を行う。

〔特別支援教育コーディネーターの専任化、支援員・看護師等の配置促進〕
○　国、地方公共団体は、通級による指導を担当する教師に係る定数の計画的・安定的な充実や、特別支援教育関係の専門スタッフとの連絡調整や校内委員会の企画・運営等を行う教師（特別支援教育コーディネーター）の専任化など学校での教育体制を一層充実するとともに、幼児教育段階も含め特別な支援を必要とする子供への日常生活や学習指導上のサポートを行う特別支援教育支援員の配置を促進する。学校において医行為を行う看護師等の配置も充実する。また、放課後子供教室や放課後児童クラブにおいても障害のある子供に対する適切な支援を行えるよう環境整備を進める。

〔教員養成段階での発達障害等の学修の必修化、教員研修の充実等〕
○　全ての教師が特別支援教育に関する素養を備えるよう、国は、教職課程において、発達障害を含む特別支援教育に関する科目を必修化する。また、国、地方公共団体は、学校現場での先進的な取組も参考にしつつ、発達障害の子供への対応力を向上させるための教員研修を充実する。大学等は、教員免許状更新講習の必修領域として位置付けられている発達障害を含む特別支援教育についての講義内容を拡充する。

〔特別支援学校教諭の同免許状保有必須化〕
○　国は、平成32年度までの間に、都道府県教育委員会等に対する特別支援学校の教師の採用・配置の在り方についての指導や、免許法認定講習[5]の開設支援、国立特別支援教育総合研究所による免許法認定通信教育の実施等に集中的に取り組む。その結果を踏まえ、特別支援学校の教師について特別支援学校教諭等免許状の保有を必須化する。特別支援学級の担当教師についても、現状の2倍程度を目指し保有率の大幅な向上を図る。あわせて、特別支援学級や通級による指導の担当教師につい

---

[5] 免許状を所持する者が他の種類や上級免許状等を取得するに当たり、大学の教職課程以外で免許状授与に必要な単位を修得することができる講習として、教育職員免許法（昭和24年法律第147号）の規定に基づき、文部科学大臣が認定するもの。

て、教育委員会、教職大学院をはじめとする大学、国立特別支援教育総合研究所等の実施する専門的な研修の受講を促進する。

〔高校における通級指導の制度化等〕
○ 国は、高等学校での通級による指導を制度化するとともに、指導内容や支援体制の充実などの環境整備に取り組む。また、通級による指導の制度化後の状況等を踏まえつつ、高等学校における特別支援学級の導入についても検討する。

〔高校等への就労支援を行う職員の配置充実〕
○ 障害のある子供の自立と社会参加に資するよう、国、地方公共団体は、特別支援学校高等部や高等学校において、インターンシップや就労先の開拓、卒業後のフォロー等を行う職員の配置を充実させ、労働分野等の関係機関と連携した就労支援を行う。また、国は、発達障害のある子供の就労が促進される環境の整備に取り組む。

〔学校卒業後の継続的な学習・訓練機会の充実〕
○ 国、地方公共団体は、障害のある人が学校卒業後も居住する地域において継続的に学習し、学校等で身に付けた能力を維持・向上させることができるよう、社会教育や職業訓練など学校外での利用しやすい学習・訓練等の機会を充実する。

〔特別支援学校等の施設などの環境整備〕
○ 国、地方公共団体は、特別支援学校等の教室不足などの問題に対応するため、各都道府県における潜在的なニーズを含め、受入れが想定される児童生徒数の的確な把握や教室不足の解消のための計画の策定・更新を促進するとともに、施設整備を含むハード面での環境整備を進める。

〔ICT機器の活用等による適切な支援の推進〕
○ 障害がある子供が、障害の特性に応じ、子供の能力を補完するためのICT機器の活用など適切な支援を受けることにより学習上、生活上の困難を改善し、持てる力を最大限に発揮できるようにすることが重要である。このため、国、地方公共団体は、教育・研究機関や民間団体等と連携を図りつつ、ICT機器やデジタル教材の開発、普及、学校におけるICT環境の整備等を推進する。

〔国立特別支援教育総合研究所の機能強化〕
○ 国は、インクルーシブ教育システムに関し学校現場が直面する課題についての研究や、発達障害等に関する教師向けインターネット講義、学校で使用可能なICT教材等のデータベースの充実等を図るため、国立特別支援教育総合研究所の研究、研修、情報発信の機能を強化する。

〔障害への理解促進〕
○ 障害のある者もない者も互いに理解し、共に助け合い、支え合って生きていく共生社会の形成を目指し、国、地方公共団体は、関係部局・機関の連携の下、発達障害も含めた障害に関する情報を保護者や地域に的確に提供し、障害に対する理解を促進するなど社会的啓発に積極的に取り組む。

（2）不登校等の子供たちへの教育

不登校の背景や様態は様々ですが、文部科学省の調査で「不登校」[6]に該当する子供が小・中・高等学校あわせて年間17万人以上に上り、また高等学校を中途退学する生徒が年間5万人以上いるという現状は、全ての教育関係者が深刻に受け止める必要があります。不登校等の子供たちへの教育については、これまでもスクールカウンセラーの配置等を進めてきましたが、一人一人の課題によりきめ細かく対応するという観点から、更に取組の強化が求められます。

学校や教育委員会における、より多様で柔軟な教育・相談・支援体制の整備、教育・福祉・医療・労働分野等の関係機関の連携強化、フリースクールなどの多様な場での学びの支援等の充実が必要です。

〔教育相談体制の充実〕
○ 国、地方公共団体は、専門知識の活用や、関係機関との連携による相談・支援体制の充実のため、児童生徒支援のための専任教員の配置の促進、スクールカウンセラー、スクールソーシャルワーカーの法的な位置付けの明確化を行うとともに、平成31年度までに、原則として、スクールカウンセラーを全公立小中学校に、スクールソーシャルワーカーを全中学校区に配置する。

〔不登校児童生徒についての情報の適切な引継ぎ〕
○ 国は、（1）と同様に、不登校等の子供について各学校段階で個別の支援情報に関する資料[7]を作成し、進級、進学、就労の際に、記載された情報の取扱いについて十分に配慮した上で、その内容が適切に引き継がれる仕組みを構築する。

〔不登校の子供を対象とする特別な教育課程を編成・実施する学校の設置促進〕
○ 不登校の子供たちを対象とした特別な教育課程を編成・実施する学校（不登校特例校）の設置を促進するため、国は、先導的な取組事例を広く周知する。また、小中学校段階で既に市町村が不登校特例校を設置している事例があるが、都道府県が設置する場合にも、国からの同様の支援が受けられるよう、制度の見直しを検討する。

〔教育支援センターの整備や多様な場での学びの支援〕
○ 国、地方公共団体は、不登校の子供たちの学校への復帰を支援するため、教育支援センター（適応指導教室）[8]の更なる整備やスクールカウンセラーの配置等による教育相談体制の充実を進めるとともに、同センターや在宅等での学習支援にデジタル教材等を積極的に活用する。また、教育委員会・学校とフリースクール等の連携の充実を図りながら、フリースクールで学ぶ子供たちへの学習面・経済面の支援や、夜間中学の設置促進と就学希望者への積極的支援、教育支援センター（適応指導教室）や不登校特例校との連携強化により、多様な場での学びも支援する。

〔高校中退者を継続支援する体制の構築等〕
○ 国は、不登校等の子供に対し学校卒業後も継続的に相談・支援が行われるよう、地方公共団体において教育・福祉・労働などの関係機関が連携した体制の構築を促進するため、先進的な取組事例の周知やガイドラインの作成等を行う。高等学校中退者については、関係省庁が協力し、学校、教育委員会、地方公共団体の福祉・労働部局、ハローワーク、地域若者サポートステーション[9]等が連携して、中退後も就労や再度の就学につなげる支援を行う体制の構築を促進、支援する。

（3）学力差に応じたきめ細かい教育

　我が国の子供たちの平均的な学力は世界的に見てもトップレベルにあり、国内調査でも、全国的な傾向としては学力の底上げが図られています。しかし、一人一人に目を向ければ、子供たちの学力にはばらつきがあり、「授業内容が簡単すぎる」または「難しすぎる」と感じている子供も一定数存在します。また、進学準備や学力補充などの目的で学習塾等に通う子供も多く、それが重い教育費負担につながっている現状があります。このため、多様な他者とのつながりなど学校や学級での多様性のメリッ

---

[8] 不登校児童生徒等の学校生活への復帰を支援するため、教育委員会又は首長部局が設置するものであり、学校以外の施設や学校の余裕教室等において、児童生徒の在籍校と連携をとりつつ、個別カウンセリングや集団指導等を行う。
[9] ニートなどの若者の職業的自立を支援するため、キャリアコンサルタント等による専門的な相談、コミュニケーション訓練、職場体験等を実施している。平成28年5月現在、全国160箇所に設置されている。

トを生かした教育を強化するとともに、得意分野の更なる伸長や苦手分野の克服のため、習熟度別指導など「個に応じた教育」を更に進め、学力差にかかわらず全ての子供の学力を高める教育を充実する必要があります。

このため、学校における教育指導体制の一層の充実を図りつつ、よりきめ細かい習熟度別少人数指導、ICTを活用した個別学習、放課後や土曜を活用した補充・発展学習などの取組を進めていくことが重要です。

〔よりきめ細かい習熟度別少人数指導等の推進〕
〇 国、地方公共団体、学校は、各学校、子供の状況を踏まえつつ、教育内容の配当学年にこだわらず、応用問題や既習事項の繰り返しに係る学習も含め、よりきめ細かい習熟度別少人数指導や補充学習を推進する。その際、国は、そのような指導を可能とする教師の体制が確保されるような環境整備に努める。

〔専門的な知識・技能を持った優れた人材による指導の促進〕
〇 国は、相当の免許状を有する教師が教育計画を立て、全体を統括し、成績評価を行うことを前提として、教員免許状を有しないが特定の分野についての専門的な知識・技能を持った優れた人材等が、当該教師の指導・助言を受けながら、それぞれのグループを単独で指導することは可能である旨を関係者に周知する。また、国、地方公共団体、学校は、特別免許状や特別非常勤講師制度も積極的に活用する。

〔ICTの活用等による個々の子供の課題に対応した学習の推進等〕
〇 国、地方公共団体、学校は、個々の子供の理解度やつまずきなど学習上の課題にきめ細かく対応した学習を可能とするため、教師の授業力を支えるデジタル教材の活用を進めるとともに、習熟度別指導や補充学習、生徒の自学自習等における個別学習でもデジタル教材を積極的に活用する。あわせて、国は、関係団体等とも連携しつつ、このようなデジタル教材や指導方法の開発・普及を促進する。さらに、国は、学校のICT教育環境について地域間、学校間で整備状況に差があることを踏まえ、ICTを活用した教育活動について教師など教育関係者の理解促進に努めるとともに、学校が備えるべきICT教育環境の標準を策定する。地方公共団体、学校は、それを踏まえて学校のICT教育環境の整備に取り組む。

〔高等学校、高等専修学校等における特色ある教育の推進、普及〕
〇 義務教育修了後の高等学校や高等専修学校では、生徒の興味・関心や将来の進路希望等に応じ、選択幅の広い柔軟なカリキュラム編成や職業教育の重視など、特色ある多様な教育が行われており、国・地方公共団体は、そうした取組への支援を一層推進する。また、先導的な事例を普及する取組を強化する。

〔放課後等や地域における学習の場の充実〕
○　授業以外でも、子供一人一人の意欲を伸ばし、学習を支援する機会を充実させるため、国、地方公共団体、学校は、地域の人材等の協力も得て、放課後や土曜日、長期休業期間等を活用した補充・発展学習の機会を充実させるとともに、これらの活動の基盤となる地域学校協働本部の全国的な整備を推進する。こうした活動の一つとして、国は、地域住民、民間教育事業者、NPO等の協力を得て放課後等に中高生等を対象に学習支援を行う「地域未来塾」を平成31年度までに全国5,000中学校区において実施するとともに、高校生への支援を全国展開する。

（4）特に優れた能力を更に伸ばす教育、リーダーシップ教育

　「多様な個性が長所として肯定され生かされる教育」の実現には、一人一人の長所や強みを最大限に生かす視点が重要です。特に優れた能力を更に大きく伸ばす教育、あるいはリーダーシップを育てる教育は、これまでの我が国の学校教育では必ずしも十分でなかったと指摘されるところです。

　また、障害のある子供や、集団生活に馴染みにくいために不登校傾向にある子供の中には、何らかの分野で突出した才能を有していたり、適切な支援を受けることによって大きく開花する可能性を秘めた子供もいます。

　こうした子供たちも含め、特に優れた能力やリーダーシップなどの資質を、公教育の場で最大限に伸ばせるようにすることが重要です。このため、このような教育の重要性についての社会の理解を醸成しつつ、初等中等教育段階から多様な教育を行うための環境を整備し、大学、地方公共団体、民間団体や様々な分野の専門家等との連携による教育プログラムの実施、大学入学者選抜等で多様な能力が評価される仕組みの拡大や大学への飛び入学等を進める必要があります。

〔子供のうちから「本物」の専門家に出会う機会の充実〕
○　国、地方公共団体、学校は、授業や課外活動等において、ICTも積極的に活用して、子供たちが研究者、芸術家、スポーツ選手、起業家、職人など様々な分野の本物の専門家から直接指導を受ける機会を充実する。また、数学や物理、科学、プログラミングなどの分野に特に高い関心や能力を持つ生徒のための高度な学習活動を促進するため、高等学校等でのこうした分野の部活動などの取組を支援する。

〔教育課程の特例の活用などの仕組みの一層の活用〕
○　初等中等教育段階から多様な教育を行うための環境を整備するため、特に優れた能力を更に伸ばすための特別な教育プログラムの編成・実施を促進する観点から、国、地方公共団体は、教育課程特例校や特別免許状、特別非常勤講師などの制度の

一層の活用を推進する。

〔小学校高学年での教科担任制の推進〕
○ 小学校段階から各分野の専門的な指導を受ける機会を充実し、子供の学習への関心・意欲を喚起し、能力を更に伸ばすため、国、地方公共団体、学校は、特に小学校高学年での教科担任制の取組を一層推進する。

〔小中学生を対象とした新たな教育プログラムの創設〕
○ 国は、理数分野等で突出した意欲や能力のある小中学生を対象に、大学・民間団体等が体系的な教育プログラムにより指導を行い、その能力を大きく伸ばすための新たな取組を全国各地で実施する。

〔スーパーサイエンスハイスクール等の一層の推進〕
○ 国、地方公共団体、大学、高等学校等は、スーパーサイエンスハイスクール、スーパーグローバルハイスクールや、グローバルサイエンスキャンパス[10]などの取組の成果を検証しつつ、効果の上がっている取組を推進するとともに、優良事例の普及を図る。また、米国のアドバンスト・プレイスメント[11]を参考に、高い能力と学習意欲を持つ高校生等が早期から大学レベルの教育を受けたり、大学、研究機関、企業等において共同研究やインターンシップを行ったりした場合に、一定の条件の下、その学修成果が在籍校の単位として、また、大学入学後には大学の単位として認められる取組を推進する。

〔リーダー育成などの取組の普及、支援〕
○ 国は、優れた能力やリーダーシップなどの資質を大きく伸ばすことに対する社会的理解の醸成に取り組みつつ、次代を担うリーダー等の育成を図る観点から、地方公共団体や民間団体等が中学生、高校生等を対象に行う、各分野の最前線で活躍する人々による講話や指導、同世代の子供たち同士での議論、我が国の歴史・文化等についての学習、自然体験、ボランティア活動、留学等の機会を充実する取組の普及、支援に努めるとともに、官民が協力した海外留学支援制度（トビタテ！留学JAPAN 日本代表プログラム）等を推進し、早い段階から海外への留学経験を積むことができるようにする。

---

[10] 国立研究開発法人科学技術振興機構による支援プログラムで、大学が実施する卓越した意欲・能力のある高校生等を対象とした次世代の傑出した国際的科学技術人材の育成プログラムの開発・実施を支援するもの。平成28年5月現在、15大学にて実施されている。
[11] 大学レベルの授業を高等学校で行い、大学進学後に大学の単位として認定する制度。アメリカで実施されている。

〔優れた能力を有する発達障害、不登校などの課題を抱える子供への教育〕
○　国は、特定の分野で特に優れた能力を有する発達障害、不登校などの課題を抱える子供たちの能力を伸ばす取組を広げる方策について、現在大学・民間団体等で実施されている先進事例[12]等も踏まえつつ、大学、地方公共団体、関係団体等とも連携しつつ検討する。

〔大学入学者選抜等における多様な観点からの評価〕
○　上記のような特に優れた能力を更に伸ばす取組が実際に効果を上げるためには、大学等の入学者選抜においても、生徒の得意分野への取組状況や成果が評価される機会が開かれていることが重要である。国、大学は、第四次提言で示した大学入学者選抜の改革を進めるに当たり、こうした観点にも留意して取組を進める。

〔大学等への「飛び入学」の活用〕
○　国、大学は、大学・大学院への「飛び入学」の状況や成果を検証しつつ、対象となる学生が入学後に優れた能力を大きく伸ばせるよう、大学において特別な教育プログラムを編成・実施している取組など先導的な取組を一層推進する。

〔社会・経済の成長を支える次世代のリーダーの育成〕
○　グローバルな競争環境の中で、今後も我が国の社会・経済の成長を維持できるよう、国、大学は、次代を牽引する人材を育成するため、特に専門職大学院における企業経営のリーダーやイノベーションを創出する人材等を育成する取組を強化する。

（5）日本語能力が十分でない子供たちへの教育

　経済社会のグローバル化に伴い、我が国で暮らす外国人の数も増加しており、日本語指導を必要とする子供たちも増加傾向にあります。そのような子供たちも適切な教育を受け、能力を伸ばし、社会性等を身に付けることができるよう、良質の教育環境を確保する必要があります。
　この問題への対応としては、従来から、日本語能力が十分でない子供たちが特に多い地域を中心に、公立小中学校への教師の追加配置、指導者等の研修、手引書の作成等が行われてきました。今後は、それらの取組に加え、各地方公共団体や企業、関係機関・団体等とも連携しつつ、高等学校等で学ぶ機会を拡大するとともに、キャリア

---

[12] 東京大学先端科学技術研究センターと日本財団が実施している「異才発掘プロジェクトROCKET」では、突出した能力を有する、現状の教育環境に馴染めない不登校傾向にある小・中学生を全国から選抜し、継続的な学習保障及び生活のサポートを提供している。平成26年度から開始し、2年間で28名を選抜し、支援している。

教育、進路指導など、進学、就労につながる取組の充実が重要です。

[不就学の子供の実態把握]
○　国、地方公共団体は、地域の実情に応じ、教育・福祉部局や住民登録の担当部署等が連携して不就学の状態となっている外国人の子供の実態を把握する仕組みの整備を図るとともに、保護者に対し、就学への働きかけや教育機関、生活支援等に関する情報提供等を行い、教育の機会の確保に取り組む。また、学校への受入れに際し、子供の日本語能力や学力等を適宜判断し、必要に応じ下の学年への入学を認めるなど柔軟な取扱いについて周知を徹底する。

[支援人材の確保など地域ぐるみで支援する体制の整備]
○　国、地方公共団体は、小中学校段階で日本語能力が十分でない子供を受け入れ、一人一人の状況に応じた日本語や教科等の指導、保護者との連絡等を円滑に行えるよう、子供の日本語能力に応じた特別な指導を担う教師に係る定数の計画的・安定的な充実や、養成・研修を通じた専門性の向上とともに、外国人・大学生・日本語教師などの地域の人材を、通訳や日本語指導、学習サポートに当たる支援員・ボランティア等として安定的に確保できる枠組みづくりと専門性の向上に取り組む。また、学校卒業後も継続的に相談・支援を行うことができるよう、地方公共団体において、教育・福祉・労働分野等の関係機関が連携したワンストップ窓口等の体制整備が進むよう、先進事例の情報発信、ガイドラインの作成等を行う。

[日本語能力が十分でない子供についての情報の適切な引継ぎ]
○　（1）と同様に、国は、日本語能力が十分でない子供について、必要に応じて、各学校等が個別の指導に関する支援情報資料[13]を作成し、進級、進学、就労の際に、記載された情報の取扱いについて十分に配慮した上で、その内容が適切に引き継がれる仕組みを構築する。

[特別な教育課程の編成・実施等]
○　国は、小中学校段階で可能となっている日本語能力が十分でない子供を対象とした特別な教育課程の編成・実施について、地域の状況に応じ、「拠点校」方式も含め活用を促進するとともに、その取組状況を検証した上で、適用範囲の高等学校段階への拡大についても検討する。
　　また、地域の国際交流協会、NPO、大学等と連携した初期指導教室や日本語支援センターの設置などの取組を促進する。

---

[13] 日本語指導が必要な児童生徒に対して特別の教育課程を編成・実施する際に作成することとされている「個別の指導計画」を活用することが考えられる。

〔日本語指導等のための ICT を活用した教育の推進、開発〕
○　国、地方公共団体、学校は、例えば日本語指導を必要とする子供が極めて少ない地域等でも、それらの子供が能力に応じ適切な学習を行えるよう、デジタル教材など ICT を活用した教育を積極的に推進するとともに、教材等の開発にも取り組む。

〔就労を見据えたキャリア教育等の充実〕
○　国、地方公共団体、学校は、外国人児童生徒等の将来の就労も視野に入れ、特に高等学校段階において、日本語や教科等の指導に加え、企業や地域とも連携しつつ、キャリア教育やインターンシップ、進路指導の充実を図る。

（6）家庭の経済状況に左右されない教育機会の保障

　家庭の経済状況に左右されない「教育の機会均等」は国の最も重要な柱の一つであり、「一億総活躍社会」の基盤でもあります。子供たちの未来が、本人の努力以前に家庭の経済状況によって閉ざされることがあってはなりません。しかし現状では、所得をはじめとした家庭の経済的背景等と子供の学力や大学等への進学率に明らかな相関関係が見られること等も指摘されています。
　国においても、このことについてはこれまでも重視し、幼児教育の無償化や奨学金の拡充、習熟度別少人数指導や補充学習等のための学校における指導体制の充実、学習が遅れがちな子供たちへの学習支援などの取組が進められています。今後はこれらを更に充実し、家庭の経済事情にかかわらず、全ての子供たちに対する幼児期からの教育機会の保障や、誰もが努力すれば希望する進路への道が開かれる環境を整えるため、公教育の質の向上、教育費負担の軽減等を推進していくことが必要です。

〔学校で十分な基礎学力を習得できる教育の推進〕
○　国、地方公共団体、学校は、家庭の経済状況にかかわらず、全ての子供たちが、学習塾等に行かなければ基礎学力が習得できないということにならないよう、学校での授業の質を高めるとともに、（3）で述べた習熟度別少人数指導、放課後等の補充・発展学習、地域学校協働本部の整備などの取組を一層推進する。

〔特に困難な地域の学校等への重点支援〕
○　国、地方公共団体は、就学援助を受けている子供が多く、学力面でも課題を抱えている学校における学力保障の取組を重点的に支援するため、個別指導や関係機関との連携等を行う教師の追加配置、学習支援のためのサポートスタッフや学力向上のためのアドバイザーの派遣など、集中的な支援を行う。（3）で述べた「地域未来塾」の取組を推進するに当たっても、こうした地域での取組を優先的に支援する

〔家庭の教育費負担の軽減〕
○　国、地方公共団体は、家庭の教育費負担軽減のため、財源の確保と合わせた幼児教育の無償化の段階的推進、国公私立を通じた義務教育段階の就学援助に対する着実な取組、私立中学校生徒に対する支援の在り方に関する検討、高等学校等就学支援金や高校生等奨学給付金の取組の一層の推進、大学等での授業料減免や無利子奨学金の拡充、より柔軟な所得連動返還型奨学金制度の具体化、給付型奨学金の在り方に関する検討などの取組を着実に進める。

〔希望する大学等への進学を可能にする学力の保障〕
○　受験のための学習塾や予備校など学校外での費用負担が家庭の教育費負担を重くしている実態がある。学習塾等に行かなければ希望する大学等へ進学できる学力が身につかないということがないよう、上述の取組を推進するとともに、「高大接続」改革の中で大学入学者選抜の在り方も適切に見直す。

〔家庭に寄り添う支援の強化〕
○　幼少期からの家庭環境は、子供の人格形成やその後の能力の発達に影響を及ぼすことから、国、地方公共団体は、経済状況など様々な家庭の問題を抱えながらも行政窓口に相談に来ていない家庭に対し、教育・保健・福祉・労働部局等が連携して、地域の子育て経験者などの人材を活用した家庭教育支援チーム等による訪問型支援、相談対応等の家庭に寄り添う支援を強化し、全国に普及する。

〔家庭を取り巻く地域の教育環境の整備〕
○　子供が置かれた家庭の状況にかかわらず、地域で学習や体験活動の機会が適切に提供されるよう、図書館等の機能を活用した学習支援を推進するとともに、ひとり親家庭など困難な状況にある親や子供を対象とした自然体験活動等を全国的に展開する。

（7）これらの取組を効果的に推進するための体制の整備

　上述のような施策を進めるに当たっては、常にその教育上の効果、社会経済的な効果や課題、費用の在り方等について検証しつつ、より効果的・効率的な施策の立案・改善に生かしていくことが必要です。国においても、そのための体制強化を図ることが求められます。

〔国における施策の効果の検証・分析体制の強化〕
○　新しい教育施策を実行していくために必要な教育投資について、国民に対して十分な説明責任を果たし、幅広い国民の理解と支持を得ていく上でも、国は、当該施策の成果や課題、社会経済的な効果を含む費用対効果、他の施策との比較等について専門的、多角的に分析・検証するための体制を強化する必要がある。その一環として、国において、国や地方公共団体における新たな施策や特色ある先進的な施策等を対象に、必要なデータ・情報を体系的かつ継続的に蓄積し、公募研究等により大学等の外部の研究者等の参画も得つつ、透明性と公平性のある形で実証的な調査・分析・情報発信を行うための体制を整備する。

〔「教育再生先導地域（仮称）」〕
○　国は、特定の地域や学校において、新たな教育施策を試験的に実施したり、先進的な取組により大きな成果を上げていると考えられる事例等について、その効果や課題を専門的に検証し、高い効果が認められたものについて全国展開や支援の充実等につなげるための仕組み（「教育再生先導地域（仮称）」）について検討する。

2．これまでの提言の確実な実行に向けて

「教育再生」は日本再生の柱であり、「一億総活躍社会」実現の基盤となるものです。教育再生の実現のために何より重要なのは、今回の提言も含め、行うと決めた改革を一つ一つ確実に実行していくことです。

その際、特に重視する必要があるのは、提言の理念が教育現場まで浸透し、日々の教育活動に反映されるよう、提言に基づく制度や施策が本来の狙い通り有効に機能しているかを継続的にフォローアップしていくことです。

（1）提言に基づき、既に法令改正等がなされた事項

これまでの提言を受け、いじめ防止（第一次提言）、教育委員会制度改革（第二次提言）、大学ガバナンス改革（第三次提言）、義務教育学校の制度化（第五次提言）等、積年の課題が速やかに実行に移されました。このことは教育再生実行会議の大きな成果です。

しかし、「教育再生」は制度を作って終わりではありません。その狙いが真に達成されているか、制度が形骸化していないかを継続的に確認し、必要なら速やかに軌道修正や更なる見直しを図るべきです。

例えば、いじめ防止対策推進法の施行後も、いじめが関係しているとみられる子供の自殺は起きています。全ての学校現場での意識改革、取組の徹底は、今後も不断に取り組まねばならない課題です。

教育委員会制度改革については、各地方公共団体にその趣旨を十分浸透させるとともに、特に、首長主催の総合教育会議によって、首長と教育委員会の連携が強化されてきているところですが、一方で、その運営が形骸化しないよう、引き続き状況を確認する必要があります。

大学ガバナンス改革についても、内部規則の見直し等は進んでいますが、それが真に学長のリーダーシップの確立等につながっているか、引き続き注視する必要があります。

（2）提言の実行に向け、特に注視する必要のある重要事項

当面、特に次の重要事項について、政府における着実な取組の推進を期待します。

① 「選挙権年齢引下げ」への適切な対応（第七次提言関連）

公職選挙法等が改正され、本年夏から選挙権年齢の引下げが実施されます。今回

の制度改正は教育上も大きな意義があるものであり、各学校現場で適正な指導がなされるよう、国においても必要な指導・助言・援助に全力を尽くすべきです。特に次のことを強く期待します。

- 文部科学省と総務省が共同で作成した高校生向け副教材や教師用指導資料を活用し、全ての高校生に対し、政治・選挙等に関する教育を行うこと。
- 例えば、選挙管理委員会やNPO等の協力を得て、模擬投票やグループ学習等に積極的に取り組み、主権者として社会に主体的に参画する意識を醸成する教育を推進すること。
- 同時に、高校生が公職選挙法等で禁止されている行為を行わないよう十分指導すること。
- 教師が公正かつ中立な立場で生徒を指導し、特定の政治上の主義等を支持・反対することとならないよう、また、学校の内外を問わず地位を利用した結果とならないよう徹底すること。
- 教職課程や教員研修でも、政治や選挙等に関する教育に係る内容の充実を図ること。

② **学校教育の中核である教師の資質向上、学校の組織運営改革、学校と地域の連携・協働（第五次・第六次・第七次提言関連）**

学校を取り巻く複雑かつ多様な課題に的確に対応していくためには、教師の資質向上、学校の組織運営改革、学校と地域の連携・協働に向けた改革を一体的に進める必要があります。このため、平成28年1月に文部科学省が策定した「次世代の学校・地域」創生プラン等に沿って、次の改革を加速させる必要があります。

- 我が国の教育の中核を担うのは何と言っても教師である。教師に優れた人材を確保するため、処遇の確保や、特別免許状の運用の見直し等による外部人材の活用を進めるとともに、養成・採用・研修を通じ、不断の資質向上のための仕組みを構築するべく、教員育成指標の策定、教員育成協議会の設置、初任者研修や校内研修の一層の充実、教員研修センターの機能強化等、法改正を含め必要な施策を実施に移すこと。
- 「チームとしての学校」の体制を強化し、学校全体としての教育力を高めるため、教職員体制の充実、原則として、スクールカウンセラーの全公立小中学校、スクールソーシャルワーカーの全公立中学校区への配置等、専門スタッフの配置を促進すること。その上で、教師と専門スタッフの役割分担を明確にし、効果的な連携体制を構築すること。あわせて、学校のリーダーとしての校長の裁量権を拡大すること。

- 全ての公立学校がコミュニティ・スクールとなることを目指した取組の推進・加速や、地域コーディネーターの配置の促進等により、地域全体で子供を育てる「地域学校協働活動」の推進を図り、学校と地域の連携・協働体制の確立に向けて法改正を含め必要な施策を実施に移すこと。

③ 日本の教育を変える「高大接続」改革、大学入学者選抜制度改革（第四次提言関連）

　高等学校教育・大学教育・大学入学者選抜の一体的改革については、第四次提言後、文部科学省で精力的に検討がなされていますが、日本の学校教育全体に波及する重要な課題であるため、改革の必要性について教育関係者をはじめ広く国民の理解を深めつつ、丁寧かつ着実に取組を進める必要があります。

- ①高校までの教育、大学教育、大学入学者選抜の一体的な見直し、②能力・意欲・適性を多面的・総合的に評価する大学入学者選抜への転換等、提言の趣旨を見失うことのないよう、関係者の意見を集約し、速やかな実現に向け準備を進めること。

④ 日本の「知」を牽引すべき大学の教育研究力の強化（第三次・第五次・第七次提言関連）

　「大学力は国力そのもの」であり、大学の力が世界、日本、地域のために様々な分野で生かされるよう、ガバナンス改革の徹底と教育研究の抜本的な強化が必要です。このための方策として、特に次の施策の早急な実現に向け、取組を進める必要があります。

- 世界最高水準の教育研究の展開が見込まれる国立大学を指定する仕組みの創設等の制度改正を踏まえ、我が国の大学の水準向上やイノベーション創出を一層加速すること。
- 国内外の研究機関や民間企業等との連携により、新たな知の創造と活用を主導する優秀な博士人材を育成する「卓越大学院（仮称）」形成のための仕組みづくりを進めること。
- 「実践的な職業教育を行う新たな高等教育機関」の制度化に向け、検討・準備を進めること。

⑤ 教育投資・教育財源の充実（第八次提言関連）

　第八次提言で述べた教育投資の意義を踏まえ、これからの時代を見据えた教育を実行していくために必要な教育投資の充実や、教育財源の確保に向けた次のような取組を加速させる必要があります。

- 「教育は未来への先行投資」であるという認識に立ち、国家戦略として教育投資の充実、教育財源の確保に取り組む姿勢を明確にすること。
- 文部科学省の中央教育審議会で検討が行われている「第三期教育振興基本計画（平成30～34年度）」に、第八次提言の趣旨を十分反映すること。
- 特に、幼児教育の無償化及び幼児教育等の質の向上、高等教育段階における教育費負担軽減等、教育投資を充実するとともに、税制の見直し等による財源確保についても引き続き真摯に検討すること。

資料3　フリースクール等検討会議の動き

資料1　これまでの議論を踏まえた論点の整理
これまでの議論を踏まえた論点の整理

〔不登校の子供を取り巻く現状・課題〕
○不登校になり，自己否定する子供が多い。保護者の不登校に対する理解が十分でないこともある。
○発達障害の問題や貧困の課題など，不登校の子供の状況は多様化・複雑化している。
○保護者や子供が学校への不信感を持っている場合もある。
○民間の団体等では，子供たちが社会的に自立できるよう，何もしないことも子供たちに認めながら，個別の学習支援，体験活動などを実施している。
○不登校の子供の居場所は貴重であり，そこで時間が過ごせる，勉強ができる，人と接することができるということが重要。
○不登校となり家庭にいる子供もいる。家にいる子供の自己否定感が強い。
○子供にとっては休むことが必要な場合もある。

〔必要な支援の方向性〕
○不登校の子供の状況は多様であり，個々の状況に応じた多様な学習の場や支援が必要。
○子供が自立して社会に出るための力を身に付ける学習の機会が必要。
○教育委員会・学校と民間の団体等が連携して，一人一人の子供をどのように支援するかを考えながら支援を行うことが必要。
○学校とともに，身近な市町村教育委員会が支援の主体となりつつ，県や国が市町村を応援することが必要。
○教育支援センターや民間の団体等につながりにくい子供もおり，訪問型のアプローチが重要。

〔教育委員会・学校と民間の団体等との連携に向けた方策〕
○教育委員会・学校と民間の団体等が連携することで，きめ細かい支援が可能となる。また，民間の団体等の社会からの認知が高まり，子供の自己肯定感の向上にも結びつく。
○連携を進めるに当たっては，民間の団体等の自主性・主体性の尊重のもと，教育委員会・学校と民間の団体等が互いに認め合うというスタンスが大事。
○連携を進めてきた自治体では，
　・連携協議会の設置による「互いに顔の見える関係」の形成
　・教育委員会の事業に民間の団体等の児童生徒が参加するなど協働した取組み
　・教育委員会による民間の団体等への事業の委託
　・公民協営の施設設置
などが行われており，このような取組を広げることが重要。
○民間の団体等の活動を充実させることも重要。例えば，民間の団体等が相互に連携協力したり，相互評価（ピア・レビュー）を通じて自主的に高め合う取組が考えられる。
○そのための民間の団体等の間でのネットワークの形成も大事。

〔学校以外の場での学習等への支援に向けた方策〕
○訪問型のアプローチにより，子供を居場所につなぐ機能が必要。
○訪問指導では，子供を理解することが必要であり，「会わない自由」も子供に認めながら信頼関係を築くことが重要。
○保護者が不登校を理解するための支援が必要。
○家庭で学習する不登校の子供へのオンラインでの学習の充実も考えられる。
○関係者間で共通理解を図りながら，よりよい学びを保障することが必要。

参考資料1　フリースクール等に関する検討会議について
平成27年1月27日　初等中等教育局長決定
平成28年3月31日　一部改正

1　趣旨

教育再生実行会議第五次提言（平成26年7月）を受け，フリースクール等で学ぶ子供たちの現状を踏まえ，学校外での学習の制度上の位置付けや，子供たちへの支援策の在り方について検討を行う。

2　検討事項
（1）フリースクール等での学習に関する制度上の位置付け
（2）子供たちへの学習支援の在り方
（3）経済的支援の在り方
（4）その他フリースクール等に関連する事項

3　実施方法
（1）別紙の委員の協力を得て検討を行う。
（2）会議に座長を置き，事務局が委嘱する。
（3）必要に応じ別紙以外の者にも協力を求めるほか，関係者の意見等を聴くことができるものとする。

4　設置期間

平成27年1月27日 ～ 平成29年3月31日

5　庶務

本検討会議に関する庶務は，初等中等教育局フリースクール等プロジェクトチームにおいて処理する。

第 8 回提出資料・補足資料（2016 年 4 月 11 日）

教育ジャーナリスト　品川 裕香

　前回提出した資料は≪現行の就学義務制度から脱却してフリースクールやホームスクール等学び場の多様性を認め，かつ公的資金を投入するのであれば≫という前提に基づいたものである。当日，十分に意図を説明できなかったため以下補足する。

　① 学校外での教育は義務教育とは位置付けない（つまり，現行の就学義務制度が維持される）のであれば，フリースクールやホームスクール等で学んでいる児童生徒が中卒認定試験を受ける必要はない。なぜなら，その場合，フリースクールやホームスクール等学校外で学ぶ子どもたちの学習状況の把握，および質の担保は教育委員会や学校が行うべきである。

　② 課題は，子どもたちの実態（教育的ニーズ・学習状況等）をどう把握し，質をどう担保していくかのかにつきる。実態把握については，フリースクールやホームスクール等各指導団体が行動観察のほか，WISC や K—ABC，音韻検査，ITPA，新版 K 式発達検査，DAP，STRAW 等専門家が行ってアセスメントなどに基づいて指導ターゲットを明示し，個別の指導計画を立てて実施すべきである。こういった個別の指導計画策定と実施は教育を提供する各団体等が行うことによって，教育内容の自由度をあげる。

　ただし，各団体でアセスメント等行うことが難しい場合は，教育センター等教育委員会や特別支援教育士等専門資格を持つ教員に依頼できるようにする。アセスメントデータを踏まえた指導プログラム構築が困難等の場合も，教育委員会等にアドバイスを受けながら策定し，実施できるようにする。

　また，各団体が個別の指導計画に基づき指導し，それが定着しているかどうかを確認し，指導の質を担保するのは教育委員会であり学校である（口頭試問，作品提出等評価の方法はさまざまあろうが，事前に基準を設け，それを公表しておくことが必要であろう）。

　③ ② と関連するが，現在，中教審で議論が進んでいる「新しい学習指導要領」では"予測できない未来に対応するためには，社会の変化に受け身で対処するのではなく，主体的に向き合って関わり合い，その過程を通して，一人一人が自らの可能性を最大限に発揮し，よりよい社会と幸福な人生を自ら創り出していくことが重要である"とし，これからの子どもたちは，"解き方があらかじめ定まった問題を効率的に解ける力を育むだけでは不十分であること，また，社会の加速度的な変化の中でも，社会的・職業的に自立した人間として，伝統や文化に立脚し，高い志と意欲を持って，蓄積された知識を礎としながら，膨大な情報から何が重要かを主体的に判断し，自ら問いを立ててその解決を目指し，他者と協働しながら新たな価値を生み出していくことができる資質・能力を身に付けることが重要"と指摘している。

　それらを踏まえて，これからの子どもたちに求める資質・能力として
　Ⅰ「何を知っているか，何ができるか（個別の知識・技能）」
　各教科等に関する個別の知識や技能など。身体的技能や芸術表現のための技能からロボット工学や起業論など最新知識等も含む。

　Ⅱ「知っていること・できることをどう使うか（思考力・判断力・表現力等）」

主体的・協働的に問題を発見し解決していくために必要な思考力・判断力・表現力等。ここには創造性やクリティカルシンキング，コミュニケーションスキル等含まれる。

Ⅲ「どのように社会・世界と関わり，よりよい人生を送るか（人間性や学びに向かう力等）」
① や ② の力が働く方向性を決定付ける情意や態度等に関わるもの。以下のようなものが含まれる。
・主体的に学習に取り組む態度も含めた学びに向かう力や，自己の感情や行動を統制する能力などいわゆる「メタ認知」に関するもの
・多様性を尊重する態度と互いの良さを生かして協働する力，持続可能な社会作りに向けた態度，リーダーシップやチームワーク，感性，優しさや思いやり，好奇心や勇気，倫理，規範意識など，人間性に関するもの。

の３つの柱を，教科横断的に身に着けさせることが重要だと打ち出している（どう落とし込むかは，現在各部会で議論がなされているところ）。
　学校外で学ぶ子どももこれら３つの柱を身に着けることが求められ，かつ，それらが身についたかどうか評価されることが求められる。そのことを視野にいれながら ② の個別指導計画を作り，その指導の質を担保する必要が，義務教育上の子どもの健全な成長発達権や教育権を保証する意味においても必須である。
　④ ターゲットにしているスキルが身に着くのであれば，指導方法の自由度は担保されるべきである。
　注意すべきは，『居場所』という居心地のいい言葉にくるまれ，成人後に「何も学ばなかった数年間だった」ということにならないようにすることである。

〈解　説〉

（１）戦後登校拒否・不登校問題の歴史において，もっとも論議が活発に行なわれたのがこの時期です。この時期は，2014〜2016年現在です。
　この時期は，教育再生実行会議第５次提言の「今後の学制改革等の在り方について」において，フリースクール等の学校外の教育機会の公的な位置づけを検討することが提言され（2014年7月3日），9月10日に，安倍首相が「東京シューレ」を訪問，10月27日に下村文科大臣（当時）が「フリースペースえん」を視察したことなどが積み重なり，フリースクール等への支援の動きが作られた時期を第１期とします。
　この時期，2015年1〜2月に文部科学省に「フリースクール等に関する検討会議」と「不登校に関する調査研究協力者会議」が設置され，検討を始めます。
　このような，動きを理解する上で，2014年2月12日の国会での安倍首相の施政方針演説は参考になります。
　安倍首相は次のように述べます。
　「フリースクール等での多様な学びを，国として支援してまいります。義務教育における『6・3』の画一的な学制を改革します。小中一貫校の設立も含め，9年間の中で，学年の壁などにとらわれない，多様な教育を可能とします」
　ここで，安倍首相は，フリースクール等への支援を学制改革，小中一貫校の設立（その内容は，

4―3―2,5―4 などに現在の6―3制を改編する)と結びつけていることに注目したいと思います。

また,同時に下村文科大臣(当時)の次の発言も注目されます。

「不登校等により,既存の学校教育の中では適応できない子どもであっても,その中に未来のエジソン,アインシュタイン,未来のアーティスト,音楽や,あるいは工芸,美術等を含めて,そういうところの子供であるからこそ,逆に世界に大きく貢献できるような人材が埋もれているかもしれないと,そういう感覚を改めて現場で持ちました」(2014年10月28日の記者会見)。

この下村の発言は,以下に述べる登校拒否・不登校の子どもから,「グローバルエリート」を選別しようというねらいを述べたものです。

この後者のねらいは,教育再生実行会議第7次提言においても引き継がれます(2015年5月7日)。第7次提言では次のように述べます。

「発達障害のある子供や不登校の子どもの十分な学びの機会が確保され,自己肯定感を高められるようにすることが重要であり,通常の学級に在籍するこうした子供たちへの支援や周囲の子どもたちの理解を促進するための教育の他,国における就学義務や経済的支援の在り方などに関する検討の結果を踏まえて,フリースクール等における多様な学びを支援する。その中には,将来大きく開花する可能性を秘めた,優れた才能を持つ者もおり,こうした子供たちの潜在的な才能を見いだして伸ばす取組を支援する。」

ここでは,「発達障害のある子どもや不登校の子供」の中から,「優れた才能を持つ者」を選別することと,フリースクール等における多様な学びの支援が同一線上で考えられていたことに注目したいと思います。

(2)この時期の第2期は,2015年9月2日に「義務教育の段階に相当する普通教育の多様な機会の確保に関する法律案(座長試案)」(通称「フリースクール法案」)が提出された時期あるいは,この法律が二転三転し「義務教育の段階における普通教育に相当する教育の機会の確保等に関する法律案(座長案)」(通称「不登校対策法案」)が提出された時期(2016年3月11日)です。

この法律案に対する評価をめぐって,フリースクール関係者も賛否両論で二分され,登校拒否・不登校の親の組織も賛否両論で意見が分かれます。

この,第2期の関係者・世論の動向等は,本資料集の第Ⅱ部で詳しく取り扱います。

(3)さて,第3期は,2016年に入って「不登校に関する調査研究協力者会議」が,「不登校児童生徒への支援に関する最終報告(案)――一人一人の多様な課題に対応した切れ目のない組織的な支援の推進――」(3月11日)を提出し,同時に教育再生実行会議が第9次提言「全ての子供たちの能力を伸ばし可能性を開花させる教育へ」(5月20日)を提出します。ここでは,前者の文書を中心に後者の文書や,「フリースクール等検討会議」の動向を踏まえ,政策側が登校拒否・不登校問題をどうとらえ,どのように問題の解決を図ろうとしているかを明らかにしたいと思います。

「不登校に関する調査研究協力者会議」最終報告(案)は,中間報告(2015年8月)にくらべ,かなり修正されています。

中間報告の持っていた問題点は,修正された点とかえって拡大した点が見られます。ここでは,その特徴と問題点を以下のようにまとめてみました。

まず,最初の問題点は,この案に現れているそれまでの登校拒否・不登校に対する対策のとら

え方の基本的性格に関わります。そのことに関して、最終報告（案）は次のように述べます。

　「不登校に関する調査研究については、学校不適応調査研究協力者会議の平成4年3月報告『登校拒否（不登校）問題について』、不登校に関する調査研究協力者会議の平成15年3月報告『今後の不登校への対応の在り方について』（以下『平成15年報告』という。）があるが、それぞれ、不登校に対応する上での基本的な視点や取組の充実のための提言自体は今でも変わらぬ妥当性がある。

　しかしながら、不登校児童生徒が依然として高水準で推移していることから、これらの提言が関係者の間において正しく理解され実践されているか、また、時代の変化とともに、新たに付加すべき点がないかを今一度検証することが必要である」

1992年と2003年の2つの報告については、私は、第3章と第4章でその基本的性格と問題点について指摘しておきました。

本来、登校拒否・不登校が増え続けているのは、それまでの政策や対策に何か問題点があるからそうなっているという反省的なとらえ直しが必要なのに、「最終報告（案）」では、「基本的な視点や取組の充実のための提言自体は今でも変わらぬ妥当性がある」とある種居直りともとられかねない見解を示しています。そして、登校拒否・不登校が未だ高水準で推移しているのは、「これらの提言が関係者の間において正しく理解され実践されてい」ないからではないかと述べています。このような、これまでの、自らの提言を反省的にとらえようとしない、発想の在り方にまず第1の問題点をみたいと思います。

ついで、第2の問題点としては、「最終報告（案）」では、「はじめに」で、今日の教師の抱える課題を「国際調査においても、我が国の教員は、幅広い業務を担い、労働時間も長いという結果が出ている」と指摘している点に関わります。確かに、多くの識者が指摘しているように、日本の教師の労働時間は、OECD平均をはるかに上回り最長時間です（週53.9時間）。そして、このような労働環境を改善するためには、教師の数を増やすことが根本的な解決に近づく道での1つであるはずです。

しかし、「最終報告（案）」では、この点について「中間報告」にあった全ての箇所を書きかえ、教員の加配という言葉を消しています（第4章の1、第8章の1、（2）、第9章の1など）。すなわち、教師が登校拒否・不登校児童生徒に対し対応するときは、「横の連携」と「縦の連携」で乗り切れと言っています（「はじめに」他）。

第3の問題点は、登校拒否・不登校の定義に関わった問題です。「最終報告（案）」では、不登校を次のように定義します。

　「何らかの心理的、情緒的、身体的あるいは社会的要因・背景により、登校しないあるいはしたくてもできない状況にあるため年間30日以上欠席した者のうち、病気や経済的理由によるものを除いた者」

この様な定義について、加藤美帆は、この「不登校像はあまりに広く、それを1つの社会現象とはとらえられていない」（加藤、2012）あるいは、「個人的経験に還元され、その社会的な側面は不可視となっている」（同）と論じています。

私は、第Ⅱ部で紹介されている拙論で「登校拒否」と「不登校」、そして、「長期欠席」のそれぞれの言葉＝概念の歴史と意味についてふれましたが、文科省や「最終報告（案）」が使っている「不登校の定義」については、厳しく吟味される必要があるでしょう。

第4にふれたいのは、登校拒否・不登校の要因・背景のとらえについてです。

最終報告（案）では、「不登校の背景と社会的な傾向」として次の様に述べています。

「不登校の実態について考える際の背景として，近年の児童生徒の社会性をめぐる課題，例えば，自尊感情に乏しい，人生目標や将来の職業に対する夢や希望を持たず，無気力な者が増えている，耐性がなく，コミュニケーション能力が低いなどと言った傾向が指摘されている」

また，別の箇所では「『平成18年度不登校実態調査』では『不登校の継続理由』から傾向分析し，『無気力型』（40.8％），『遊び・非行型』（18.2％），『人間関係型』（17.7％），『複合型』（12.8％），『その他型』（8.7％）の5つに類型化した」としています。

これまでの，各年の文部科学省の「児童生徒の問題行動等調査」においても，「登校拒否・不登校問題」は，本人の無気力や家庭的な原因，そして，いじめを除く友人関係がその「きっかけ」として多いと，統計上発表されてきました。

ここからは，なぜ自尊感情（自己肯定感）が乏しくなっているのか，なぜ人生目標や将来に対する夢や希望を持てなく（「持たず」ではない）なっているのか，あるいは，なぜ一見無気力になっているのかを問う視点を導きだすことは困難です。

また，登校拒否・不登校の児童生徒は，登校拒否・不登校になったことにより，悩み，落ち込み，自分を責め，無気力になっている現状の表面を追認しているだけに見えます。

実は，2006（平成18）年の「不登校実態調査」の「不登校のきっかけ」は，「友人との関係」（いやがらせやいじめ，けんかなど）が，53.7％で第1位，次いで，「生活リズムの乱れ」（朝起きられないなど）が，34.7％で第2位，そのあとは，「勉強がわからない」（授業がおもしろくない，成績がよくない，テストが嫌いなど）が31.6％，「クラブや部活動の友人・先輩との関係」（先輩からのいじめ，他の部員とうまくいかなかったなど）が23.1％，「学校の決まりなどの問題」（学校の校則が厳しいなど）が，10.0％などとなっていました（複数回答）。

これで見ると，いじめや授業がつまらないなど学校生活に起因するきっかけが中心を占めます。そうすると，登校拒否・不登校問題を解決するためには，まずは，学校に起因する問題を解決することが重要になってきます。

ここでは，私たちは国連子どもの権利委員会の第3回最終所見（2010年6月）の次の言葉を知っておくべきでしょう。

「本委員会は，また，高度に競争的な学校環境が，就学年齢にある子ども間のいじめ，精神的障害が不登校・登校拒否，中退及び自死の原因となっていることを懸念する」

そして，前者のように登校拒否・不登校の原因を本人の資質や問題点に求めると，その解決策は的外れなものになってくることがわかるでしょう。

最終報告（案）では，学校教育の改善を重視する立場を持ちつつも，例えば，上であげた「『遊び・非行型』には，まずは決まり事を守らせる毅然とした教育的な指導を行なうことや規則的な生活リズムを身につけさせること，学ぶことに興味を持たせることが登校につながる」と述べるなど，道徳主義的・規律主義的な教育観も伺えます。

第5の問題点は，登校拒否・不登校の児童生徒への支援の発想をめぐってです。

最終報告（案）では，「学校内外を通じた切れ目のない支援の充実」として（第3章の7），「……また，児童生徒の才能や能力に応じてそれぞれの可能性を伸ばせるよう，学校内外の場を活用した柔軟な対応も検討する」と述べています。

この一見なにげない表現も，前述の下村文科大臣（当時）の記者会見での発言や教育再生実行会議の第9次提言を参考にするとその意味する事柄がはっきりと浮かび上がってきます。

教育再生実行会議第9次提言では，「特に優れた能力を更に伸ばす教育，リーダーシップ教育」として，「また，障害のある子供や，集団生活に馴染みにくいために不登校傾向にある子供の中に

は，何らかの分野で突出した才能を有していたり，適切な支援を受けることによって大きく開花する可能性を秘めた子供もいます」とした上で，「国は，特定の分野で特に優れた能力を有する発達障害，不登校などの課題を抱える子供たちの能力を伸ばす取り組みを広げる方策について，現在大学・民間団体等で実施されている先進事例[12]」等も踏まえつつ，大学，地方公共団体，関係団体等とも連携しつつ検討する。」と述べています。

この，注12には，「東京大学先端科学技術研究センターと日本財団が実施している『異才発掘プロジェクトROCKET』では，突出した能力を有する，現状の教育環境に馴染めない不登校傾向にある小・中学生を全国から選抜し，継続的な学習保障及び生活のサポートを提供している。平成26年度から開始し，2年間で28名を選抜し，支援している」と書かれてあります。このプロジェクトは2016年度は募集人員をそれまでの10名から50名に増やし，将来は「異才」の子が集まる学校の設立をめざしています。

この路線は，端的にいって「一億総活躍社会」の中で，「グローバルエリート」を登校拒否・不登校の児童生徒からも選抜して利用していこうという路線に他なりません。

現在の学校に通うどの子も人間的な能力を最大限成長させるために，必要な教育予算を増額し，教育条件を改善していくのではなく，政府と財界が一体となって，民間の協力を得ながら極少数の「グローバルエリート」を選抜・育成しようとする危険なねらいに，この最終報告（案）も組み込まれていると言えるでしょう。

それは，第4章の重点方策の2の「(4) 学校段階間の接続の改善」のところにも現れています。ここでは，小中一貫教育の推進として，「小中一貫教育を施す中学校併設型小学校及び小学校併設型において，例えば4・3・2や5・4などを推進」するとしています。このような，「中1ギャップ」を唯一の根拠とする，小中一貫校は，批判も強いだけに（山本），厳しい吟味が必要でしょう。

さらに，第6の問題点として，教育の公設民営化，民間市場の登校拒否・不登校への介入の危険性を指摘しておきたいと思います。

最終報告（案）では，登校拒否・不登校対策として教育支援センターの役割が重視されています。その場合，「財源や人材の確保が困難な場合にあっても，近隣の既設の教育支援センターとの連携や官民協働型による教育支援センターの設置，アウトリーチ型支援や学習機会確保の支援などにより，不登校となった児童生徒に対して何らかの支援ができる体制を構築していくことが必要である」と述べています（第8章の4）。

「官民協働型の教育支援センターの設置」をどう考えたらよいでしょうか。現在，塾産業は，一般的に子ども人口の減少もあり，過当競争で衰退気味で，市場価値として登校拒否・不登校の児童生徒がねらわれていると言われています。そのような中で，この「官民協働型の教育支援センター」は，学習のノウハウを有する民間資本・塾産業の市場として儲けの対象としてねらわれる危険性があると言えるのではないでしょうか。

なお，「不登校などの中学生を対象とした地域人材による学習支援（地域未来塾）を活用することも考えられる」（第3章の7）としており，2019年までに，全中学校区5,000に地域未来塾をつくる予定だともいわれていますが，この「地域未来塾」と民間資本との関係も厳しく問われなければならないでしょう。

参考文献

加藤美帆（2012）『不登校のポリティクス』勁草書房。
山本由美 他（2016）『「小中一貫」で学校が消える』新日本出版社。
前島康男（2016）「安倍教育再生と登校拒否・不登校・フリースクール問題」,『経済』2016 年 9 月号, 新日本出版社。

（前島　康男）

第Ⅱ部　教育機会確保法案をめぐって

第 1 章　経　緯

第 1 節　多様な教育機会確保法案の背景

1　多様な教育機会を求めるフリースクールの活動

　不登校問題に関わりをもつ多くの人々には突然の知らせとなった 2015 年 5 月の「多様な教育機会確保法（仮称）案」の出現ですが，その呼び水となる動きはフリースクールの間に数年前からありました。

　その 1 つは，フリースクール全国ネットワークが中心に提唱してきた多様な学びの保障を求める運動です。フリースクールネットワークは，「フリースクールからの政策提言」（2009 年 1 月）を契機に，新法研究会を立ち上げて「仮称オルタナティブ教育法案骨子」（2010 年 1 月）を提案しました。これはその後，オルタナティブ教育法を実現する会，そして改称後の多様な学び保障法を実現する会による「子どもの多様な学びの機会を保障する法律（多様な学び保障法）骨子案 Ver. 3. 1」（2013 年 2 月）として改訂を重ねています。議員連盟の多様法案は直接これに接続するものではありませんが，着想の背景にあるものと考えられます（詳細は第 3 章第 1 節を参照）。

　もう 1 つは，2008 年 5 月以来，フリースクール環境整備議員連盟（小宮山洋子会長，馳浩幹事長）があったことです。そこでは，フリースクールに通う高等部の子どもたちへの通学定期券発行を実現することなど，いくつかの経済支援課題がありました。第 4 回総会（2009 年 2 月 25 日）では JDEC（日本フリースクール大会）で採択された政策提言を説明する場が設けられるなどの関係がありましたが，この議員連盟はその後の政権交代のあおりで途絶えることになりました。ところが 2014 年 6 月 3 日に，今度は超党派フリースクール等議員連盟（河村建夫会長，馳浩幹事長）が発足しました。その第 2 回総会（2015 年 2 月 18 日）では「普通教育支援法」を議員立法で考えたいとの発言もあり，それがこのたびの法案に至ることになったとみられます。

2　国の動き

　一方，政府は教育再生実行会議第 5 次提言（2014 年 7 月 3 日）において，「不登校の児童生徒が学んでいるフリースクールや，国際化に対応した教育を行うインターナショナルスクールなどの学校外の教育機会の現状を踏まえ，その位置付けについて，就学義務や公費負担の在り方を含め検討する」と述べ，また 2014 年 9 月には安倍首相が都内のフリースクールを視察するなど，フリースクールへの施策に着目を始めました。

　2015 年 1 月から，文部科学省はフリースクール等に関する検討会議と不登校に関する調査研究協力者会議という専門家会議を同時に発足させるのですが，これを飛び越した政府の動きが見られます。

　法案は，これらのことを背景にして出現したといえます。

第2節　多様な教育機会確保法案から教育機会確保法案へ

1　議連の合同化と法案の出現

2015年5月27日，超党派フリースクール等議員連盟と夜間中学等義務教育拡充議員連盟の合同総会が開かれ，そこで「多様な教育機会確保法（仮称）案」【概要】［座長試案］（義務教育の段階における普通教育の多様な機会の確保に関する法律案）が示されました（別掲）。これがこのたびの法案の公的な出発点です。

そしてこのことは各マスコミが一斉に報じ，多くの人の知るところとなりました。「フリースクールでも義務教育認定」（時事通信）「義務教育　不登校児のフリースクールを容認」（毎日新聞）など，フリースクールに通うことをもって学校教育に代えるということが報じられました。

2　多様な教育機会確保法案

この法案には，たちまち賛否の議論が生じました。

「多様な教育機会確保法（仮称）制定を目指すフリースクール等院内集会」（6月16日）が開かれ「多様な教育機会確保法（仮称）の今国会での成立を期す要請文」が出される一方で，反対する関係者の緊急集会（6月11日）参加者からは「ちょっと待った！　多様な教育機会確保法案緊急アピール」が出されるなど，強い懸念の意見が次々と表明されました。当初は座長試案と題する概要と数枚の概念図が示されたのみでしたが，条文案が漏れ伝わるにつれて，不登校当事者や関係者へ情報が広がっていきました。

8月11日の議員連盟合同総会において，「義務教育の段階に相当する普通教育の多様な機会の確保に関する法律案」〈未定稿〉として条文が示されました（別掲）。条文案はその後8月から9月にかけて幾度かの修正がなされ，法律案として確定しました。

この法案に対しては，特に，保護者が個別の学習計画を作成して市町村教育委員会の認定を受けることについて，当事者の中から強い不安の声が上がりました。また当事者や関係者のかねてからの要望であった経済的支援について，効力が疑わしい内容であることも，多く指摘されました。

反対意見が席巻する状況でしたが，結局，この法案は与党と議連との意見が合わないという事情で，2015年9月には国会に上程しないことになりました。

3　教育機会確保法案

国会上程断念とほぼ同時に，文科省も巻き込んで法案の抜本的な修正作業が始まりました。修正は大規模なもので，最大の特徴は，個別の学習計画をなくしたことです。また，多様な教育の機会という文言は単に教育の機会ないし多様な学習活動と改められたこと，特例校や教育支援センター（適応指導教室）の充実も挙げながら学習支援を強調していることが特徴です。2015年5月以来の多様法はフリースクール対応法案という性格でしたが，2016年にかけての修正後は不登校対策法案としての性格をもつものになりました。

なおその間に議員連盟は，馳浩文部科学大臣就任に伴い丹羽秀樹前文部科学副大臣が新座長に就任しています。

作業は修正を経て，2016年2月2日の議員連盟合同総会で「義務教育の段階における普通教育

に相当する教育の機会の確保等に関する法律案（仮称）骨子（座長試案）」として示され（別掲），さらに幾度かの検討を経て，座長試案が座長案となって2016年3月11日の議員連盟合同総会で示されました（別掲）。そして4月28日の議員連盟合同総会で「義務教育の段階における普通教育に相当する教育の機会の確保等に関する法律案」として国会上程が決定されました。

しかし修正後の教育機会確保法案に対しても，当事者や関係者から強い反対の声が上がりました。指摘された点はさまざまですが，既存の学校教育を規準にしており学校復帰や本人の望まない「学習支援」などの圧力が予想されるという声が多く聞かれました。そのため，議員連盟内部でも当期国会上程を見送るべきであるという意見もあって，5月18日の衆議院文部科学委員会で審議に付される計画があったものの，最終的には，前日の理事懇談会で取り止めとなり，その後会期末まで法案の進退をめぐる緊張状況が続いた後，5月31日の議員連盟総会において継続審議と決定されました。

現在においても，この法案に対して，早期に成立させるべきという意見から，慎重な検討が必要，あるいは廃案にするべきという意見まで，多岐にわたる激しい議論が交わされています。

なお，法案に関して特筆するべき問題は，法案には大きな内容として夜間中学の拡充が含まれていることです。夜間中学の拡充については，反対論はほぼ皆無であり，実現を妨げる理由はないのですが，議員連盟が合同化され法案自体も統合されているため，棚上げの状態が続いています。

第3節　法案関連年譜

(a) フリースクール環境整備推進議員連盟
　　　2008年5月29日　　　設立総会
　　　2012年9月　　　　　解散
(b) 超党派フリースクール等議員連盟・夜間中学等義務教育拡充議員連盟
　　　2014年4月24日　　　夜間中学等義務教育拡充議員連盟発足
　　　2014年6月 3日　　　超党派フリースクール等議員連盟発足
　　　2015年5月27日　　　合同総会（以下すべて合同総会）
　　　2015年8月11日　　　法律案未定稿提示
　　　2015年9月 2日　　　法律案座長案提示
　　　2015年9月15日　　　当期国会上程断念
　　　2015年12月22日　　　丹羽秀樹前文部科学副大臣座長就任
　　　2016年2月 2日　　　丹羽座長試案骨子提示
　　　2016年3月 4日　　　経過報告
　　　2016年3月11日　　　法律案座長案提示
　　　2016年4月28日　　　国会上程決定
　　　2016年5月31日　　　継続審議方針確認
(c) 議員連盟の関わった院内集会
　・夜間中学等義務教育拡充議員連盟・全国夜間中学校研究会共催「6.4今国会での義務教育未修了者のための法成立を期す国会院内の集い」（2015年6月4日）
　・フリースクール全国ネットワーク・多様な学び保障法を実現する会主催，超党派フリースクール等議員連盟共催「多様な教育機会確保法（仮称）制定を目指すフリースクール等院内集会」（2015年6月16日）

(d) 議員連盟立法チーム会議
　　第 1 回（2015 年 6 月 19 日）〜第 11 回（2015 年 8 月 27 日）
　　第 12 回（2016 年 2 月 2 日）〜第 19 回（2016 年 3 月 8 日）
(e) 政府の動き
　　教育再生実行会議第 5 次提言（2014 年 7 月 3 日）
　　安倍晋三内閣総理大臣フリースクール東京シューレ視察（2014 年 9 月 10 日）
　　下村博文文部科学大臣フリースペースえん視察（2014 年 10 月 27 日）
　　文部科学省主催「全国フリースクール等フォーラム」（2014 年 11 月 24 日）
　　文部科学省主催「全国不登校フォーラム」（2014 年 11 月 28 日）
　　フリースクール等に関する検討会議（文部科学省）（第 1 回 2015 年 1 月 30 日）
　　不登校に関する調査研究協力者会議（文部科学省）（第 1 回 2015 年 2 月 10 日）

第2章　法案の変遷

第1節　多様な教育機会確保法案

（1）　馳座長試案

2015年5月27日，初の超党派フリースクール等議員連盟超党派フリースクール等議員連盟・夜間中学等義務教育拡充議員連盟の合同総会が開かれ，「『多様な教育機会確保法（仮称）』試案について」として，概要の座長試案（義務教育の段階における普通教育の多様な機会の確保に関する法律案）が提示されました。

（2）　義務教育の段階に相当する普通教育の多様な機会の確保に関する法律案（多様法案）

2015年8月11日の合同総会における「立法チームにおける法制化の検討状況について報告」として，「義務教育の段階に相当する普通教育の多様な機会の確保に関する法律案〈未定稿〉」が提示されました。その際，就学義務に関する概念図 も提示されました。その後の修正を加えた9月1日未定稿を経て，「義務教育の段階に相当する普通教育の多様な機会の確保に関する法律案」となりました。しかし国会上程は見送られました。

第2節　教育機会確保法案へ

（1）　多様な教育機会確保法案からの大幅修正

9月の法案に対して文科省も含む検討が加えられ，大幅な修正が開始されました。

（2）　義務教育の段階における普通教育に相当する教育の機会の確保等に関する法律案（教育機会法案）

修正を経た法案は，2016年2月2日の合同総会で「義務教育の段階における普通教育に相当する教育の機会の確保等に関する法律案（仮称）骨子（座長試案）」として提示されました。2015年9月の法案からかなりの変更点 があります。その後，基本理念の条項に，全児童生徒の「豊かな学校生活」「教育を受けられるよう」との文言が入る一方で，「不登校児童生徒が安心して普通教育を十分に受けられるよう学校における環境を整備」との項が新設されることをはじめ，いくつかの修正がありました。そして，2016年3月11日の合同総会で「義務教育の段階における普通教育に相当する教育の機会の確保等に関する法律案（座長案）」として提示され，その後法案として国会に提出されました。なおその項立法チーム会議などで用いられた概念図 と，法律案概要，想定問答 は別掲資料の通りです。

別掲資料（127～173ページ）

① 多様な教育機会確保法（仮称）案【概要】［座長試案］（義務教育の段階における普通教育の多様な機会の確保に関する法律案）（合同総会，2015年5月27日）。

② 義務教育の段階に相当する普通教育の多様な機会の確保に関する法律案〈未定稿〉（合同総会，2015年8

③ 概念図「現行制度上の課題／新たな仕組み」（合同総会，2015年8月11日）。
④ 義務教育の段階に相当する普通教育の多様な機会の確保に関する法律案（合同総会，2015年9月15日）。
⑤ 義務教育の段階における普通教育に相当する教育の機会の確保等に関する法律案（仮称）骨子（座長試案）（合同総会，2016年2月2日）。
⑥ 座長試案（平成27年9月15日版）からの修正点（合同総会，2016年2月2日）。
⑦ 新座長提案概念図「従来案／新座長試案」（立法チーム第17回勉強会，2016年3月2日）。
⑧ 義務教育の段階における普通教育に相当する教育の機会の確保等に関する法律案概要（合同総会，2016年3月11日）。
⑨ 義務教育の段階における普通教育に相当する教育の機会の確保等に関する法律案（座長案）（合同総会，2016年3月11日）。
⑩ 想定問答（立法チーム第18回勉強会，2016年3月4日）。

第3章　さまざまの動向

第1節　多様な教育機会確保法の原型

　多様な教育機会確保法案をもたらした背景の1つには，フリースクール全国ネットワークを中心に進められてきた多様な学び保障法をめざす活動があるといえます。しかしこの活動においても，議員立法による多様法案が早々に出現するとは予想されてはいなかったようです。

- フリースクール全国ネットワーク設立（2001年2月3日）
- 「フリースクールからの政策提言」（第1回 日本フリースクール大会にて採択）（2009年1月12日）
- 第1回 新法研究会（2009年6月24日）
- 第2回 新法研究会（2009年7月）
- 第3回 新法研究会（2009年7月）
- 第4回 新法研究会（2009年8月）
- 第5回 新法研究会（2009年9月）
- 第6回 新法研究会（2009年10月）
- 第7回・第8回 新法研究会（2009年11月）
- 第9回・第10回 新法研究会（2009年12月）
- 第11回 新法研究会（2010年1月）
- 仮称オルタナティブ教育法案骨子（2010年4月）
- 第3回 日本フリースクール大会（2011年2月11日）「（仮称）オルタナティブ教育法検討会」
- 仮称オルタナティブ教育法骨子案ver.2（2012年2月4日）
- オルタナティブ教育法を実現する会発起人会（2012年4月23日）
- オルタナティブ教育法を実現する会設立総会（設立発起人代表：汐見稔幸・喜多明人・奥地圭子）（2012年7月8日）
- 多様な学び保障法を実現する会設立（共同代表：汐見稔幸・喜多明人・奥地圭子）（2012年7月14日）
- 多様な学び保障法を実現する会「子どもの多様な学びの機会を保障する法律（多様な学び保障法）骨子案」（2012年10月8日）
- 第5回日本フリースクール大会シンポジウム「新法，私たちはどこまで来たか」（2013年2月10日）
- 子どもの多様な学びの機会を保障する法律（多様な学び保障法）骨子案Ver. 3.1（2013年2月10日）
- 多様な学び保障法を実現する会「すべての子どもが自分らしく輝く社会へ：新しい法律が子どもたちの未来を支える」（2013年1月）
- 多様な学び保障法を実現する会主催「新しい法律　実現すると，子どもの学びはどう変わる？」（2014年7月6日）第4回総会・発足2周年記念公開イベント

また，学校以外での学びについて発言してきた亀田徹氏が，現在文部科学省側スタッフとして不登校問題に関わっていることも，多様な教育機会法案が出現した背景の1つに挙げられるでしょう。

亀田徹（2008）「多様な選択肢を認める「教育義務制度」への転換：就学義務の見直しに関する具体的提案」『PHP Policy Review』2（8）PHP総合研究所。
亀田徹（2008）「不登校対策：学校外での学習を認めよう」（opinion）『朝日新聞』2008年8月2日。
亀田徹（2009）「フリースクールへの公的財政支援の可能性：憲法第89条の改正試案」『PHP Policy Review』3（14）PHP総合研究所。

第2節　法案出現後の動向

1　当事者・関係者などの動き

2015年5月に法案が知らされてからの当事者や関係者の動きは，賛否の激しい議論を伴ってたちまち広がりました。以下はいろいろの立場から開催された催しの一部です（繰り返しになるところは団体名称から「NPO法人」という冠を省いています）

- フリースクール・フォロ緊急集会（2015年6月11日）。
- 多様な学び保障法を実現する会・フリースクール全国ネットワーク共催「多様な教育機会確保法（仮称）制定を目指すフリースクール等院内集会」（2015年6月16日）
- 多様な学び保障法を実現する会「公開イベント　多様な教育機会確保法を知ろう～これまでの成果とこれからの取り組み～（発足3周年記念公開イベント／第5回総会）」（2015年7月26日）報告「学校外の学びが認められる事を求めて～私たちの取り組みの経緯と現状～」奥地圭子，講演「理念法の必要性と実現する意味～ひとりひとりの子どもの学習権保障の観点から～」喜多明人，講演「現在の国の教育政策の基本動向と教育の多様化～法律策定の意味について～」汐見稔幸（VTR）
- 全国キャラバン（2015年8～9月）札幌，仙台，東京，長野，大阪，長崎，福岡，沖縄にて
- フリースクール全国ネットワーク主催「『多様な教育機会確保法案』について考える集会」（2015年9月2日）
- 9.9「多様な教育機会確保法」緊急大検討会実行委員会主催「9.9『多様な教育機会確保法案』緊急大検討集会」（2015年9月9日）パネラー：石川憲彦（精神科医），内田良子（カウンセラー・子ども相談室モモの部屋主宰），石井小夜子（弁護士），桜井智恵子（大阪大谷大学教授），山下耕平（フリースクール・フォロ事務局長）
- 多様な学び保障法を実現する会・フリースクール全国ネットワーク主催「多様な教育機会確保法・ここまできた！・報告会：次の国会へ向けて【増補版】」（2015年10月20日）
- 「STOP！『多様な教育機会確保法案』不登校の子どもの権利があぶない！11.2フォーラム」（2015年11月2日）講師：石井小夜子（弁護士）・金井利之（東京大学法学部教授）パネリスト：内田良子（子ども相談室「モモの部屋」）・山下耕平（フリースクール・フォロ）他
- 登校拒否・不登校を考える東京の会・関東甲信越交流会主催「子どもと親を追いつめる『多様な教育機会確保法案』」世取山洋介（新潟大学），佐藤洋作（NPO法人文化学習協同ネット

ワーク代表），井出里美（ポコ・ア・ポコ／羽村親の会）（2015年11月7日）
- 全国進路指導研究会主催「『義務教育の段階に相当する普通教育の多様な機会の確保に関する法律（案）』を通して，学ぶとは，学校とはどんなところかを問い直そう！」（全進研秋のセミナー2015）（2015年11月28日）報告：澤井留里（東京都夜間中学校研究会），山本尚由（登校拒否・不登校を考える東京の会）
- 子どもの権利条例東京市民フォーラム主催「『多様な教育機会確保法（仮称）』の意味と課題を考える」（第14回子どもの権利条例東京市民フォーラムのつどい）（2015年12月26日）パネリスト：奥地圭子（NPO法人東京シューレ理事長），喜多明人（子どもの権利条例東京市民フォーラム代表，早稲田大学教授），コーディネーター：荒牧重人（子どもの権利条例東京市民フォーラム運営委員，山梨学院大学教授）
- 松江不登校を考える会「カタクリの会」主催「STOP！多様な教育機会確保法案1.30緊急フォーラム」（2016年1月30日）講師：山下耕平（フリースクールフォロ）
- 多様な学び保障法を実現する会・NPO法人フリースクール全国ネットワーク主催 第3回多様な学び実践研究フォーラム＆第8回JDEC日本フリースクール大会「法案意見交換」（2016年2月7日）
- 多様な学び保障法を実現する会主催「法案逐条検討会～新しい法律をどのようにとらえ，活用するか」（2016年3月13日）
- 不登校・ひきこもりについて当事者と語りあういけふくろうの会主催「教育機会確保法案3.23緊急院内集会『法律が子どもと教育にあたえる影響』～もっと聞こうよ当事者の声～」（2016年3月23日）
- 全国登校拒否・不登校問題研究会（仮称）結成総会講演「義務教育の段階における普通教育に相当する教育の機会の確保等に関する法律案（座長案）の批判的検討」（世取山洋介・新潟大学）（2016年3月24日）
- 「第11回全国若者・ひきこもり協同実践交流会in福島」の特別分科会「多様な学びの機会を実現するために」の報告（2016年2月27, 28日）報告：喜多，奥地，前島，古庄，江川
- 越境ジャーナリスト集団例会「教育が危ない，とても危ない！」（2016年5月8日）内田良子（子ども相談室「モモの部屋」）STOP！「不登校対策法案」不登校とひきこもりを考える当事者と親の会ネットワーク
- 日本社会臨床学会 第24回 総会シンポジウムⅡ「不登校」問題をめぐる状況を考える（2016年5月22日）
- 第9回JDEC（日本フリースクール大会）パネルトーク「『教育機会の確保に関する法律』と国のフリースクール等検討をめぐって」（2016年6月25日）
- 認定NPO法人まちぽっと ソーシャル・ジャスティス基金（SJF）「主催市民発の立法 教育機会確保法を考える」（2016年7月12日）ゲスト：西原博史，コメンテーター：寺中誠
- STOP！教育機会確保法案2016夏の陣（2016年7月16日）話題提供者：石井小夜子，石川憲彦，金井利之
- 多様な学び保障法を実現する会主催「多様法のこれから 発足4周年記念公開イベント＆第6回総会」（2016年7月17日）

2　声明や陳述

法案の動きを受けて，いくつかの関係団体は議員連盟に対して要請行動や署名活動，声明文の

発出などを行いました。以下はその一部です。
- 不登校・フリースクール等関係者有志「ちょっと待った！　多様な教育機会確保法案緊急アピール」（2015年6月11日）　注）同日の集会参加者有志によるもの
- フリースクール全国ネットワーク・多様な学び保障法を実現する会「多様な教育機会確保法（仮称）の今国会での成立を期す要請文」（2015年6月16日）
- 登校拒否・不登校を考える東京の会代表山本尚由，不登校・ひきこもりを考える埼玉県連絡会代表　前島康男（2015年6月25日）「多様な教育機会確保法（仮称）案」【概要】［座長試案］について（要請文）
- 登校拒否を克服する会世話人代表古庄健「『多様な教育機会確保法（仮称）案』【概要】［座長試案］について」（要請文）（2015年6月26日）
- 登校拒否・不登校問題全国連絡会世話人代表高垣忠一郎「『多様な教育機会確保法（仮称）案』【概要】［座長試案］について」（要請文）（2015年7月26日）
- 不登校・ひきこもりを考える当事者と親の会ネットワーク・子ども相談室「モモの部屋」内田良子「『多様な教育機会法案』第四章『個別学習計画』への異議申し立て：学校や個別学習指導より子どもの命が大事」（2015年9月9日）
- 呼びかけ人伊藤書佳（不登校・ひきこもりについて当事者とかたりあういけふくろうの会世話人）「『（通称）多様な教育機会確保法案』の白紙撤回を求める活動へご賛同のお願い」（2016年1月）
- 子どもの権利・福祉・教育・文化さいたまセンター「要請書」（2016年4月8日）
- 全日本教職員組合書記長談話「『義務教育の段階における普通教育に相当する教育の機会の確保等に関する法律案』について」（2016年5月17日）

また，多くの個人が自発的に，あるいは立法チームのヒアリングに応えて，発言をしています。インターネット上の発言は無数にあります。

以下はほんの一部ですが，関係団体代表者の発言や国会に働きかける発言の例です。

鹿又克之（登校拒否・不登校問題全国連絡会世話人）立法チームヒアリングに資料提出
平野浩子「不登校の子を逆に追い詰める」（オピニオン＆フォーラム）『朝日新聞』2015年11月26日。
奥地圭子（フリースクール全国ネットワーク代表理事）「ここまで来た，多様な学びが保障される社会づくり」『Tokyo Shure NEWS』2015年11月，NPO法人東京シューレ。
奥地圭子（フリースクール全国ネットワーク代表理事）「2月2日座長試案への意見」2016年2月12日。
奥地圭子「義務教育の段階における普通教育に相当する教育の機会の確保等に関する法律案（仮称）に関する意見書」2016年3月2日。
不登校ひきこもりを考える当事者と親の会ネットワーク「要望書」2016年3月2日。
山下耕平（NPO法人フォロ）「教育機会確保法案3/4未定稿についての意見」2016年3月7日。
不登校・ひきこもりについて当事者と語りあういけふくろうの会主催「法律が子どもと教育にあたえる影響　もっと聞こうよ　当事者の声」院内集会，2016年3月23日。
鈴木正洋（山梨不登校の子どもを持つ親たちの会・ぶどうの会）輿石参議院議員宛「『義務教育における普通教育に相当する教育の機会の確保等に関する法律案』を了承しないよう要請します」2016年4月7日。

3　研究者・教育関係者の論考

研究者や教育関係者の論考の例です。

嶺井正也（2015）「季節風　これはインクルージョンと相いれない：「多様な教育機会確保法（仮称）案」の問題点」福祉労働 148，120〜123 ページ。

山下耕平（2015）「多様な教育機会確保法案の論点（特集：教育行政の新論点）」地方自治職員研修 48（10）20〜22 ページ。

馬場久志（2015）「学校化する子どもの生活と多様な教育機会」民研だより，第 125 号 6，民主教育研究所。

馬場久志（2015）「多様な教育機会への課題」『さいたまの教育と文化』第 77 号，10〜11 ページ，さいたま教育文化研究所。

前島康男（2015）「多様な教育機会法案についての一考察」東京電機大学総合文化研究 13，71〜80 ページ。

山本由美（2015）「「多様な教育機会法」は何のため」人間と教育 87，82〜89 ページ。

池田賢市（2015）「多様な教育機会法案　教育と文化」通巻 81 号，67〜72 ページ。

中村国生（2016）「多様な教育機会確保法」（仮称）の立法動向と今後：市民によるアドボカシー活動と政策形成の観点から（学校外の多様な学びと支援）子どもの権利研究 27，109〜114 ページ。

桜井智恵子（2016）「（多様な）教育機会確保法案が招く新自由主義の学校制度（特集より早期からの多様な分離が進んでいる）」福祉労働 150，16〜26 ページ。

山本宏樹（2016）「教育機会確保法案の概要と争点――『多様な学び』保障の原点を求めて」（緊急特集　法制化で問われる「多様な学び保障」）『教育』第 843 号。

佐藤洋作（2016）「対立を超えて交流と議論と創造を」（緊急特集　法制化で問われる「多様な学び保障」）『教育』第 843 号。

喜多明人（2016）「子どもの学ぶ権利の行使と多様な学びの保障」（緊急特集　法制化で問われる「多様な学び保障」）『教育』第 843 号。

鳥羽恵（2016）「座長試案，私はとても賛成できません――不登校の子をもつ親の立場から」（緊急特集　法制化で問われる「多様な学び保障」）『教育』第 843 号。

貴戸理恵（2016）「不登校からみる共同性の意義」（緊急特集　法制化で問われる「多様な学び保障」）『教育』第 843 号。

南出吉祥（2016）「フリースクール法制化で問われる『教育の自由』――学校内外をとおした協同実践・研究の構築へ」（緊急特集　法制化で問われる「多様な学び保障」）『教育』第 843 号。

藤森毅（2016）「不登校をめぐる法案論議：当事者の声は届いているのか」『前衛』第 934 号，102〜115 ページ，日本共産党中央委員会。

喜多明人（2016）「不登校の子どもの支援と法案への合意形成の展望：教育機会確保法案の国会「継続審議」をうけて（特集：フリースクールの公教育化をめぐって）教育と医学 64（7），548〜556 ページ。

4　学術団体や地方行政からの発信

（学術団体等）

公教育計画学会緊急声明「国会上程された『教育機会確保法案』は一旦『廃案』の上で，一か

ら再検討を」(2016年5月13日)

民主教育研究所声明「『教育機会確保法』の今国会での拙速な成立を見送り,不登校当事者はじめ誰もが安心できる施策のための検討を続けることを求めます」(2016年5月17日)

教育研究者有志:前島康男他20名「『義務教育の段階における普通教育に相当する教育機会の確保等に関する法律案(略称:教育の機会確保法案)』についての教育研究者(有志)の見解」(2016年5月22日)

(地方議会)

数少ない例ですが,法案の扱いについての意見書を採択した自治体があります。

東京都多摩市議会「義務教育の段階における普通教育に相当する教育の機会の確保等に関する法律案」(仮称)の慎重審議を求める意見書 原案可決(2016年3月30日)

第3節 報道資料

新聞や機関紙・雑誌については見出し程度の情報ですが,それでも法案の変更の様子や交わされている議論をうかがい知ることができます。

1 新聞報道

「フリースクールでも義務教育認定 不登校対策で法案:超党派議連」(『時事通信』2015年5月27日)

「義務教育:不登校児のフリースクールを容認 法案提出へ」(『毎日新聞』2015年5月27日)

「フリースクール議員立法へ 不登校の子支援,超党派」(『京都新聞』2015年5月27日)

「フリースクール 多様な学び方,支えたい」(『京都新聞』2015年6月1日)

「学びの多様化 経済的支援も」(『東京新聞』2015年6月2日)

「フリースクール まず学校をしっかりせよ」(『産経新聞』2015年6月3日)

「多様な学び法案 子どもが主役の制度に」(『東京新聞』2015年6月4日)

「教育の複線化 自由度狭めない制度に」(『信濃毎日新聞』2015年6月9日)

「義務教育改革/多様なかたち認め支えよう」(『河北新報』2015年6月25日)

「「学校信仰」脱して多様な教育を探ろう」(『日本経済新聞』2015年6月29日)

「多様な学び法案/「学校外教育」を前向きに」(『神戸新聞』2015年8月31日)

「フリースクール法案,義務教育化に慎重論 提出先送り」(『京都新聞』2015年9月27日)

「フリースクール法制化 期待と課題は」(『北海道新聞』2015年10月19日)

「不登校の子「居場所」に支援」(『朝日新聞』2015年11月6日)

「「多様な教育機会」なお課題」(『毎日新聞』2015年11月16日)

「不登校の子を逆に追い詰める」(平野浩子)(『朝日新聞』2015年11月26日,オピニオン&フォーラム)

「不登校生支援6億円補正案:政府,フリースクール費補助」(『朝日新聞』2015年12月17日)

「フリースクール,義務教育化見送り 議員立法の骨子発表」(『朝日新聞』2016年2月13日)

「〈義務教育〉フリースクール容認断念 慎重論多く」(『毎日新聞』2016年3月14日)

「多様な学び 議論の原点を忘れずに」(『朝日新聞』2016年4月14日)

「フリースクールの認定見送り=不登校対策で法案-超党派議連」(『時事通信』2016年4月28日)

「教育機会確保法案　超党派提出へ　ゴールデンウイーク明け」(『毎日新聞』2016年4月28日)
「教育機会確保法案　超党派，提出へ」(『毎日新聞』2016年4月29日)
「多様な義務教育　学校以外にも広げたい」(『北海道新聞』2016年4月29日)
「「現状変える一歩」「子供追い込む」　不登校児支援へ法案」(『日本経済新聞』2016年5月2日)
「不登校対策法案　賛否の溝埋める努力を（社説）」(『東京新聞』2016年5月9日)
「不登校の子支援法案成立先送り」(『朝日新聞』2016年5月18日)
「不登校支援法案／多様な学びの形を認めよう」(『河北新報』2016年5月30日)
「不登校児支援の法案継続審議　衆院文科委」(『日本経済新聞』2016年6月1日)

2　機関紙・雑誌などの記事

「多様な教育機会確保を」(『公明新聞』2015年8月7日)
「多様な教育機会保障（仮称）法，未定稿条文案が発表」(『不登校新聞』2015年8月15日)
「フリースクール立法化へ（中村国生）」(『週刊新社会』2015年10月20日)
「不登校の子への支援：超党派「法案」の経過（上）」(『しんぶん赤旗』2015年11月6日)
「不登校の子への支援：超党派「法案」の経過（下）」(『しんぶん赤旗』2015年11月7日)
「「多様な」消えるか不登校法案：新座長試案に当事者から不安の声も」(『週刊金曜日』2016年3月4日)
「教育機会確保法案の座長試案：不登校対策に懸念続出」(『しんぶん赤旗』2016年3月6日)
「新座長試案に当事者から不安の声も：「多様な」消えるか不登校法案」(『週刊金曜日』2016年3月15日)
「確保法，新条文案呈示」(『不登校新聞』2016年3月15日)
「自民が了承　教育機会確保法案」(『教育新聞』2016年3月20日)
「「不登校対策法案」問題点はどこに：関係者に聞く（上）」(『しんぶん赤旗』2016年4月14日)
「「不登校対策法案」問題点はどこに：関係者に聞く（下）」(『しんぶん赤旗』2016年4月15日)
「教育機会法案に反対　不登校団体らが白紙撤回求める」(『教育新聞』2016年4月15日)
「教育機会確保法案に異議」(『しんぶん赤旗』2016年4月16日)
「教育機会確保法案が了承　連休明けに国会提出へ」(『教育新聞』2016年4月28日)
「多様な教育の場を確保　公明など4党が法案提出　フリースクールや夜間中学　学校外の学びを支援」(『公明新聞』2016年5月11日)
「教育機会確保法，国会上程」(『不登校新聞』2016年5月15日)
「不登校部分「廃案に」：教育の機会確保法案・研究者「問題多い」」(『しんぶん赤旗』2016年5月15日)
「不登校対策法案反対で路上活動　白紙に戻し再考求める」(『教育新聞』2016年5月17日)
「不登校当事者の声を聞いて：教育機会確保法案に反対：国会前スタンディングで抗議」(『しんぶん赤旗』2016年5月17日)
「教育機会確保法案，今国会成立を見送りか？」(『不登校新聞』2016年5月18日)
「不登校対策法案審議行われず」(『しんぶん赤旗』2016年5月19日)
「教育機会確保法案・不登校は命の非常口・成立への動きに抗議」(『しんぶん赤旗』2016年5月25日)
「教育機会確保法，継続審議へ」(『不登校新聞』2016年6月15日)

①「多様な教育機会確保法（仮称）案」【概要】［座長試案］
（義務教育の段階における普通教育の多様な機会の確保に関する法律案（仮称））

○目的及び基本理念
　〔目的〕
　　この法律は、様々な事情により義務教育諸学校で普通教育を十分に受けていない子供や学齢を超えた後に義務教育諸学校への就学を希望する者（当該学校での教育を十分に受けずに中学校等を卒業した者を含む）がいることを踏まえ、多様な教育機会確保のための施策を総合的に推進することを目的とする。
　〔基本理念〕
　　多様な教育機会確保のための施策は、教育基本法の精神に則り、様々な事情により義務教育諸学校で普通教育を十分に受けてない子供や学齢超過後に就学を希望する者が、年齢又は国籍にかかわらず、義務教育の段階における普通教育を受ける機会を与えられるようにすることを旨として行われなければならない。

○責務
　〔国の責務〕
　　国は、基本理念にのっとり、多様な教育機会確保のための施策を総合的に策定し、及び実施する責務を有する。
　〔地方公共団体の責務〕
　　地方公共団体は、基本理念及び基本方針に則り、国と協力しつつ、当該地域の状況に応じた施策を策定し、及び実施する責務を有する。

○基本方針
　　文部科学大臣は、地方公共団体、民間の団体その他の関係者の意見を聴いた上で、基本方針を定めなければならない。

○学校以外の場で学習する子供の教育の機会の確保
　・保護者は、子供の状況等を考慮し、個別学習計画を作成して市町村教育委員会の認定を受けたときは、学校に就学させないで、子供に教育を受けさせることができる。
　・市町村教育委員会は、訪問等の方法により子供に対して学習支援を行う。
　・当該保護者は、就学義務を履行したものとみなす。

○学齢超過した後に就学を希望する者の教育の機会の確保
　・都道府県教育委員会及び市町村教育委員会は、適切な役割分担の下、学齢超過者が希望した場合、義務教育諸学校への就学の機会その他の学習機会が確保されるよう必要な措置を講じる。
　・都道府県教育委員会と都道府県内すべての市町村教育委員会との間で役割分担を決定するために必要な協議を行うため、都道府県ごとに協議会を置く。
　・国は、学齢超過者の就学の機会その他の学習機会の確保のため、地方公共団体の行う施策を支援するとともに、広報その他の啓発活動を行う。
　・国は、義務教育諸学校等における学齢超過者の学習活動の充実に資する調査研究を行うとともに、その成果を普及する。

○財政上の措置等
　・国及び地方公共団体は、多様な教育機会確保のための施策を推進するために必要な財政上の措置その他の必要な措置を講じるよう努めるものとする。

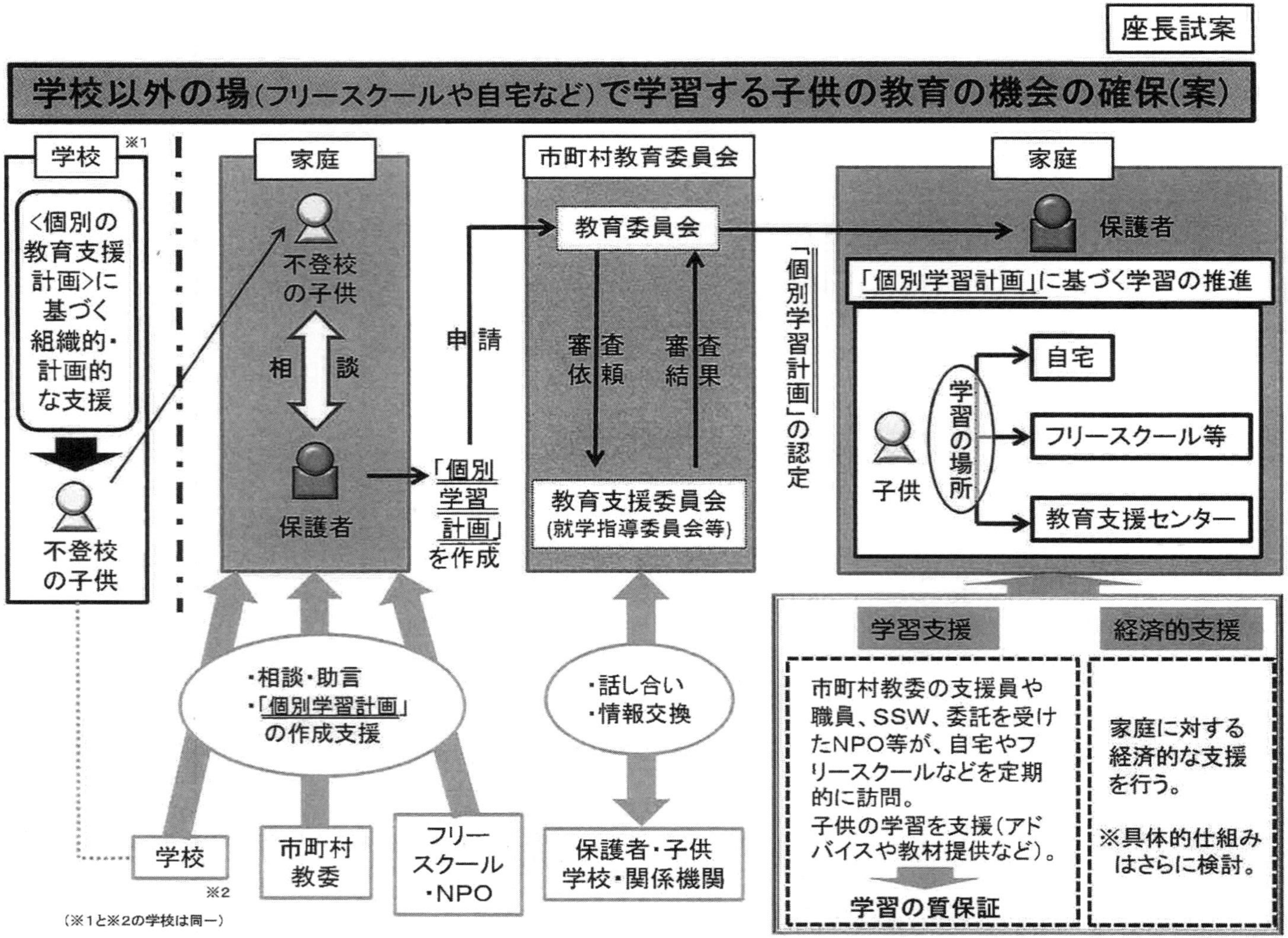
座長試案
学校以外の場（フリースクールや自宅など）で学習する子供の教育の機会の確保（案）
学校
※1
<個別の教育支援計画>に基づく組織的・計画的な支援
不登校の子供
家庭
不登校の子供
相談
保護者
「個別学習計画」を作成
申請
市町村教育委員会
教育委員会
審査依頼
審査結果
教育支援委員会（就学指導委員会等）
「個別学習計画」の認定
家庭
保護者
「個別学習計画」に基づく学習の推進
子供
学習の場所
自宅
フリースクール等
教育支援センター
・相談・助言
・「個別学習計画」の作成支援
学校
※2
市町村教委
フリースクール・NPO
（※1と※2の学校は同一）
・話し合い
・情報交換
保護者・子供
学校・関係機関
学習支援
市町村教委の支援員や職員、SSW、委託を受けたNPO等が、自宅やフリースクールなどを定期的に訪問。
子供の学習を支援（アドバイスや教材提供など）。
学習の質保証
経済的支援
家庭に対する経済的な支援を行う。
※具体的仕組みはさらに検討。

第Ⅱ部 教育機会確保法案をめぐって 129

座長試案

学齢超過後に就学を希望する者の教育の機会の確保（案）

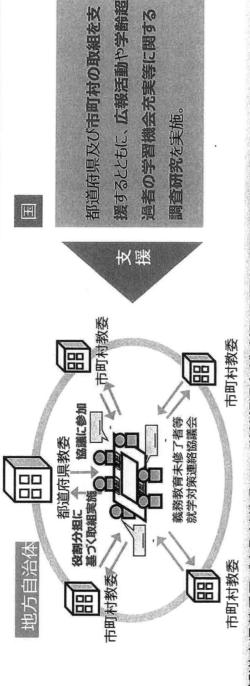

国

都道府県及び市町村の取組を支援するとともに、広報活動や学齢超過者の学習機会充実等に関する調査研究を実施。

↓ 支援

地方自治体

- 都道府県教委：役割分担に基づく取組実施
- 市町村教委：協議に参加
- 義務教育未修了者等就学対策連絡協議会

都道府県教委及び市町村教委は、学齢超過者が希望した場合、義務教育諸学校への就学の機会その他の学習機会が確保されるよう必要な措置を講ずる義務が生ずる。

都道府県・市町村教委は、協議により規約を定めて「義務教育未修了者等就学対策連絡協議会」（仮称）を設置して役割分担を協議・決定し、具体的な取組を実施。

（役割分担に係る検討課題イメージ）
- 就学希望者のニーズの把握方法の検討
- 積極的な広報活動による潜在的ニーズの掘り起こし
- 就学希望者が多いとみられる自治体による夜間中学等の開設
- 夜間中学開設に当たっての都道府県の支援
- 他市町村の生徒を夜間中学に受け入れる場合の経費分担の仕組みの構築
- 自主夜間中学等に対する支援 など

> 未定稿

平成27年8月11日

② 義務教育の段階に相当する普通教育の多様な機会の確保に関する法律案

目次
 第一章　総則（第一条―第五条）
 第二章　基本指針（第六条）
 第三章　多様な教育機会の確保に関する施策（第七条―第十一条）
 第四章　個別学習計画（第十二条―第十八条）
 第五章　夜間その他特別な時間において授業を行う学校における就学の機会の提供等（第十九条・第二十条）
 第六章　雑則（第二十一条）
 附則

  第一章　総則
（目的）
第一条　この法律は、教育基本法（平成十八年法律第百二十号）及び児童の権利に関する条約等の教育に関する条約の趣旨にのっとり、義務教育の段階に相当する普通教育を十分に受けていない者に対する当該普通教育の多様な機会の確保（以下「多様な教育機会の確保」という。）に関する施策に関し、基本理念を定め、並びに国及び地方公共団体の責務を明らかにするとともに、基本指針の策定その他の必要な事項を定めることにより、多様な教育機会の確保に関する施策を総合的に推進することを目的とする。

（基本理念）
第二条　多様な教育機会の確保に関する施策は、次に掲げる事項を基本理念として行われなければならない。
 一　義務教育の段階に相当する普通教育を十分に受けていない者の意思を十分に尊重しつつ、その年齢又は国籍その他の置かれている事情にかかわりなく、その能力に応じた教育を受ける機会が十分に確保されるようにすること。
 二　その教育を受ける者が、その教育を通じて、社会において自立的に生きる基礎的な能力が培われ、豊かな人生を送ることができるよう、その教育水準の維持向上が図られるようにすること。
 三　国、地方公共団体、民間の団体その他の関係する者の相互の密接な連携の下に行われるようにすること。

（国の責務）
第三条　国は、前条の基本理念にのっとり、多様な教育機会の確保に関する施策を総合的に策定し、及び実施する責務を有する。

（地方公共団体の責務）

未定稿　　　　　　　　　　　　　平成 27 年 8 月 11 日

第四条　地方公共団体は、第二条の基本理念にのっとり、多様な教育機会の確保に関する施策について、国と協力しつつ、当該地域の状況に応じた施策を策定し、及び実施する責務を有する。

（財政上の措置等）
第五条　国及び地方公共団体は、多様な教育機会の確保に関する施策を実施するため必要な財政上の措置その他の措置を講ずるよう努めるものとする。

　　　第二章　基本指針
第六条　文部科学大臣は、多様な教育機会の確保に関する施策を総合的に推進するための基本的な指針（以下この条及び第十二条第三項第三号において「基本指針」という。）を定めるものとする。
2　基本指針においては、次に掲げる事項を定めるものとする。
　一　多様な教育機会の確保に関する基本的事項
　二　第十二条第一項に規定する個別学習計画の認定及び第十四条に規定する学習活動に対する支援等に関する事項
　三　夜間その他特別な時間において授業を行う学校（学校教育法（昭和二十二年法律第二十六号）に規定する小学校、中学校、義務教育学校、中等教育学校の前期課程並びに特別支援学校の小学部及び中学部をいう。以下同じ。）における就学の機会の提供その他の必要な措置に関する事項
　四　その他多様な教育機会の確保のための施策の総合的な推進のために必要な事項
3　文部科学大臣は、基本指針の案を作成し、又は基本指針を変更しようとするときは、あらかじめ、地方公共団体及び多様な教育機会の確保に資する活動を行う民間の団体その他の関係者の意見を反映させるために必要な措置を講ずるものとする。
4　文部科学大臣は、基本指針を定め、又はこれを変更したときは、遅滞なく、これを公表しなければならない。

　　　第三章　多様な教育機会の確保に関する施策
　　（調査研究等）
第七条　国は、義務教育の段階に相当する普通教育を十分に受けていない者の実態の把握に努めるとともに、相当の期間学校を欠席していると認められる学齢児童又は学齢生徒（学校教育法第十八条に規定する学齢児童又は学齢生徒をいう。以下同じ。）であって文部科学省令で定める特別の事情を有するため就学困難なものの学習活動に対する支援の方法及び学齢期を経過した者（その者の満六歳に達した日の翌日以後における最初の学年の初めから満十五歳に達した日の属する学年の終わりまでの期間を経過した者をいう。第十九条及び第二十条第二項第三号において同じ。）であって就学の機会の提供を希望するものに対する教育の内容に関する調査研究並びに情報の収集、整理、分析及び提供を行うものとする。

未定稿　　　　　　　　　　　　　　　　　　　平成 27 年 8 月 11 日

（国民の理解の増進）
第八条　国及び地方公共団体は、広報活動等を通じて、多様な教育機会の確保に関する国民の理解を深めるよう必要な施策を講ずるよう努めるものとする。

（人材の確保等）
第九条　国及び地方公共団体は、多様な教育機会の確保を専門的知識に基づき適切に行うことができるよう、多様な教育機会の確保に係る職務に携わる者の人材の確保及び資質の向上を図るため、研修等必要な施策を講ずるよう努めるものとする。

（教育に係る環境の整備）
第十条　国及び地方公共団体は、適切な教材等の提供及び学校その他の教育施設の提供その他の多様な教育機会の確保を図るために必要な環境の整備を促進するよう努めるものとする。

（相談体制の整備等）
第十一条　国及び地方公共団体は、義務教育の段階に相当する普通教育を十分に受けていない者及びその家族からの各種の相談に総合的に応ずることができるようにするため、関係省庁相互間その他関係機関、学校及び民間団体の間の連携の強化その他必要な体制の整備に努めるものとする。

　　　第四章　個別学習計画
（個別学習計画の認定）
第十二条　相当の期間学校を欠席している学齢児童又は学齢生徒であって文部科学省令で定める特別の事情を有するため就学困難なものの保護者（学校教育法第十六条に規定する保護者をいう。以下同じ。）は、文部科学省令で定めるところにより、当該学齢児童又は学齢生徒の学習活動に関する計画（以下「個別学習計画」という。）を作成し、その居住地の市町村（特別区を含む。以下同じ。）の教育委員会に提出して、その個別学習計画が適当である旨の認定を受けることができる。
2　個別学習計画には、次に掲げる事項を記載しなければならない。
　一　学齢児童又は学齢生徒及びその保護者の氏名並びに当該学齢児童又は学齢生徒の学習及び生活の状況に関する事項
　二　学習活動の目標
　三　学習活動の内容及びその実施方法に関する事項
　四　当該学齢児童又は学齢生徒の保護者以外の者が個別学習計画に従った学習に対する支援を行う場合にあっては、次に掲げる事項
　　イ　当該支援を行う者の氏名又は名称及び住所並びに法人にあっては、その代表者の氏名
　　ロ　当該支援の内容及び実施方法に関する事項
　　ハ　当該保護者との連携に関する事項

未定稿　　　　　　　　　　　　　　　　　　　　　　　　　平成 27 年 8 月 11 日

　五　その他文部科学省令で定める事項
3　市町村の教育委員会は、第一項の認定の申請があった場合において、当該申請に係る個別学習計画が次の各号のいずれにも適合するものであると認めるときは、その認定をするものとする。
　一　当該個別学習計画に係る学齢児童又は学齢生徒が相当の期間学校を欠席しており、かつ前項第一号に掲げる事項が第一項に規定する特別の事情に該当すること。
　二　文部科学省令で定める事項を勘案して、当該学齢児童又は学齢生徒が学校に在籍しないで前項第三号に掲げる事項に従った学習活動を行うことが適当であると認められること。
　三　前項各号に掲げる事項が基本指針に照らして適切なものであること。
　四　前号に定めるもののほか、当該学齢児童又は学齢生徒の発達段階及び特性に応じつつ学校教育法第二十一条各号に掲げる目標を達成するよう定められていることその他の文部科学省令で定める基準に適合するものであること。
4　市町村の教育委員会は、第一項の認定（第十五条第二項の規定による認定の取消しを含む。）を行おうとするときは、教育学、心理学、児童の福祉等に関する専門的知識を有する者の意見を聴くほか、必要に応じ、相当の期間学校を欠席している学齢児童若しくは学齢生徒の学習活動に対する支援に係る実務の経験を有する者の意見を聴くものとする。

　（個別学習計画の変更）
第十三条　前条第一項の認定を受けた保護者は、個別学習計画の変更（文部科学省令で定める軽微な変更を除く。）をしようとするときは、市町村の教育委員会の認定を受けなければならない。
2　前条第三項及び第四項の規定は、前項の認定について準用する。

　（支援）
第十四条　市町村の教育委員会は、個別学習計画の作成及び当該個別学習計画に従った学習活動を支援するため、学校関係者、第十二条第四項に規定する専門的知識を有する者、学習活動に対する支援に係る実務の経験を有する者その他の関係者との間において必要な協力体制を整備するものとする。
2　市町村の教育委員会は、文部科学省令で定めるところにより、第十二条第一項の認定に係る個別学習計画（前条の規定による変更の認定があったときは、その変更後のもの。以下「認定個別学習計画」という。）に係る学齢児童又は学齢生徒の学習活動の実施状況及び心身の状況を継続的に把握するとともに、当該学齢児童又は学齢生徒及びその保護者に対し、認定個別学習計画に従った学習活動に関する必要な助言、指導その他の支援を行うものとする。

　（勧告）
第十五条　市町村の教育委員会は、認定個別学習計画に係る学齢児童又は学齢生徒の学習活動の適正な実施を確保するため必要があると認めるときは、当該学齢児童又は学齢生徒の

未定稿　　　　　　　　　　　　　　　　平成27年8月11日

保護者に対して、当該学習活動の実施の方法の改善、当該認定個別学習計画の変更その他の必要な措置をとるべきことを勧告することができる。
2　前項の規定による勧告を受けた保護者が当該勧告に従い必要な措置をとらなかったときは、市町村の教育委員会は、第十二条第一項の規定による認定を取り消すことができる。

（報告の徴収）
第十六条　市町村の教育委員会は、第十二条第一項の認定を受けた保護者に対し、認定個別学習計画の実施状況について報告を求めることができる。

（学校教育法の特例）
第十七条　第十二条第一項の認定を受けている保護者は、学校教育法第十七条第一項又は第二項の義務を履行しているものとみなす。

（修了の認定）
第十八条　市町村の教育委員会は、認定個別学習計画に係る学齢生徒が当該認定個別学習計画に従った学習活動の実施により義務教育を修了したと認めるに当たっては、当該学齢生徒の学習の状況を総合的に評価して、これを行わなければならない。
2　市町村の教育委員会は、認定個別学習計画に従った学習活動の実施により義務教育を修了した者には、修了証書を授与するものとする。

　　　第五章　夜間その他特別な時間において授業を行う学校における就学の機会の提供等

（就学の機会の提供）
第十九条　地方公共団体は、学齢期を経過した者であって、学校における就学の機会が提供されなかったもののうちその機会の提供を希望する者が多く存在することを踏まえ、夜間その他特別な時間において授業を行う学校における就学の機会の提供その他の必要な措置（次条において「就学機会提供措置」という。）を講ずるものとする。

（協議会）【調整中】
第二十条　都道府県及び当該都道府県の区域内の市町村は、就学機会提供措置に係る事務についての当該都道府県及び当該市町村の役割分担に関する事項の協議並びに当該事務の実施に係る連絡調整を行うための協議会（以下この条において「協議会」という。）を組織することができる。
2　協議会は、次に掲げる者をもって構成する。
　一　都道府県の知事及び教育委員会
　二　当該都道府県の区域内の市町村の長及び教育委員会
　三　学齢期を経過した者であって就学の機会の提供を希望するものに対する支援活動を行う民間の団体その他の当該都道府県及び当該市町村が必要と認める者

未定稿　　　　　　　　　　　　　　　平成 27 年 8 月 11 日

3　協議会において協議が調った事項については、協議会の構成員は、その協議の結果を尊重しなければならない。
4　前三項に定めるもののほか、協議会の運営に関し必要な事項は、協議会が定める。

　　　第六章　雑則
第二十一条　この法律に定めるもののほか、この法律の実施のための手続その他この法律の施行に関し必要な事項は、文部科学省令で定める。

　　　附　則
（施行期日）
1　この法律は、平成二十九年四月一日から施行する。【調整中】
（検討）
2　政府は、速やかに、多様な教育機会の確保のために必要な経済的支援の在り方について検討を加え、その結果に基づいて必要な措置を講ずるものとする。
（経過措置）
3　文部科学大臣は、この法律の施行前においても、第六条第一項から第三項までの規定の例により、多様な教育機会の確保に関する施策を総合的に推進するための基本的な指針を定めることができる。
4　文部科学大臣は、前項の指針を定めたときは、遅滞なく、これを公表しなければならない。
5　附則第三項の規定により定められた多様な教育機会の確保に関する施策を総合的に推進するための基本的な指針は、この法律の施行の日において第六条第一項及び第二項の規定により定められた基本指針とみなす。
6　前三項に規定するもののほか、この法律の施行に関し必要な経過措置は、政令で定める。

【 ③現行制度上の課題 】

学校教育法に基づく就学義務
（保護者に対し、子を小学校・中学校等に就学させる義務を課す）

〈 学校に通っている子供（約1,000万人：小中） 〉

〈 学校にある程度通っている子供
（不登校12万人のうち10〜11万人：小中）
：欠席が年間30日以上180日未満の子供（推計） 〉

学校教育法第21条
学習指導要領等
に基づく指導

〈登校〉

〈 学校にほとんど通っていない子供（1〜2万人） 〉
：欠席が年間180日以上の子供（推計）

登校が見込まれるケース

（当面）登校が見込まれないケース
うち数千〜1万人（推計）
（全小中学生の0.1%）

[登校に向けた指導等]
・早期対応・家庭訪問
・教育相談
・出席扱い
・適応指導教室の設置

・登校を求められることで保護者・子供が追いつめられるケース（罪悪感・自己否定感）
・保護者・子供との関係性が保てず、支援が行き届かないケース

➡ 一部のケースでは、一律に登校を求め続けることで、かえって社会的自立の阻害要因に。

子供たちの社会的自立を実現

第Ⅱ部 教育機会確保法案をめぐって 137

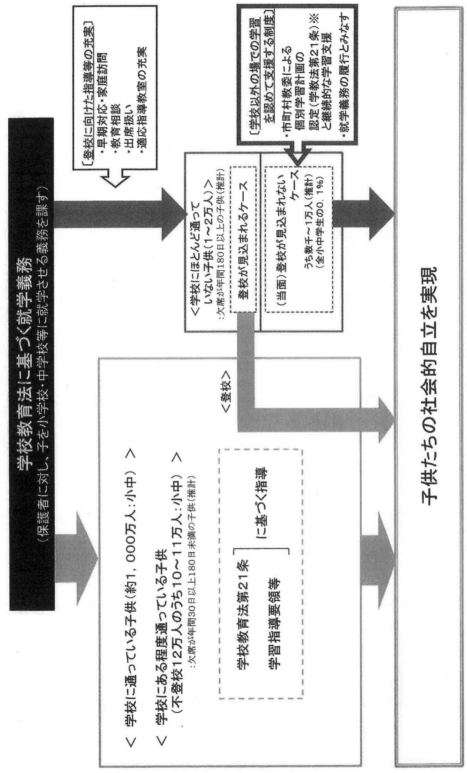

④ 義務教育の段階に相当する普通教育の多様な機会の確保に関する法律案

目次
　第一章　総則（第一条－第五条）
　第二章　基本指針（第六条）
　第三章　多様な教育機会の確保に関する基本的施策（第七条－第十一条）
　第四章　個別学習計画（第十二条－第十八条）
　第五章　夜間その他特別な時間において授業を行う学校における就学の機会の提供等（第十九条・第二十条）
　第六章　雑則（第二十一条）
　附則

　第一章　総則
　（目的）
第一条　この法律は、教育基本法（平成十八年法律第百二十号）及び児童の権利に関する条約等の教育に関する条約の趣旨にのっとり、義務教育の段階に相当する普通教育を十分に受けていない者に対する当該普通教育の多様な機会の確保（以下「多様な教育機会の確保」という。）に関する施策に関し、基本理念を定め、並びに国及び地方公共団体の責務を明らかにするとともに、基本指針の策定、学校教育法（昭和二十二年法律第二十六号）の特例その他の必要な事項を定めることにより、多様な教育機会の確保に関する施策を総合的に推進することを目的とする。
　（基本理念）
第二条　多様な教育機会の確保に関する施策は、次に掲げる事項を基本理念として行われなければならない。
　一　義務教育の段階に相当する普通教育を十分に受けていない者の意思を十分に尊重しつつ、その年齢又は国籍その他の置かれている事情にかかわりなく、その能力に応じた教育を受ける機会が適正に確保されるようにすること。
　二　義務教育の段階に相当する普通教育を受ける者が、その教育を通じて、社会において自立的に生きる基礎を培い、豊かな人生を送ることができるよう、その教育水準の維持向上が図られるようにすること。
　三　国、地方公共団体、多様な教育機会の確保に資する活動を行う民間の団体その他の関係者の相互の密接な連携の下に行われるようにすること。
　（国の責務）
第三条　国は、前条の基本理念にのっとり、多様な教育機会の確保に関する施策を総合的に策定し、及び実施する責務を有する。
　（地方公共団体の責務）

第四条　地方公共団体は、第二条の基本理念にのっとり、多様な教育機会の確保に関する施策について、国と協力しつつ、当該地域の状況に応じた施策を策定し、及び実施する責務を有する。
　　（財政上の措置等）
第五条　国及び地方公共団体は、多様な教育機会の確保に関する施策を実施するため必要な財政上の措置その他の措置を講ずるよう努めるものとする。

　　第二章　基本指針
第六条　文部科学大臣は、多様な教育機会の確保に関する施策を総合的に推進するための基本的な指針（以下「基本指針」という。）を定めるものとする。
２　基本指針においては、次に掲げる事項を定めるものとする。
　　一　多様な教育機会の確保に関する基本的事項
　　二　第十二条第一項に規定する個別学習計画の認定並びに第十四条第一項及び第二項に規定する学習活動に対する支援に関する事項
　　三　第十九条に規定する就学の機会の提供その他の必要な措置に関する事項
　　四　その他多様な教育機会の確保に関する施策を総合的に推進するために必要な事項
３　文部科学大臣は、基本指針の案を作成し、又は基本指針を変更しようとするときは、あらかじめ、地方公共団体及び多様な教育機会の確保に資する活動を行う民間の団体その他の関係者の意見を反映させるために必要な措置を講ずるものとする。
４　文部科学大臣は、基本指針を定め、又はこれを変更したときは、遅滞なく、これを公表しなければならない。

　　第三章　多様な教育機会の確保に関する基本的施策
　　（調査研究等）
第七条　国は、義務教育の段階に相当する普通教育を十分に受けていない者の実態の把握に努めるとともに、相当の期間学校（学校教育法第一条に規定する小学校、中学校、義務教育学校、中等教育学校の前期課程又は特別支援学校の小学部若しくは中学部をいう。以下同じ。）を欠席していると認められる学齢児童又は学齢生徒（それぞれ学校教育法第十八条に規定する学齢児童又は学齢生徒をいう。以下同じ。）であって文部科学省令で定める特別の事情を有するため就学困難なものの学習活動に対する支援の方法及び学齢期を経過した者（その者の満六歳に達した日の翌日以後における最初の学年の初めから満十五歳に達した日の属する学年の終わりまでの期間を経過した者をいう。第十条第一項、第十九条及び第二十条第二項第三号において同じ。）であって就学の機会の提供を希望するものに対する教育の内容に関する調査研究並びにこれらに関する情報の収集、整理、分析及び提供を行うものとする。
　　（国民の理解の増進）

第八条　国及び地方公共団体は、広報活動等を通じて、多様な教育機会の確保に関する国民の理解を深めるよう必要な施策を講ずるよう努めるものとする。
　　（人材の確保等）
第九条　国及び地方公共団体は、多様な教育機会の確保を専門的知識に基づき適切に行うことができるよう、多様な教育機会の確保に係る職務に携わる者の人材の確保及び資質の向上を図るため、研修等必要な施策を講ずるよう努めるものとする。
　　（学習に係る環境の整備による学習の支援）
第十条　国及び地方公共団体は、相当の期間学校を欠席している学齢生徒であって文部科学省令で定める特別の事情を有するため就学困難なもの（第十二条第一項の認定に係る個別学習計画に従って学習活動を行っている者を除く。）及び学齢期を経過した者であって義務教育の段階に相当する普通教育を十分に受けていないもの（第十九条に規定する夜間その他特別な時間において授業を行う学校における就学の機会の提供を受けている者を除く。）が中学校を卒業した者と同等以上の学力の修得ができるよう、教材の提供（通信の方法によるものを含む。）その他のこれらの者の個別の状況に応じた学習の支援のために必要な措置を講ずるよう努めるものとする。
２　前項に定めるもののほか、国及び地方公共団体は、多様な教育機会の確保を図るため、適切な教材等の提供、学校その他の教育施設の提供その他の学習に係る環境の整備による学習の支援を促進するよう努めるものとする。
　　（相談体制の整備）
第十一条　国及び地方公共団体は、義務教育の段階に相当する普通教育を十分に受けていない者及びその家族からの教育及び福祉に関する相談をはじめとする各種の相談に総合的に応ずることができるようにするため、関係省庁相互間その他関係機関、学校及び民間の団体の間の連携の強化その他必要な体制の整備に努めるものとする。

　　第四章　個別学習計画
　　（個別学習計画の認定）
第十二条　相当の期間学校を欠席している学齢児童又は学齢生徒であって文部科学省令で定める特別の事情を有するため就学困難なものの保護者（学校教育法第十六条に規定する保護者及び児童福祉法（昭和二十二年法律第百六十四号）第四十八条の規定により同条の施設に入所中又は受託中の児童を就学させなければならない者をいう。以下同じ。）は、文部科学省令で定めるところにより、当該就学困難な学齢児童又は学齢生徒の学習活動に関する計画（以下「個別学習計画」という。）を作成し、これを当該学齢児童又は学齢生徒の居住地の市町村（特別区を含む。以下同じ。）の教育委員会に提出して、当該個別学習計画が適当である旨の認定を受けることができる。
２　個別学習計画には、次に掲げる事項を記載しなければならない。
　一　学齢児童又は学齢生徒及びその保護者の氏名及び住所並びに当該学齢児童又は学齢

生徒の学習及び生活の状況に関する事項
　　二　学習活動の目標
　　三　学習活動の内容及びその実施の方法に関する事項
　　四　学齢児童又は学齢生徒の保護者以外の者が個別学習計画に従った学習活動に対する支援を行う場合にあっては、次に掲げる事項
　　　イ　当該支援を行う者の氏名又は名称及び住所並びに法人にあっては、その代表者の氏名
　　　ロ　当該支援の内容及びその実施の方法に関する事項
　　　ハ　当該学齢児童又は学齢生徒の保護者との連携に関する事項
　　五　その他文部科学省令で定める事項
3　市町村の教育委員会は、第一項の認定の申請があった場合において、当該申請に係る個別学習計画が次の各号のいずれにも適合するものであると認めるときは、その認定をするものとする。
　一　当該個別学習計画に係る学齢児童又は学齢生徒が相当の期間学校を欠席しており、かつ、前項第一号に掲げる事項のうち学習及び生活の状況に関する事項に照らして当該学齢児童又は学齢生徒が第一項に規定する特別の事情を有すると認められること。
　二　当該個別学習計画に係る学齢児童又は学齢生徒が学校に在籍しないで前項第三号に掲げる事項に従って学習活動を行うことが適当であると認められること。
　三　前項各号に掲げる事項が基本指針に照らして適切なものであること。
　四　前号に定めるもののほか、学校教育法第二十一条各号に掲げる目標を踏まえ、当該個別学習計画に係る学齢児童又は学齢生徒の発達段階及び特性に応じて定められていることその他の文部科学省令で定める基準に適合するものであること。
4　市町村の教育委員会は、第一項の認定（第十五条第二項の規定による認定の取消しを含む。）を行おうとするときは、教育学、心理学、児童の福祉等に関する専門的知識を有する者の意見を聴くほか、必要に応じ、相当の期間学校を欠席している学齢児童又は学齢生徒の学習活動に対する支援に係る実務の経験を有する者の意見を聴くものとする。
　　（個別学習計画の変更）
第十三条　前条第一項の認定を受けた保護者は、当該認定に係る個別学習計画の変更（文部科学省令で定める軽微な変更を除く。）をしようとするときは、市町村の教育委員会の認定を受けなければならない。
2　前条第三項及び第四項の規定は、前項の規定による変更の認定について準用する。
　　（支援）
第十四条　市町村の教育委員会は、個別学習計画の作成及び第十二条第一項の認定に係る個別学習計画（前条第一項の規定による変更の認定があったときは、その変更後のもの。以下「認定個別学習計画」という。）に従った学習活動を支援するため、学校関係者、第十二条第四項に規定する専門的知識を有する者、同項に規定する実務の経験を有する者その

他の関係者との間において必要な協力体制を整備するものとする。

2　市町村の教育委員会は、文部科学省令で定めるところにより、認定個別学習計画に係る学齢児童又は学齢生徒の学習活動の実施の状況及び心身の状況を継続的に把握するとともに、当該学齢児童又は学齢生徒及びその保護者に対し、当該認定個別学習計画に従った学習活動に関する必要な助言、指導その他の支援を行うものとする。

　　（勧告等）

第十五条　市町村の教育委員会は、認定個別学習計画に係る学齢児童又は学齢生徒の学習活動の適正な実施を確保するため必要があると認めるときは、当該学齢児童又は学齢生徒の保護者に対して、当該認定個別学習計画に従った学習活動の実施の方法の改善、当該認定個別学習計画の変更その他の必要な措置をとるべきことを勧告することができる。

2　前項の規定による勧告を受けた保護者が当該勧告に従い必要な措置をとらなかったとき又は第十二条第三項各号のいずれかに適合しなくなったと認めるときは、市町村の教育委員会は、同条第一項の規定による認定を取り消すことができる。

　　（報告の徴収）

第十六条　市町村の教育委員会は、第十二条第一項の認定を受けている保護者に対し、認定個別学習計画に従った学習活動の実施の状況その他必要な事項について報告を求めることができる。

　　（学校教育法等の特例）

第十七条　第十二条第一項の認定を受けている保護者は、学校教育法第十七条第一項若しくは第二項又は児童福祉法第四十八条の義務を履行しているものとみなす。

　　（修了の認定）

第十八条　市町村の教育委員会は、認定個別学習計画に係る学齢生徒が当該認定個別学習計画に従った学習活動の実施により義務教育を修了したと認めるに当たっては、当該学齢生徒の学習の状況を総合的に評価して、これを行わなければならない。

2　市町村の教育委員会は、認定個別学習計画に従った学習活動の実施により義務教育を修了した者には、修了証書を授与するものとする。

　　第五章　夜間その他特別な時間において授業を行う学校における就学の機会の提供等

　　（就学の機会の提供等）

第十九条　地方公共団体は、学齢期を経過した者であって学校における就学の機会が提供されなかったもののうちにその機会の提供を希望する者が多く存在することを踏まえ、夜間その他特別な時間において授業を行う学校における就学の機会の提供その他の必要な措置を講ずるものとする。

　　（協議会）

第二十条　都道府県及び当該都道府県の区域内の市町村は、前条に規定する就学の機会の提供その他の必要な措置に係る事務についての当該都道府県及び当該市町村の役割分担

に関する事項の協議並びに当該事務の実施に係る連絡調整を行うための協議会（以下この条において「協議会」という。）を組織することができる。
2　協議会は、次に掲げる者をもって構成する
　一　都道府県の知事及び教育委員会
　二　当該都道府県の区域内の市町村の長及び教育委員会
　三　学齢期を経過した者であって学校における就学の機会が提供されなかったもののうち就学の機会の提供を希望する者に対する支援活動を行う民間の団体その他の当該都道府県及び当該市町村が必要と認める者
3　協議会において協議が調った事項については、協議会の構成員は、その協議の結果を尊重しなければならない。
4　前三項に定めるもののほか、協議会の運営に関し必要な事項は、協議会が定める。

　　第六章　雑則
第二十一条　この法律に定めるもののほか、この法律の実施のための手続その他この法律の施行に関し必要な事項は、文部科学省令で定める。

　　附　則
　（施行期日）
第一条　この法律は、平成二十八年十月一日から施行する。ただし、次の各号に掲げる規定は、当該各号に定める日から施行する。
　一　次条及び附則第三条の規定　公布の日
　二　第四章及び附則第五条の規定　平成二十九年四月一日
　（施行前の準備）
第二条　文部科学大臣は、この法律の施行前においても、第六条第一項から第三項までの規定の例により、基本指針を定めることができる。
2　文部科学大臣は、前項の規定により基本指針を定めたときは、遅滞なく、これを公表しなければならない。
3　第一項の規定により定められた基本指針は、この法律の施行の日において第六条第一項から第三項までの規定により定められた基本指針とみなす。
　（政令への委任）
第三条　前条に規定するもののほか、この法律の施行に関し必要な経過措置は、政令で定める。
　（検討）
第四条　政府は、速やかに、多様な教育機会の確保のために必要な経済的支援の在り方について検討を加え、その結果に基づいて必要な措置を講ずるものとする。
2　政府は、この法律の施行後三年以内に、この法律の施行の状況について検討を加え、

その結果に基づいて必要な措置を講ずるものとする。

　　（児童福祉法の一部改正）
第五条　児童福祉法の一部を次のように改正する。

　第六条の二の二第四項中「障害児」の下に「（義務教育の段階に相当する普通教育の多様な機会の確保に関する法律（平成二十七年法律第　　号）第十二条第一項の認定に係る個別学習計画に従つて学習活動を行つている障害児を含む。）」を、「休業日」の下に「（義務教育の段階に相当する普通教育の多様な機会の確保に関する法律第十二条第一項の認定に係る個別学習計画に従つて学習活動を行つている障害児にあつては、授業の終了後又は休業日に準ずるものとして厚生労働省令で定める時）」を加える。

　第六条の三第二項中「就学している児童」の下に「（義務教育の段階に相当する普通教育の多様な機会の確保に関する法律第十二条第一項の認定に係る個別学習計画に従つて学習活動を行つている学齢児童（学校教育法第十八条に規定する学齢児童をいう。第十三項において同じ。）を含む。）」を、同条第十三項中「児童」の下に「（義務教育の段階に相当する普通教育の多様な機会の確保に関する法律第十二条第一項の認定に係る個別学習計画に従つて学習活動を行つている学齢児童を含む。）」を加える。

　　　理　　由
　義務教育の段階に相当する普通教育を十分に受けていない者に対する当該普通教育の多様な機会の確保に関する施策を総合的に推進するため、基本理念を定め、並びに国及び地方公共団体の責務を明らかにするとともに、基本指針の策定、学校教育法の特例その他の必要な事項を定める必要がある。これが、この法律案を提出する理由である。

⑤ 義務教育の段階における普通教育に相当する教育の機会の確保等に関する法律案（仮称）骨子（座長試案）

平成 28 年 2 月 2 日

第一　総則

一　目的

　この法律は、教育基本法及び児童の権利に関する条約等の趣旨にのっとり、不登校児童生徒に対する教育の機会の確保、夜間その他特別な時間において授業を行う学校における就学の機会の提供その他の義務教育の段階における普通教育に相当する教育の機会の確保等（以下「教育機会の確保等」という。）に関する施策に関し、基本理念等の必要な事項を定めることにより、教育機会の確保等に関する施策を総合的に推進することを目的とすること。

二　基本理念

　教育機会の確保等に関する施策は、1から3までを基本理念として行われなければならないものとすること。
1. 全ての学齢児童又は学齢生徒が安心して学校における普通教育を十分に受けられる環境が維持されるよう行われるとともに、不登校児童生徒が学校において普通教育を十分に受けられる環境の整備と併せて、その者の個別の状況に応じた必要な支援が行われるようにすること。
2. 義務教育の段階における普通教育に相当する教育を十分に受けていない者の意思を十分に尊重しつつ、その年齢又は国籍その他の置かれている事情にかかわりなく、その能力に応じた教育を受ける機会が適正に確保されるようにするとともに、その者が、その教育を通じて、社会において自立的に生きる基礎を培い、豊かな人生を送ることができるよう、その教育水準の維持向上が図られるようにすること。
3. 国、地方公共団体、教育機会の確保等に資する活動を行う民間の団体その他の関係者の相互の密接な連携の下に行われるようにすること。

三　その他

　国の責務、地方公共団体の責務、財政上の措置等に関する規定を設けること。

第二　基本指針

1. 文部科学大臣は、教育機会の確保等に関する施策を総合的に推進するための基本的な指針（2及び3において「基本指針」という。）を定めるものとすること。
2. 基本指針においては、次に掲げる事項を定めるものとすること。
    i　教育機会の確保等に関する基本的な事項
    ii　第三の不登校児童生徒に対する教育機会の確保等に関する事項

  iii 第四の夜間その他特別な時間において授業を行う学校における就学の機会の提供等に関する事項
  iv その他教育機会の確保等に関する施策を総合的に推進するために必要な事項
 3 基本指針の案に関係者の意見を反映させるための措置及び基本指針の公表に関する規定を設けること。

第三　不登校児童生徒に対する教育機会の確保等

一　学校において安心して普通教育を受けられるための指導の充実

  国及び地方公共団体は、全ての学齢児童又は学齢生徒が豊かな学校生活を送り、安心して教育を受けられるよう、学齢児童又は学齢生徒と教職員との信頼関係及び学齢児童又は学齢生徒相互の良好な関係の構築を図るため学校において行われる指導その他の取組を支援するために必要な措置を講ずるものとすること。

二　不登校児童生徒に対する学校における支援

 1 国及び地方公共団体は、学校において不登校児童生徒に対する適切な支援が組織的かつ継続的に行われることとなるよう、不登校児童生徒の支援の状況に係る情報を教職員、心理、福祉等に関する専門的な知識を有する者その他の関係者相互間で共有することを促進するために必要な措置を講ずるものとすること。
 2 国及び地方公共団体は、不登校児童生徒を対象として、その実態に配慮した特別の教育課程を編成して教育を実施するための学校の設置及び整備並びに当該学校における教育の充実に努めるものとすること。

三　不登校児童生徒の学校以外の場における学習活動に対する支援

 1 国及び地方公共団体は、不登校児童生徒の学習に対する支援を行う教育施設の設置及び整備並びに当該教育施設における教育の充実に努めるものとすること。
 2 国及び地方公共団体は、不登校児童生徒が行う学校以外の場における学習活動及び当該不登校児童生徒の心身の状況を継続的に把握するために必要な措置を講ずるものとすること。
 3 国及び地方公共団体は、不登校児童生徒が学校以外の場において行う多様な学習活動の実情及び重要性に鑑み、その心身の状態、休養の必要性等に応じて当該学習活動の充実が図られるよう、不登校児童生徒及びその保護者の状況に配慮しつつ、これらの者に対する必要な情報の提供、助言、指導その他の支援を行うために必要な措置を講ずるものとすること。

第四　夜間その他特別な時間において授業を行う学校における就学の機会の提供等
一　就学の機会の提供等
地方公共団体は、学齢期を経過した者であって学校における就学の機会が提供されなかったもののうちにその機会の提供を希望する者が多く存在することを踏まえ、夜間その他特別な時間において授業を行う学校における就学の機会の提供その他の必要な措置を講ずるものとすること。

二　協議会
1　都道府県及びその区域内の市町村は、就学の機会の提供その他の必要な措置に係る事務についての都道府県及び市町村の役割分担に関する事項の協議等を行うための協議会を組織することができること。
2　協議会の構成員に関する規定等を設けること。

第五　教育機会の確保等に関するその他の施策
一　調査研究等
国は、義務教育の段階における普通教育に相当する教育を十分に受けていない者の実態の把握に努めるとともに、その者の学習活動に対する支援の方法等に関する調査研究及びこれに関する情報の収集等を行うものとすること。

二　国民の理解の増進
国及び地方公共団体は、広報活動等を通じて、教育機会の確保等に関する国民の理解を深めるよう必要な措置を講ずるよう努めるものとすること。

三　人材の確保等
国及び地方公共団体は、教育機会の確保等が専門的知識に基づき適切に行われるよう、教職員その他の教育機会の確保等に携わる者（以下三において「教職員等」という。）の養成及び研修の充実を通じた教職員等の資質の向上、教育機会の確保等に係る体制等の充実のための教職員の配置、心理、福祉等に関する専門的知識を有する者であって教育相談に応じるものの確保その他の必要な措置を講ずるよう努めるものとすること。

四　教材の提供その他の学習の支援
第三及び第四のほか、国及び地方公共団体は、中学校を卒業した者と同等以上の学力を修得することを希望する者に対して、教材の提供（通信の方法によるものを含む。）その他の学習の支援のために必要な措置を講ずるよう努めるものとすること。

五　相談体制の整備

　国及び地方公共団体は、義務教育の段階における普通教育に相当する教育を十分に受けていない者及びその家族からの教育及び福祉に関する相談等に総合的に応ずることができるようにするため、関係省庁相互間その他関係機関、学校及び民間の団体の間の連携の強化その他必要な体制の整備に努めるものとすること。

第六　その他

一　施行期日

　この法律は、公布の日から施行すること。

二　検討

1. 政府は、速やかに、教育機会の確保等のために必要な経済的支援の在り方について検討を加え、その結果に基づいて必要な措置を講ずるものとすること。
2. 政府は、この法律の施行後三年以内に、この法律の施行の状況について検討を加え、その結果に基づいて教育機会の確保の在り方の見直しを含め必要な措置を講ずるものとすること。

⑥ 座長試案（平成27年9月15日版）からの修正点

平成28年2月2日

座長試案 （平成27年9月15日版）	骨子（座長試案） （平成28年2月2日版未定稿）	備考
義務教育の段階に相当する普通教育の多様な機会の確保に関する法律案 目次 　第一章　総則（第一条―第五条） 　第二章　基本指針（第六条） 　第三章　多様な教育機会の確保に関する基本的施策（第七条―第十一条） 　第四章　個別学習計画（第十二条―第十八条） 　第五章　夜間その他特別な時間において授業を行う学校における就学の機会の提供等（第十九条・第二十条） 　第六章　雑則（第二十一条） 附則 　　　第一章　総則 　（目的） 第一条　この法律は、教育基本法（平成十八年法律第百二十号）及び児童の権利に関する条約等の教育に関する条約の趣旨にのっとり、義務教育の段階に相当する普通教育を十分に受けていない者に対する当該普通教育の多様な機会の確保（以下「多様な教育機会の確保」という。）に関する施策に関し、基本理念を定め、並びに国及び地方公共団体の責務を明らかにするとともに、基本指針の策定、学校教育法（昭和二十二年法律第二十六号）の特例その他の必要な事項を定めることにより、多様な教	義務教育の段階における普通教育に相当する教育の機会の確保等に関する法律案（仮称）骨子案 第一　総則 一　目的 　　この法律は、教育基本法及び児童の権利に関する条約等の趣旨にのっとり、不登校児童生徒に対する教育の機会の確保、夜間その他特別な時間において授業を行う学校における就学の機会の提供その他の義務教育の段階における普通教育に相当する教育の機会の確保等（以下「教育機会の確保等」という。）に関する施策に関し、基本理念等の必要な事項を定めることにより、教育機会の確保等に関する施策を総合的に推進することを目的とすること。	

育機会の確保に関する施策を総合的に推進することを目的とする。		
（基本理念） 第二条　多様な教育機会の確保に関する施策は、次に掲げる事項を基本理念として行われなければならない。	二　基本理念 　教育機会の確保等に関する施策は、1から3までを基本理念として行われなければならないものとすること。	
	1　全ての学齢児童又は学齢生徒が安心して学校における普通教育を十分に受けられる環境が維持されるよう行われるとともに、不登校児童生徒が学校において普通教育を十分に受けられる環境の整備と併せて、その者の個別の状況に応じた必要な支援が行われるようにすること。	【追加】 学習環境の整備に関する理念
一　義務教育の段階に相当する普通教育を十分に受けていない者の意思を十分に尊重しつつ、その年齢又は国籍その他の置かれている事情にかかわりなく、その能力に応じた教育を受ける機会が適正に確保されるようにすること。 二　義務教育の段階に相当する普通教育を受ける者が、その教育を通じて、社会において自立的に生きる基礎的な能力が培われ、豊かな人生を送ることができるよう、その教育水準の維持向上が図られるようにすること。	2　義務教育の段階における普通教育に相当する教育を十分に受けていない者の意思を十分に尊重しつつ、その年齢又は国籍その他の置かれている事情にかかわりなく、その能力に応じた教育を受ける機会が適正に確保されるようにするとともに、その者が、その教育を通じて、社会において自立的に生きる基礎を培い、豊かな人生を送ることができるよう、その教育水準の維持向上が図られるようにすること。	【修正】 第一号及び第二号→第一・二・2
三　国、地方公共団体、多様な教育機会の確保に資する活動を行う民間の団体その他の関係者の相互の密接な連携の下に行われるようにすること。	3　国、地方公共団体、教育機会の確保等に資する活動を行う民間の団体その他の関係者の相互の密接な連携の下に行われるようにすること。	
（国の責務） 第三条　国は、前条の基本理念にのっとり、多様な教育機会の確保に関する施策を総合的に策定し、及び実施	三　その他 　国の責務、地方公共団体の責務、財政上の措置等に関する規定を設けること。	

する責務を有する。 （地方公共団体の責務） 第四条　地方公共団体は、第二条の基本理念にのっとり、多様な教育機会の確保に関する施策について、国と協力しつつ、当該地域の状況に応じた施策を策定し、及び実施する責務を有する。 （財政上の措置等） 第五条　国及び地方公共団体は、多様な教育機会の確保に関する施策を実施するため必要な財政上の措置その他の措置を講ずるよう努めるものとする。 　　　第二章　基本指針 第六条　文部科学大臣は、多様な教育機会の確保に関する施策を総合的に推進するための基本的な指針（以下この条及び第十二条第三項第三号において「基本指針」という。）を定めるものとする。 2　基本指針においては、次に掲げる事項を定めるものとする。 　一　多様な教育機会の確保に関する基本的事項 　二　第十二条第一項に規定する個別学習計画の認定並びに第十四条第一項及び第二項に規定する学習活動に対する支援に関する事項 　三　夜間その他特別な時間において授業を行う学校（学校教育法第一条に規定する小学校、中学校、義務教育学校、中等教育学校の前期課程又は特別支援学校の小学部若しくは中学部をいう。以下同じ。）における就学の機会の提供その他	第二　基本指針 1　文部科学大臣は、教育機会の確保等に関する施策を総合的に推進するための基本的な指針（2及び3において「基本指針」という。）を定めるものとすること。 2　基本指針においては、次に掲げる事項を定めるものとすること。 　i　教育機会の確保等に関する基本的な事項 　ii　第三の不登校児童生徒に対する教育機会の確保等に関する事項 　iii　第四の夜間その他特別な時間において授業を行う学校における就学の機会の提供等に関する事項

の必要な措置に関する事項 　四　その他多様な教育機会の確保に関する施策の総合的な推進のために必要な事項 3　文部科学大臣は、基本指針の案を作成し、又は基本指針を変更しようとするときは、あらかじめ、地方公共団体及び多様な教育機会の確保に資する活動を行う民間の団体その他の関係者の意見を反映させるために必要な措置を講ずるものとする。 4　文部科学大臣は、基本指針を定め、又はこれを変更したときは、遅滞なく、これを公表しなければならない。	ⅳ　その他教育機会の確保等に関する施策を総合的に推進するために必要な事項 3　基本指針の案に関係者の意見を反映させるための措置及び基本指針の公表に関する規定を設けること。	
第三章　多様な教育機会の確保に関する基本的施策 　　（調査研究等） 第七条　国は、義務教育の段階に相当する普通教育を十分に受けていない者の実態の把握に努めるとともに、相当の期間学校を欠席していると認められる学齢児童又は学齢生徒（それぞれ学校教育法第十八条に規定する学齢児童又は学齢生徒をいう。以下同じ。）であって文部科学省令で定める特別の事情を有するため就学困難なものの学習活動に対する支援の方法及び学齢期を経過した者（その者の満六歳に達した日の翌日以後における最初の学年の初めから満十五歳に達した日の属する学年の終わりまでの期間を経過した者をいう。第十条第一項、第十九条及び第二十条第二項第三号において同じ。）であって就学の機会の提供を希望するものに対する教育の内容に関する調査研究並びに情報の収集、整理、分析及び提供を行うものとする。	第五　教育機会の確保等に関するその他の施策 一　調査研究等 　国は、義務教育の段階における普通教育に相当する教育を十分に受けていない者の実態の把握に努めるとともに、その者の学習活動に対する支援の方法等に関する調査研究及びこれに関する情報の収集等を行うものとすること。	【移動】 第三章→第五

（国民の理解の増進） 第八条　国及び地方公共団体は、広報活動等を通じて、多様な教育機会の確保に関する国民の理解を深めるよう必要な施策を講ずるよう努めるものとする。	二　国民の理解の増進 　国及び地方公共団体は、広報活動等を通じて、教育機会の確保等に関する国民の理解を深めるよう必要な措置を講ずるよう努めるものとすること。
（人材の確保等） 第九条　国及び地方公共団体は、多様な教育機会の確保を専門的知識に基づき適切に行うことができるよう、多様な教育機会の確保に係る職務に携わる者の人材の確保及び資質の向上を図るため、研修等必要な施策を講ずるよう努めるものとする。	三　人材の確保等 　国及び地方公共団体は、教育機会の確保等が専門的知識に基づき適切に行われるよう、教職員その他の教育機会の確保等に携わる者（以下三において「教職員等」という。）の養成及び研修の充実を通じた教職員等の資質の向上、教育機会の確保等に係る体制等の充実のための教職員の配置、心理、福祉等に関する専門的知識を有する者であって教育相談に応じるものの確保その他の必要な措置を講ずるよう努めるものとすること。
（学習に係る環境の整備による学習の支援） 第十条　国及び地方公共団体は、相当の期間学校を欠席している学齢生徒であって文部科学省令で定める特別の事情を有するため就学困難なもの（第十二条第一項の認定に係る個別学習計画に従った学習活動を行う者を除く。）及び学齢期を経過した者であって義務教育の段階に相当する普通教育を十分に受けていないもの（第十九条に規定する夜間その他特別な時間において授業を行う学校における就学の機会の提供を受けている者を除く。）が中学校を卒業した者と同等以上の学力の修得ができるよう、教材の提供（通信の方法による	四　教材の提供その他の学習の支援 　第三及び第四のほか、国及び地方公共団体は、中学校を卒業した者と同等以上の学力を修得することを希望する者に対して、教材の提供（通信の方法によるものを含む。）その他の学習の支援のために必要な措置を講ずるよう努めるものとすること。

ものを含む。）その他のこれらの者の個別の状況に応じた学習の支援のために必要な措置を講ずるよう努めるものとする。 2　前項に定めるもののほか、国及び地方公共団体は、多様な教育機会の確保を図るため、適切な教材等の提供、学校その他の教育施設の提供その他の学習に係る環境の整備による学習の支援を促進するよう努めるものとする。		【修正】 第三・三・2に統合
（相談体制の整備） 第十一条　国及び地方公共団体は、義務教育の段階に相当する普通教育を十分に受けていない者及びその家族からの教育及び福祉に関する相談をはじめとする各種の相談に総合的に応ずることができるようにするため、関係省庁相互間その他関係機関、学校及び民間の団体の間の連携の強化その他必要な体制の整備に努めるものとする。	五　相談体制の整備 　　国及び地方公共団体は、義務教育の段階における普通教育に相当する教育を十分に受けていない者及びその家族からの教育及び福祉に関する相談等に総合的に応ずることができるようにするため、関係省庁相互間その他関係機関、学校及び民間の団体の間の連携の強化その他必要な体制の整備に努めるものとすること。	
	第三　不登校児童生徒に対する教育機会の確保等 一　学校において安心して普通教育を受けられるための指導の充実 　　国及び地方公共団体は、全ての学齢児童又は学齢生徒が豊かな学校生活を送り、安心して教育を受けられるよう、学齢児童又は学齢生徒と教職員との信頼関係及び学齢児童又は学齢生徒相互の良好な関係の構築を図るため学校において行われる指導その他の取組を支援するために必要な措置を講ずるものとすること。 二　不登校児童生徒に対する学校にお	【追加】 不登校を予防するための措置

		ける支援	
		1　国及び地方公共団体は、学校において不登校児童生徒に対する適切な支援が組織的かつ継続的に行われることとなるよう、不登校児童生徒の支援の状況に係る情報を教職員、心理、福祉等に関する専門的な知識を有する者その他の関係者相互間で共有することを促進するために必要な措置を講ずるものとすること。	【追加】不登校児童生徒の支援の状況を関係者間で共有することを促進するための措置
		2　国及び地方公共団体は、不登校児童生徒を対象として、その実態に配慮した特別の教育課程を編成して教育を実施するための学校の設置及び整備並びに当該学校における教育の充実に努めるものとすること。	【追加】不登校特例校の設置等
第四章　個別学習計画 　　（個別学習計画の認定） 第十二条　相当の期間学校を欠席している学齢児童又は学齢生徒であって文部科学省令で定める特別の事情を有するため就学困難なものの保護者（学校教育法第十六条に規定する保護者及び児童福祉法（昭和二十二年法律第百六十四号）第四十八条の規定により学校教育法に規定する保護者に準じて、同条の施設に入所中又は受託中の児童を就学させなければならない者をいう。以下同じ。）は、文部科学省令で定めるところにより、当該学齢児童又は学齢生徒の学習活動に関する計画（以下「個別学習計画」という。）を作成し、これを当該学齢児童又は学齢生徒の居住地の市町村（特別区を含む。以下同じ。）の教育委員会に提出して、当該個別学習計画が適当である旨の認定を受けることができる。			【削除】個別学習計画に係る規定

2　個別学習計画には、次に掲げる事項を記載しなければならない。 一　学齢児童又は学齢生徒及びその保護者の氏名及び住所並びに当該学齢児童又は学齢生徒の学習及び生活の状況に関する事項 二　学習活動の目標 三　学習活動の内容及びその実施の方法に関する事項 四　当該学齢児童又は学齢生徒の保護者以外の者が個別学習計画に従った学習活動に対する支援を行う場合にあっては、次に掲げる事項 　イ　当該支援を行う者の氏名又は名称及び住所並びに法人にあっては、その代表者の氏名 　ロ　当該支援の内容及びその実施の方法に関する事項 　ハ　当該保護者との連携に関する事項 五　その他文部科学省令で定める事項 3　市町村の教育委員会は、第一項の認定の申請があった場合において、当該申請に係る個別学習計画が次の各号のいずれにも適合するものであると認めるときは、その認定をするものとする。 一　当該個別学習計画に係る学齢児童又は学齢生徒が相当の期間学校を欠席しており、かつ前項第一号に掲げる事項のうち学習及び生活の状況に関するものが第一項に規定する特別の事情に該当すること。 二　当該個別学習計画に係る学齢児童又は学齢生徒が学校に在籍しないで前項第三号に掲げる事項に従った学習活動を行うことが適当で		

あると認められること。
　三　前項各号に掲げる事項が基本指針に照らして適切なものであること。
　四　前号に定めるもののほか、学校教育法第二十一条各号に掲げる目標を踏まえ、当該学齢児童又は学齢生徒の発達段階及び特性に応じて定められていることその他の文部科学省令で定める基準に適合するものであること。
4　市町村の教育委員会は、第一項の認定（第十五条第二項の規定による認定の取消しを含む。）を行おうとするときは、教育学、心理学、児童の福祉等に関する専門的知識を有する者の意見を聴くほか、必要に応じ、相当の期間学校を欠席している学齢児童又は学齢生徒の学習活動に対する支援に係る実務の経験を有する者の意見を聴くものとする。

　（個別学習計画の変更）
第十三条　前条第一項の認定を受けた保護者は、個別学習計画の変更（文部科学省令で定める軽微な変更を除く。）をしようとするときは、市町村の教育委員会の認定を受けなければならない。
2　前条第三項及び第四項の規定は、前項の認定について準用する。

　（支援）
第十四条　市町村の教育委員会は、個別学習計画の作成及び当該個別学習計画に従った学習活動を支援するため、学校関係者、第十二条第四項に規定する専門的知識を有する者、学習活動に対する支援に係る実務の経

験を有する者その他の関係者との間において必要な協力体制を整備するものとする。

2　市町村の教育委員会は、文部科学省令で定めるところにより、第十二条第一項の認定に係る個別学習計画（前条第一項の規定による変更の認定があったときは、その変更後のもの。以下「認定個別学習計画」という。）に係る学齢児童又は学齢生徒の学習活動の実施の状況及び心身の状況を継続的に把握するとともに、当該学齢児童又は学齢生徒及びその保護者に対し、認定個別学習計画に従った学習活動に関する必要な助言、指導その他の支援を行うものとする。

　（勧告等）

第十五条　市町村の教育委員会は、認定個別学習計画に係る学齢児童又は学齢生徒の学習活動の適正な実施を確保するため必要があると認めるときは、当該学齢児童又は学齢生徒の保護者に対して、当該学習活動の実施の方法の改善、当該認定個別学習計画の変更その他の必要な措置をとるべきことを勧告することができる。

2　前項の規定による勧告を受けた保護者が当該勧告に従い必要な措置をとらなかったとき又は第十二条第三項各号のいずれかに適合しなくなったと認めるときは、市町村の教育委員会は、同条第一項の規定による認定を取り消すことができる。

　（報告の徴収）

第十六条　市町村の教育委員会は、第

十二条第一項の認定を受けた保護者に対し、認定個別学習計画に従った学習活動の実施の状況その他必要な事項について報告を求めることができる。 （学校教育法等の特例） 第十七条　第十二条第一項の認定を受けている保護者は、学校教育法第十七条第一項若しくは第二項又は児童福祉法第四十八条の義務を履行しているものとみなす。 （修了の認定） 第十八条　市町村の教育委員会は、認定個別学習計画に係る学齢生徒が当該認定個別学習計画に従った学習活動の実施により義務教育を修了したと認めるに当たっては、当該学齢生徒の学習の状況を総合的に評価して、これを行わなければならない。 2　市町村の教育委員会は、認定個別学習計画に従った学習活動の実施により義務教育を修了した者には、修了証書を授与するものとする。		
	三　不登校児童生徒の学校以外の場における学習活動に対する支援 1　国及び地方公共団体は、不登校児童生徒の学習に対する支援を行う教育施設の設置及び整備並びに当該教育施設における教育の充実に努めるものとすること。	【追加】 適応指導教室の設置等
	2　国及び地方公共団体は、不登校児童生徒が行う学校以外の場における学習活動及び当該不登校児童生徒の心身の状況を継続的に把握するために必要な措置を講ずるものとすること。	【修正】 学習活動等の状況の継続的把握や不登校児童生徒に対する学習支援

	3 　国及び地方公共団体は、不登校児童生徒が学校以外の場において行う多様な学習活動の実情及び重要性に鑑み、その心身の状態、休養の必要性等に応じて当該学習活動の充実が図られるよう、不登校児童生徒及びその保護者の状況に配慮しつつ、これらの者に対する必要な情報の提供、助言、指導その他の支援を行うために必要な措置を講ずるものとすること。	のみを規定
第五章　夜間その他特別な時間において授業を行う学校における就学の機会の提供等 　　（就学の機会の提供） 第十九条　地方公共団体は、学齢期を経過した者であって、学校における就学の機会が提供されなかったもののうちその機会の提供を希望する者が多く存在することを踏まえ、夜間その他特別な時間において授業を行う学校における就学の機会の提供その他の必要な措置（次条において「就学機会提供措置」という。）を講ずるものとする。	第四　夜間その他特別な時間において授業を行う学校における就学の機会の提供等 一　就学の機会の提供等 　地方公共団体は、学齢期を経過した者であって学校における就学の機会が提供されなかったもののうちにその機会の提供を希望する者が多く存在することを踏まえ、夜間その他特別な時間において授業を行う学校における就学の機会の提供その他の必要な措置を講ずるものとすること。	
（協議会） 第二十条　都道府県及び当該都道府県の区域内の市町村は、就学機会提供措置に係る事務についての当該都道府県及び当該市町村の役割分担に関する事項の協議並びに当該事務の実施に係る連絡調整を行うための協議会（以下この条において「協議会」という。）を組織することができる。 2 　協議会は、次に掲げる者をもって構成する。 一　都道府県の知事及び教育委員会	二　協議会 1 　都道府県及びその区域内の市町村は、就学の機会の提供その他の必要な措置に係る事務についての都道府県及び市町村の役割分担に関する事項の協議等を行うための協議会を組織することができること。 2 　協議会の構成員に関する規定等を設けること。	

二　当該都道府県の区域内の市町村の長及び教育委員会 三　学齢期を経過した者であって就学の機会の提供を希望するものに対する支援活動を行う民間の団体その他の当該都道府県及び当該市町村が必要と認める者 3　協議会において協議が調った事項については、協議会の構成員は、その協議の結果を尊重しなければならない。 4　前三項に定めるもののほか、協議会の運営に関し必要な事項は、協議会が定める。		
	第五　その他の教育機会の確保に関する施策 一〜五　（略） ※４〜６ページに記載	【移動】 第三章から移動
第六章　雑則 第二十一条　この法律に定めるもののほか、この法律の実施のための手続その他この法律の施行に関し必要な事項は、文部科学省令で定める。		
附　則 （施行期日） 第一条　この法律は、平成二十八年十月一日から施行する。ただし、第四章及び附則第六条の規定は、平成二十九年四月一日から施行する。	第六　その他 一　施行期日 　この法律は、公布の日から施行すること。	【修正】 平成 28 年 10 月 1 日→公布の日
（検討） 第二条　政府は、速やかに、多様な教育機会の確保のために必要な経済的支援の在り方について検討を加え、その結果に基づいて必要な措置を講ずるものとする。	二　検討 1　政府は、速やかに、教育機会の確保等のために必要な経済的支援の在り方について検討を加え、その結果に基づいて必要な措置を講ずるものとすること。	

第三条　政府は、この法律の施行後三年以内に、この法律の施行の状況について検討を加え、その結果に基づいて必要な措置を講ずるものとする。 （経過措置） 第四条　文部科学大臣は、この法律の施行前においても、第六条第一項から第三項までの規定の例により、多様な教育機会の確保に関する施策を総合的に推進するための基本的な指針を定めることができる。 2　文部科学大臣は、前項の指針を定めたときは、遅滞なく、これを公表しなければならない。 3　第一項の規定により定められた多様な教育機会の確保に関する施策を総合的に推進するための基本的な指針は、この法律の施行の日において第六条第一項及び第二項の規定により定められた基本指針とみなす。 （政令への委任） 第五条　前条に規定するもののほか、この法律の施行に関し必要な経過措置は、政令で定める。 （児童福祉法の一部改正） 第六条　児童福祉法の一部を次のように改正する。 　　第六条の二の二第四項中「除く」の下に「。以下この項において「学校」という」を、「障害児」の下に「その他これに類する障害児」を、「休業日」の下に「（学校に就学している障害児に類する障害児にあつては、授業の終了後又は休業日に準ずるもの	2　政府は、この法律の施行後三年以内に、この法律の施行の状況について検討を加え、その結果に基づいて教育機会の確保の在り方の見直しを含め必要な措置を講ずるものとすること。

として厚生労働省令で定める時)」を加える。 　第六条の三第二項及び第十三項中「就学している児童」の下に「その他これに類する児童」を加える。		

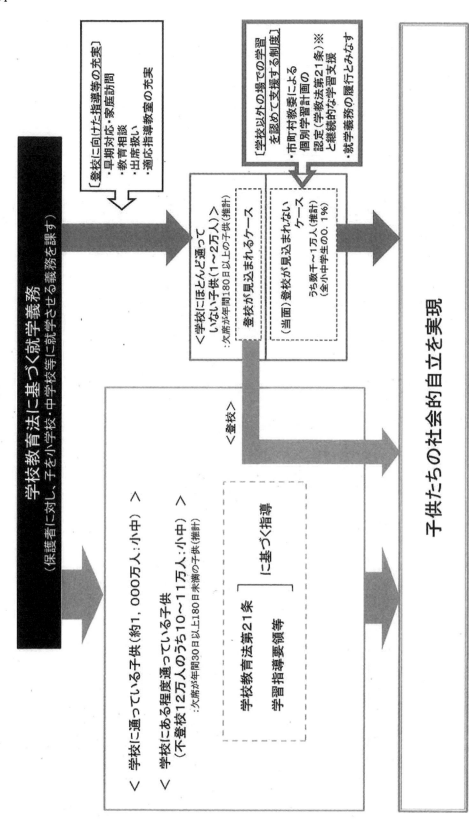

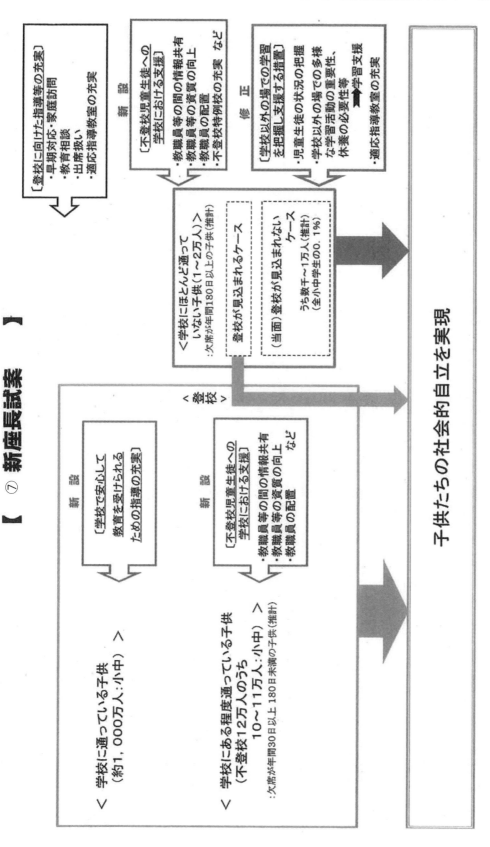

⑧ 義務教育の段階における普通教育に相当する教育の機会の確保等に関する法律案概要

Ⅰ．総則（第1条～第6条）
目的 教育基本法及び児童の権利に関する条約等の趣旨にのっとり、不登校児童生徒に対する教育機会の確保、夜間等において授業を行う学校における就学機会の提供その他の義務教育の段階における普通教育に相当する教育の機会の確保等を総合的に推進

基本理念
1. 全児童生徒が豊かな学校生活を送り、安心して教育を受けられるよう、学校における環境の確保
2. 不登校児童生徒が行う多様な学習活動の実情を踏まえ、個々の状況に応じた必要な支援
3. 不登校児童生徒が安心して教育を受けられるよう、学校における環境の整備
4. 義務教育の段階の普通教育に相当する教育を十分に受けていない者の意思を尊重しつつ、年齢又は国籍等にかかわりなく、能力に応じた教育機会を確保するとともに、自立的に生きる基礎を培い、豊かな人生を送ることができるよう、教育水準を維持向上
5. 国、地方公共団体、民間団体等の密接な連携

国の責務、地方公共団体の責務、財政上の措置等について規定

Ⅱ．基本指針（第7条）
1. 文部科学大臣は、基本指針を定め、公表する
2. 作成又は変更するときは、地方公共団体及び民間団体等の意見を反映させるための措置を講ずる

Ⅲ．不登校児童生徒等に対する教育機会の確保等（第8条～第13条）
国及び地方公共団体は、以下の措置を講じ、又は講ずるよう努める
1. 全児童生徒に対する学校における取組への支援に必要な措置
2. 教職員、心理・福祉等の専門家等の関係者間での情報の共有の促進等に必要な措置
3. 不登校特例校及び教育支援センターの整備並びにそれらにおける教育の充実等に必要な措置
4. 学校以外の場における不登校児童生徒の学習活動、その心身の状況等の継続的な把握に必要な措置
5. 学校以外の場での多様で適切な学習活動の重要性に鑑み、個々の休養の必要性を踏まえ、不登校児童生徒等に対する情報の提供等の支援に必要な措置

Ⅳ．夜間等において授業を行う学校における就学の機会の提供等（第14条・第15条）
1. 地方公共団体は、夜間等において授業を行う学校における就学の機会の提供等を講ずる
2. 都道府県及び区域内の市町村は、1の事務の役割分担等を協議する協議会を組織することができる
   構成員：①都道府県の知事及び教育委員会、②都道府県内の市町村長及び教育委員会、③民間団体等

Ⅴ．教育機会の確保等に関するその他の施策（第16条～第20条）
1. 実態把握及び学習活動に対する支援の方法に関する調査研究等
2. 国民の理解の増進
3. 人材の確保等
4. 教材の提供その他の学習の支援
5. 学校生活上の困難を有する児童生徒等からの教育及び福祉をはじめとする各種相談に総合的に対応する体制の整備

Ⅵ．その他
1. 公布日から2月後に施行（Ⅳ．は、公布日から施行）
2. 政府は、速やかに、必要な経済的支援の在り方について検討し、必要な措置を講ずる
3. 政府は、多様な学習活動の実情を踏まえ、施行後3年以内に検討を加え、教育機会の確保等の在り方の見直しを含め、必要な措置を講ずる

⑨ 義務教育の段階における普通教育に相当する教育の機会の確保等に関する法律案（座長案）

平成28年3月11日

目次
　第一章　総則（第一条—第六条）
　第二章　基本指針（第七条）
　第三章　不登校児童生徒に対する教育機会の確保等（第八条—第十三条）
　第四章　夜間その他特別な時間において授業を行う学校における就学の機会の提供等（第十四条・第十五条）
　第五章　教育機会の確保等に関するその他の施策（第十六条—第二十条）
　附則

　　第一章　総則
　（目的）
第一条　この法律は、教育基本法（平成十八年法律第百二十号）及び児童の権利に関する条約等の教育に関する条約の趣旨にのっとり、教育機会の確保等に関する施策に関し、基本理念を定め、並びに国及び地方公共団体の責務を明らかにするとともに、基本指針の策定その他の必要な事項を定めることにより、教育機会の確保等に関する施策を総合的に推進することを目的とする。

　（定義）
第二条　この法律において、次の各号に掲げる用語の意義は、それぞれ当該各号に定めるところによる。
　一　教育機会の確保等　不登校児童生徒に対する教育の機会の確保、夜間その他特別な時間において授業を行う学校における就学の機会の提供その他の義務教育の段階における普通教育に相当する教育の機会の確保等をいう。
　二　不登校児童生徒　相当の期間学校を欠席する児童生徒（学校教育法（昭和二十二年法律第二十六号）第十八条に規定する学齢児童又は学齢生徒をいう。以下同じ。）のうち、学校における集団の生活に関する心理的な負担その他の事由のために就学困難な状況として文部科学大臣が定める状況にあると認められる者をいう。
　三　学校　学校教育法第一条に規定する小学校、中学校、義務教育学校、中等教育学校の前期課程又は特別支援学校の小学部若しくは中学部をいう。

　（基本理念）
第三条　教育機会の確保等に関する施策は、次に掲げる事項を基本理念として行われ

なければならない。
一　全ての児童生徒が豊かな学校生活を送り、安心して教育を受けられるよう学校における環境の確保が図られるようにすること。
二　不登校児童生徒が行う多様な学習活動の実情を踏まえ、不登校児童生徒の個別の状況に応じた必要な支援が行われるようにすること。
三　不登校児童生徒が安心して普通教育を十分に受けられるよう学校における環境を整備すること。
四　義務教育の段階における普通教育に相当する教育を十分に受けていない者の意思を十分に尊重しつつ、その年齢又は国籍その他の置かれている事情にかかわりなく、その能力に応じた教育を受ける機会が確保されるようにするとともに、その者が、その教育を通じて、社会において自立的に生きる基礎を培い、豊かな人生を送ることができるよう、その教育水準の維持向上が図られるようにすること。
五　国、地方公共団体、教育機会の確保等に資する活動を行う民間の団体その他の関係者の相互の密接な連携の下に行われるようにすること。

（国の責務）
第四条　国は、前条の基本理念にのっとり、教育機会の確保等に関する施策を総合的に策定し、及び実施する責務を有する。

（地方公共団体の責務）
第五条　地方公共団体は、第三条の基本理念にのっとり、教育機会の確保等に関する施策について、国と協力しつつ、当該地域の状況に応じた施策を策定し、及び実施する責務を有する。

（財政上の措置等）
第六条　国及び地方公共団体は、教育機会の確保等に関する施策を実施するため必要な財政上の措置その他の措置を講ずるよう努めるものとする。

　　　第二章　基本指針
第七条　文部科学大臣は、教育機会の確保等に関する施策を総合的に推進するための基本的な指針（以下この条において「基本指針」という。）を定めるものとする。
2　基本指針においては、次に掲げる事項を定めるものとする。
一　教育機会の確保等に関する基本的な事項
二　不登校児童生徒に対する教育機会の確保等に関する事項
三　夜間その他特別な時間において授業を行う学校における就学の機会の提供等に関する事項
四　その他教育機会の確保等に関する施策を総合的に推進するために必要な事項

3 文部科学大臣は、基本指針を作成し、又は基本指針を変更しようとするときは、あらかじめ、地方公共団体及び教育機会の確保等に資する活動を行う民間の団体その他の関係者の意見を反映させるために必要な措置を講ずるものとする。
4 文部科学大臣は、基本指針を定め、又はこれを変更したときは、遅滞なく、これを公表しなければならない。

第三章　不登校児童生徒に対する教育機会の確保等
（学校における取組への支援）
第八条　国及び地方公共団体は、全ての児童生徒が豊かな学校生活を送り、安心して教育を受けられるよう、児童生徒と教職員との信頼関係及び児童生徒相互の良好な関係の構築を図るための指導、学校生活上の困難を有する児童生徒の個別の状況に応じた支援その他の学校における取組を支援するため必要な措置を講ずるよう努めるものとする。

（不登校児童生徒に係る情報の共有の促進等）
第九条　国及び地方公共団体は、学校において不登校児童生徒に対する適切な支援が組織的かつ継続的に行われることとなるよう、不登校児童生徒の支援の状況に係る情報を教職員、心理、福祉等に関する専門的な知識を有する者その他の関係者相互間で共有することを促進するために必要な措置その他の措置を講ずるものとする。

（特別の教育課程に基づく教育を行う学校の整備等）
第十条　国及び地方公共団体は、不登校児童生徒に対しその実態に配慮して特別に編成された教育課程に基づく教育を行う学校の整備及び当該学校における教育の充実のために必要な措置を講ずるよう努めるものとする。

（学習支援を行う教育施設の整備等）
第十一条　国及び地方公共団体は、不登校児童生徒の学習に対する支援を行う教育施設の整備及び当該教育施設における教育の充実のために必要な措置を講ずるよう努めるものとする。

（学校以外の場における学習活動等の継続的な把握）
第十二条　国及び地方公共団体は、不登校児童生徒が学校以外の場において行う学習活動の状況及び不登校児童生徒の心身の状況を継続的に把握するために必要な措置を講ずるものとする。

（学校以外の場における学習活動を行う不登校児童生徒に対する支援）
第十三条　国及び地方公共団体は、不登校児童生徒が学校以外の場において行う多様な学習活動の重要性に鑑み、個々の不登校児童生徒の休養の必要性を踏まえ、当該

不登校児童生徒の状況に応じた適切な学習活動が行われることとなるよう、当該不登校児童生徒及びその保護者（学校教育法第十六条に規定する保護者をいう。）に対する必要な情報の提供、助言その他の支援を行うために必要な措置を講ずるものとする。

　　　　第四章　夜間その他特別な時間において授業を行う学校における就学の機会の提供等
　（就学の機会の提供等）
第十四条　地方公共団体は、学齢期を経過した者であって学校における就学の機会が提供されなかったもののうちにその機会の提供を希望する者が多く存在することを踏まえ、夜間その他特別な時間において授業を行う学校における就学の機会の提供その他の必要な措置を講ずるものとする。

　（協議会）
第十五条　都道府県及び当該都道府県の区域内の市町村は、前条に規定する就学の機会の提供その他の必要な措置に係る事務についての当該都道府県及び当該市町村の役割分担に関する事項の協議並びに当該事務の実施に係る連絡調整を行うための協議会（以下この条において「協議会」という。）を組織することができる。
２　協議会は、次に掲げる者をもって構成する。
　一　都道府県の知事及び教育委員会
　二　当該都道府県の区域内の市町村の長及び教育委員会
　三　学齢期を経過した者であって学校における就学の機会の提供されなかったもののうち就学の機会の提供を希望する者に対する支援活動を行う民間の団体その他の当該都道府県及び当該市町村が必要と認める者
３　協議会において協議が調った事項については、協議会の構成員は、その協議の結果を尊重しなければならない。
４　前三項に定めるもののほか、協議会の運営に関し必要な事項は、協議会が定める。

　　　　第五章　教育機会の確保等に関するその他の施策
　（調査研究等）
第十六条　国は、義務教育の段階における普通教育に相当する教育を十分に受けていない者の実態の把握に努めるとともに、その者の学習活動に対する支援の方法に関する調査研究並びにこれに関する情報の収集、整理、分析及び提供を行うものとする。

　（国民の理解の増進）
第十七条　国及び地方公共団体は、広報活動等を通じて、教育機会の確保等に関する国民の理解を深めるよう必要な措置を講ずるよう努めるものとする。

（人材の確保等）
第十八条　国及び地方公共団体は、教育機会の確保等が専門的知識に基づき適切に行われるよう、教職員その他の教育機会の確保等に携わる者（以下この条において「教職員等」という。）の養成及び研修の充実を通じた教職員等の資質の向上、教育機会の確保等に係る体制等の充実のための教職員の配置、心理、福祉等に関する専門的知識を有する者であって教育相談に応じるものの確保その他の必要な措置を講ずるよう努めるものとする。

　（教材の提供その他の学習の支援）
第十九条　国及び地方公共団体は、義務教育の段階における普通教育に相当する教育を十分に受けていない者のうち中学校を卒業した者と同等以上の学力を修得することを希望する者に対して、教材の提供（通信の方法によるものを含む。）その他の学習の支援のために必要な措置を講ずるよう努めるものとする。

　（相談体制の整備）
第二十条　国及び地方公共団体は、義務教育の段階における普通教育に相当する教育を十分に受けていない者及びこれらの者以外の者であって学校生活上の困難を有する児童生徒であるもの並びにこれらの者の家族からの教育及び福祉に関する相談をはじめとする各種の相談に総合的に応ずることができるようにするため、関係省庁相互間その他関係機関、学校及び民間の団体の間の連携の強化その他必要な体制の整備に努めるものとする。

　　　附　則
　（施行期日）
1　この法律は、公布の日から起算して二月を経過した日から施行する。ただし、第四章の規定は、公布の日から施行する。
　（検討）
2　政府は、速やかに、教育機会の確保等のために必要な経済的支援の在り方について検討を加え、その結果に基づいて必要な措置を講ずるものとする。
3　政府は、義務教育の段階における普通教育に相当する教育を十分に受けていない者が行う多様な学習活動の実情を踏まえ、この法律の施行後三年以内にこの法律の施行の状況について検討を加え、その結果に基づき、教育機会の確保等の在り方の見直しを含め必要な措置を講ずるものとする。

　　　理　由
　教育機会の確保等に関する施策を総合的に推進するため、基本理念を定め、並びに国及び地方公共団体の責務を明らかにするとともに、基本指針の策定その他の必要な事項を定める必要がある。これが、この法律案を提出する理由である。

＜ ⑩ Q ＆ A ＞

> Q1　この法律を制定する意味は何か（不登校に関する施策はすでに存在しており、新たに法律を制定する意味がないのではないか）。

○　本法案は、不登校に関する施策の推進及び夜間中学の設置促進等を目的とする初めての法案であり、本法案を根拠として、不登校児童生徒が安心して学校において教育を十分受けられる環境を整備することや、不登校児童生徒の個別の状況に応じた必要な支援が行われるようにすること等について規定した「基本理念」に基づき、不登校に関する施策が推進されることとなる。

○　また、学校以外の場で行う多様な学習活動の重要性や、個々の不登校児童生徒にとっての休養の必要性といった規定（第13条）はこれまでなかったものであり、こうした規定を根拠に、従来以上に一人一人の児童生徒の状況に応じた支援が行われることとなる。

> Q2　この法律により学校復帰が強く求められるようになり、児童生徒・保護者が追い詰められることとならないか。

○　本法案の「基本理念」において、不登校児童生徒が安心して学校において教育を十分受けられる環境を整備すると規定するとともに、その個別の状況に応じた必要な支援が行われるようにすると規定しており、不登校に関する施策はこのような基本理念に基づき行われることとなる。

○　さらに、今回初めて法律に、学校以外の場での多様な学習活動の重要性や休養の必要性が規定（第13条）されることとなり、これまでの学校制度（就学義務）の仕組みを前提としつつ、個々の不登校児童生徒の状況によっては、一定期間、休んだり学校以外の場で学んだりすることがあり得ることが示されるとともに、その状況に応じて必要な支援が行われることとなる。

○　したがって、本法案は、一律に学校復帰を求めるものではなく、個々の児童生徒の状況を考慮しながら必要な支援を行うものである。

> Q3　不登校に関する施策の推進ではなく、学校を変える必要があるのではないか。

○　全ての児童生徒にとって学校が安心して通うことができる場所であることが必要であり、本法案の「基本理念」において、全ての児童生徒が安心して学校教育を十分に受けられる環境の確保が図られるようにすると規定している。

○　また、第8条においては、全ての児童生徒が豊かな学校生活を送り、安心して教育を受けられるようにするための学校における指導や支援等に関して規定している。

○　このように、不登校に関する施策の推進についての規定とともに、学校を全ての児童生徒が安心して教育を受けられる場とするための規定の双方を置いている。

> Q4　例えばいじめを受けながらも無理をして学校に行っている児童生徒に、学校を休むことを認める必要もあるのではないか。

○　学校に通っている児童生徒の中にも、様々な理由で学校生活に困難を感じている児童生徒がいることが想定される。

○　このため、学校生活上の困難を有する児童生徒の個別の状況に応じて支援を行う学校の取組について規定している（第8条）。

○　また、不登校児童生徒にとっての休養の必要性を規定（第13条）しており、その趣旨も踏まえれば、例えば、児童生徒の状況によっては、いじめから身を守るために一定期間休むことも考えられ、そうした状況に応じて学校として必要な支援を行うケースなども考えられるところである（第8条）。

（馬場　久志）

第Ⅲ部　登校拒否・不登校に関する著書・論文の紹介，検討

第1章　登校拒否・不登校に関する社会学的な著書・論文の紹介

　この章では，主に社会学的な研究をとりあげ，登校拒否・不登校に関する研究動向を整理しつつ，筆者が重要だと思われる著書・論文を紹介します。

第1節　登校／不登校問題という視座

　登校拒否・不登校についての社会学的な研究は，1990年代から本格的に展開します。社会学者たちによる研究の特徴のひとつは，それ以前の臨床心理学，児童精神医学の立場からの研究がともすれば強調しがちであった「病理」現象として欠席をとらえる見方を相対化する論点を提示した点にあります。具体的にどのような議論がなされたかを，ここで簡潔に確認しておきたいと思います。

　　［登校拒否・不登校］現象は，社会が教育や子どもについてその時点で付与する意味や価値の表現であり，またそれが広まってゆくのは，教育に様々な理解を持つ諸集団間の，広い意味での政治的葛藤や交渉のプロセスを経た結果である（伊藤1990：199）

　　［登校拒否・不登校を論じる際に］たてられる問いはこうである。「登校拒否は教育システム（あるいは学校教育）のどんな姿をてらしだしているだろうか」（山本1991：95）

　上記に引用した論文で，教育社会学者の伊藤茂樹氏は，登校拒否・不登校をめぐる問題は「社会が教育や子どもについてその時点で付与する意味や価値の表現」であると主張しています。このように述べるときに批判の対象として想定されているのは，欠席を個人病理とみなす捉え方です。今日から振り返ると，学校に行かない・行けない現象をどのように把握するのかは「社会のなかで（学校）教育がどのような意味を持つのかを問う」ことに他ならないという，ある意味で当たり前のことを述べているわけですが，登校拒否・不登校が子どもや家族の病理現象だと思われていた当時の議論の状況に照らすと，きわめて重要な論点を示したといえるでしょう。教育社会学者の山本雄二氏も同様に，伊藤氏とほぼ重なる問題を提起しています。個人の問題に還元せず，登校拒否・不登校をめぐる出来事を，大きな社会の変化のなかで捉えなおす視座を取る点に，社会学的な研究の特徴があります。

　こうした捉え方の特徴をよく示すと思われる，不登校現象の社会学的な定義を紹介します。登校拒否・不登校の実態を明らかにするために大規模の質問紙調査を実施し，その研究成果が高く評価されている森田洋司氏による不登校の定義です。

　　不登校とは，生徒本人ないしはこれを取り巻く人々が，欠席ならびに遅刻・早退などの行為に対して，妥当な理由に基づかない行為として動機を構成する現象である（森田1991：14～15）

「妥当な理由に基づかない行為として動機を構成する」という表現が少し分かりにくいかもしれません。もう少し詳しく説明すると次のようになります。もし仮に，子どもが風邪を引いて学校を休んだ場合，私たちはそれを「問題」だと捉えずに，「病気だから仕方がない」と考えるのではないでしょうか。「妥当な理由」とは，この例が示すように，「子どもの欠席が許容されるもっともな理由」を意味します。

ところが，医学的には問題がないはずなのに，学校に行こうとすると不調を訴え，行けなくなる場合，すなわち，病気のような「もっとも理由」が見つからないまま，子どもが欠席を重ねると，動揺する家族が多いのではないでしょうか。森田氏の不登校の定義は，欠席の理由として「妥当なもの」／「妥当でないもの」という区別を導入し，後者を「不登校」として定義しています。

この定義の重要な点は，時代背景によって欠席の「妥当な理由」が変わることです。現在においては想定しにくいかもしれませんが，もし，人々が学校教育をそれほど重要なものとは考えていないならば，欠席をしたからといって，それが問題になることはありません。「学校では読み書きなど最低限のことだけ学べばよくて，それ以上の教育は必要がない。農繁期などの仕事が忙しい時期は，学校にきちんと行くことよりも，家業を手伝うことが重要だ」と，多くの人々が考えている社会においては，「家の手伝い」を理由とした欠席は，妥当なものとみなされるでしょう。ところが，児童労働があってはならないことと見なされている今日の社会においては，家業を優先した欠席はとうてい認められないように思われます。

このように考えると，妥当な理由／妥当でない理由に着目する森田氏の定義は，「学校に行かないこと」について人々が抱く意味づけは，「学校に行く」ことをその時々の社会を生きる人々がどう考えているのかによって決まってくると述べていることが分かります。

社会学的な登校拒否・不登校研究は，「学校に行かなければならない」という規範がどのような背景のもとで支えられ，それが揺らいでいるのかに着目します。別な言い方をすれば，不登校問題を，登校／不登校をめぐる意味づけの問題として捉える点に，社会学者たちの問題関心に共通する特徴があるといえるでしょう。

第2節　長欠・登校拒否・不登校——登校／欠席現象を捉えるまなざしの変化

登校拒否や不登校が社会問題化する以前の欠席現象は，どのように捉えられていたのでしょうか。1990年代以降の研究の展開を整理する前に，登校／欠席現象を捉える社会的なまなざしの変化をここで概観しておきたいと思います（なお，この点について詳細を知りたい方は，加藤美帆『不登校のポリティクス』勁草書房，2012年が参考になります）。

図3—1は，文部（科学）省の統計をもとに，長期欠席児童生徒数の出現率の年次推移を示したものです。欠席理由を問わず，年間30日以上（50日以上）欠席した児童生徒の割合がグラフにまとめられています。

1990年代末から「長期欠席」とみなされる基準が年間30日以上に完全に切り替わったために単純な比較はできませんが，長期欠席児童生徒の出現率は「U字型」で推移しており，長期欠席の基準が年間50日以上であることをふまえると，1950年代初頭はおそらく今日の水準以上に，学校を欠席する子どもたちがいたことが推測できます（図3—1）。

このグラフを手がかりに，学校を休む子どもたちが急減していった1950年代〜60年代を「長欠（長期欠席）の時代」，70年代半ばを底に，再び欠席率が上昇に転じた70〜80年代を「登校拒否の時代」，90年代以降から今日にいたる時期を「不登校の時代」と呼び，それぞれの特徴に

図3−1　長期欠席児童生徒の出現率

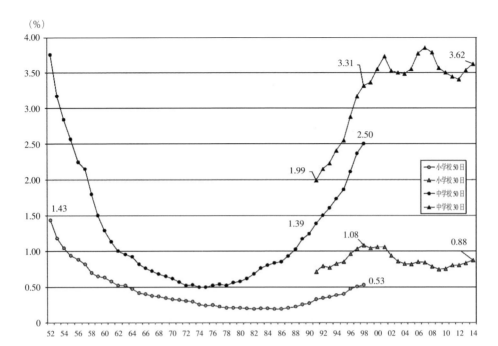

出所：「公立小学校・中学校長期欠席児童生徒調査報告書」(1952〜1958年)／「学校基本調査」各年版を元に作成。

ついて論じた研究を紹介したいと思います。

　ただし，90年代と2000年代以降の研究動向を比較すると，強調点がやや異なってきており，「不登校の時代」はさらに2つの時期に区分することができるかもしれません。この点については後に述べたいと思います。

1　長欠の時代（1950〜60年代）

　「長欠の時代」では，差別や貧困，児童労働を理由に子どもたちが学校教育から排除され，教育の機会が剥奪されることが特に問題視されていました。被差別部落における長欠問題を論じたものには，教育社会学者の倉石一郎氏による一連の研究があります。

　倉石氏は高知県の「福祉教員」の事例に光をあて，差別によって教育から排除された被差別部落の人々の姿と，かれらを学校に包摂しようとする教師たちの草の根の実践の諸相を明らかにしてきました。学校がどのような人々を排除してきたのか，そして，排除に抗する実践はいかなる条件のもとで可能になったのか。「包摂と排除」という大きなテーマを掲げ，具体的な事例をもとに，近代的な学校教育のあり方を問い直す射程の長い議論がそこでは展開されています（倉石2009）。

　差別による学校教育からの排除に加えて，第1次産業を典型とする学歴を問わない仕事の世界が広がっていたことも，長期欠席が生まれる背景になっていました。

　戦後の教育改革によって「6・3制」が導入され，義務教育の年限が中学校までの3年間延長されました。しかしながら，ある時期までは制度的に定められた義務教育年限と，就学に関する人びとの意識・慣行との間にずれがあり，当時はそのことが長欠を生み出す要因の1つだと指摘

されていました。

　長期欠席は漁村・農山村など特定の地域に多くみられることが知られており，戦後初期の教育社会学的な研究には，これらの地域を対象にした事例研究が行われています（富田1950，佐藤1957など）。教育史研究者の中内敏夫が指摘するように，家業を継承し，一人前になるために必要な「家族の人づくり」と学校教育との間には距離があり，学校で最低限の読み書き能力を身につければ，なるべく早く仕事の世界に出ていったほうが，家業を身につけるには良いという考え方を持つ家族が一定程度存在していました（中内2001）。1950年代に文部省が実施した長期欠席の調査では，欠席の理由のひとつとして「家庭の無理解」という分類が設定されていましたが，学歴が問われない世界で家業の継承を優先する家族は，「学校のほうこそ，家族の事情を理解していない」と認識していたのかもしれません。子どもに労働を強制し，教育を受ける機会を剥奪する事態はとうてい認められるものではなく，社会的な対応が求められる課題だということは間違いありませんが，義務教育段階においても「学校に通う」ことが人びとにとって自明ではなかった時代があったことをここで確認しておきたいと思います。

2　登校拒否の時代（1970～80年代）

　高度成長を経て産業構造が大きく代わるなかで，長期欠席の出現率は急減しますが，70年代の半ば（小学校は80年代半ば）から再び上昇してゆきます。1970年代ごろから，かつての長欠とは異なる子どもたちの欠席が「登校拒否」現象として社会問題化してゆくことになりました。

　文部科学省は1966年度の学校基本調査から長期欠席の理由別内訳の項目に「学校ぎらい」を加え，1983年に刊行された「生徒指導資料」で，学校ぎらいによる長期欠席を「登校拒否」として捉える見方を公式な見解として示すようになりました（文部省1983）。1970～80年代の欠席現象は「登校拒否」として社会問題化されるようになります。

　この時代の問題の捉え方は「長欠の時代」とは大きく異なっていました。今日においてその見方は批判されていますが，当初，登校拒否は本人の資質や家族の子育てのあり方に起因する「病理現象」，すなわち特定の個人や家族に関わる問題だと捉えられる傾向がありました。「登校拒否」（ある時期までは「学校恐怖症」という用語も使用されていました）という概念は，もともと児童精神医学や心理学領域で用いられていた専門用語でした。これから述べるように，違う立場をとる専門家もいましたが，精神医学・心理学領域の研究では，子ども自身の心の問題，あるいは家族とともに織りなすかれらの生育歴のあり方に欠席の原因を求めがちなように思います。

　やや古めの文献で，「登校拒否」ではなく「不登校」という用語が用いられていますが，精神科医の稲村博氏がまとめた『不登校の研究』（新曜社，1994年）では，1960年代に展開した精神医学・心理学領域における登校拒否・不登校に関する研究が網羅的に整理・紹介されており，「登校拒否の時代」に影響力のあった専門家の捉え方を知るうえで役に立つ著作です。

　「登校拒否の時代」では，個人や家族の問題としてことがらを捉える専門家の見方が影響力を持っていましたが，こうした理解に対しては，同じ精神医学・心理学の専門家からの反論がありました。臨床教育学の立場から研究・実践に関わる論者も同様に，個人病理論を批判し，社会的な視点から登校拒否問題を捉える視座を提示してきました。

　これらの立場をとる代表的な論者に数えられる高垣忠一郎氏，廣木克之氏，横湯園子氏の研究については後に詳しく紹介することにし，ここでは同じく重要な問題を提起した，かれら以外の論者について簡単に触れておきたいと思います。

　国立国府台病院で登校拒否児をもつ親たちの会「希望会」を組織し，登校拒否の子どもやその

家族を支援する経験を通じて「登校拒否は学校に大きな原因があるんじゃないか,という考えかた」（渡辺編 1983：10）に至った精神科医の渡辺位氏は，登校拒否は一部の子どもたちの問題ではなく，抑圧的な学校教育のあり方を告発する現象で，この問題は，すべての子どもや大人に関わるものであり「病む社会の治療こそ，登校拒否のほんとうの治療」（渡辺編前掲書：31）と述べています。

渡辺氏のこうした主張は，従来の精神科医療が行ってきた治療場面における個別の支援には限界があることを指摘したうえで，病める社会のあり方を変えてゆく取り組みこそが，登校拒否問題をほんとうの意味で解決することにつながるという立場を明確に示すもので，こうした議論は登校拒否の捉え方を大きく変える動きにつながりました（ちなみに，東京シューレの代表をつとめる奥地圭子氏は，渡辺氏の「希望会」に参加した経験があり，それが登校拒否についての考え方を変えるきっかけになったと述懐しています（奥地 2005：20〜21））。

同じく精神科医の滝川一廣氏も，近代化の原動力となってきた学校教育制度がその目的を達成してしまったために，「学校の聖性，絶対性」（滝川 1994：184）が減衰し，そのことが登校の自明性の喪失につながり，登校拒否・不登校の増加をもたらしていると指摘しています。文明論的な視点から学校教育の今日的な課題を論じる滝川氏の議論は，後に展開する社会学的な研究の問題関心を先取りするものだといえるでしょう。

この時代は，長欠の時代で着目されていた貧困に起因する欠席問題への関心は後景に退いていましたが，古川八郎・菱山洋子の両氏による研究のように，社会的な要因（ここでは地域の社会経済的な状況）が登校拒否の出現率に与える影響を検討した研究がなされていたことも忘れてはならないでしょう（古川・菱山 1980）

3 不登校の時代（1990 年代以降〜）

個人病理論を批判し，「社会の病い」として子どもたちの欠席現象を捉える見方は，学校に行かない，行けない子どもたちの学びの場であるフリースクールや居場所を設立する社会運動と結びつき，少しずつ世論に影響を与えるようになってゆきます。

「登校拒否の時代」が到来して以降，学校ぎらいを理由とする長期欠席児童生徒数は一貫して上昇し，実態としても一部の子どもや家庭の問題とはいいがたい状況が到来しました。よく知られているように，文部省（当時）も 1992 年の「学校不適応対策調査研究協力者会議」の報告で，「登校拒否はどの子どもにも起こりうる」という見解を示すようになります。

学校ぎらいを理由とする長期欠席を指し示す用語も，もともとは精神医学・臨床心理学領域の専門用語として登場した経緯のある「登校拒否」から，学校を休んでいるという状態像を示す「不登校」に変化しました。ちなみに，文部（科学）省の統計では，1998 年度から理由別長期欠席の内訳のひとつである「学校ぎらい」が「不登校」に変わりました。

意図的に登校を拒否する，あるいは病める社会に対する意義申し立ての意味を込め，今日でもあえて「登校拒否」という言葉を使う場合もありますが，90 年代以降は，一般的な呼称として「不登校」という用語が定着したといってよいでしょう。個人の病理から社会の病いへ，特定の人びとが抱える問題から，どの子どもにも起こりうる問題へ。前者の見方はいまも根強くありますが，「登校拒否」から「不登校」へと，子どもたちの欠席現象を社会問題化する言葉が置き換わった背景に，これまでの認識を枠づけていた構図の大きな変化を読み取ることができます。

第3節 「不登校の時代」における社会学的な研究テーマの焦点変化

　今日まで続く「不登校の時代」は，社会学的な研究が本格的に展開してゆく時期とほぼ重なっています。しかしながら，1990年代と2000年代以降では，研究上の着眼点や議論の強調点に変化が見られるように思います。具体的な研究の展開の詳細については次節で整理を試みることにして，ここでは時代を画した研究を簡潔に紹介しながら，90年代の研究と2000年代以降の研究にみられる特徴の違いを確認しておくことにしましょう。

　1990年代に展開した社会学的な登校拒否・不登校研究の主要な研究が抱く関心を端的に要約すると，かれらの着目したのは「登校行動，登校規範の自明性のゆらぎ」であったといえるでしょう。不登校現象の広がりは，「学校に行くことが当然である」「学校には行かなければならない」という，登校をめぐる社会的慣行・規範のゆらぎのなかで生じていると捉えられ，それがいかなる社会変動の過程と結びついているのかを問う研究が展開されました。こうした問いの立て方は，先に紹介した精神科医の滝川氏の問題意識と大きく重なるものでした。

　一例をあげてみましょう。本稿の第1章で不登校現象の代表的な定義を紹介する際に言及した森田洋司氏は，80年代末に全国の大都市部の中学校を対象に実施した調査データを用いて，不登校の「グレイゾーン」が広がっていることを明らかにしています。具体的には，欠席や遅刻・早退をせずに学校には通っているけれども「登校回避感情」を抱く不登校の「潜在群」が回答者の4割強も存在し，欠席・早退・遅刻など，実際に学校を忌避する子どもたちとあわせると，調査対象生徒の67.1％が学校から離脱する傾向があることが分かりました。

　この結果を示しつつ，森田氏は長期欠席として現れる不登校現象は氷山の一角にすぎないと主張します（森田1991：31）。森田氏によれば，不登校の広がりは，社会の「私事化（プライバタイゼーション）」が進行した結果として生じた現象です。私生活の充足を大切にする価値観が浸透し，将来を見越しながら企業や学校などの特定の組織・集団に献身するよりも，現在を充足することに重きをおく価値観が広がることで，学校から離脱する意識・行動・態度が広がりつつある。そのような解釈が，質問紙調査から得られた経験的なデータを根拠に示されました。

　他方で90年代の社会学的な不登校研究では，一部の例外を除いて「長欠の時代」で問題にされていた貧困・差別による社会的な排除を問う視点が弱まっていたように思います。もともと社会学的な教育研究では，階級・階層をその典型とする社会経済的な要因が子育てや教育に与える影響に一貫して関心を抱き続けていました。しかし，いまから振り返ってみると，こうした視点はやや後景に退き，「誰にでもおこりうる」不登校現象の背後にはどのような社会の変化が生じていたのか，不登校現象が社会問題化される際の議論の構図に，学校関係者や当事者，その支援者どのような利害の対立や葛藤が反映されているのか，といった問題を解明することにまずは力を入れていたように思います。

　もちろん，この時期の研究が，社会経済的な格差をめぐる問題をまったく無視していたわけではありません。教育社会学者の久冨善之氏らの共同研究グループが，北日本のある都市に位置する公営住宅を対象に実施した子育て・教育調査では，経済的に厳しい状況にある「生活困難層」の家庭の子どもたちが，相対的に安定した層と比べると学校生活にうまく「適応」できない傾向があり，不登校や中途退学を経験する割合も高いことが明らかにされています（久冨編1993）。また，教育学者の竹内常一氏も，80年代末の著作で「これまで中流階層の家族の病理と見なされてきた登校拒否が，急激に低所得者層の家族にひろがりはじめ，非行・低学力による怠学とむす

びつきはじめたのではないか」（竹内 1987：100）と問題を提起しています。

　格差，貧困，社会的排除をめぐる問題と欠席現象との関係を問い直す研究は，以下で述べるように 2000 年代以降本格的に展開することになりますが，ここで紹介した研究は，これらの研究につながる先駆的な業績であったといえるでしょう。

　経済学者のケインズは，世界恐慌直後の 1930 年に「孫たちの経済的可能性」と題したエッセイを記し，百年後の社会はいまよりもはるかに豊かになり，人類の経済的な問題は解決するだろうと（厳しい経済状況のなかでおそらくあえて）楽観的な予測を示しました。しかしながら，近年話題を呼んだベストセラー，『21 世紀の資本』でピケティが警告するように，現実の 21 世紀はケインズの予測とは異なり，グローバルな規模で経済的な格差が拡大し，社会の公正を損ねる事態が進行しています。

　こうした社会的な動きを背景に，2000 年代以降に展開する社会学的な登校拒否・不登校研究は，格差・貧困をめぐる問題と欠席現象との関係に焦点をあてるようになってきました。ある意味では「長欠の時代」の問題関心に再び光があたったといえるかもしれません。

　例えば，教育学者の保坂亨氏は，社会学的なアプローチによる研究を通じて「脱落型不登校」の実態を明らかにしました（保坂 2000）。「脱落型不登校」とは，社会経済的に厳しい状態にある家族の子どもたちにみられる，怠学・非行型の不登校を意味します。

　保坂氏はある自治体の協力を得て長期欠席に関する基礎的なデータを再集計し，「脱落型不登校」が「小学校における微増の後，中学校において一本調子に激増してゆく」（保坂 2000：45）実態を明らかにしました。さらに，調査を通じていわゆる「神経症型不登校」の子どもたちとは異なり，「脱落型不登校」の子どもは外部の専門機関による継続的な支援を得られにくい傾向があることも分かりました。

　保坂氏によれば，そもそも「脱落型不登校」の子どもたちは「学校ぎらい」（後の「不登校」）による長期欠席に分類されないことがあり，その実数を正確に把握することができていません。なお，不登校の公式統計がどのような問題を持つのかという点については，山本宏樹氏による詳細な分析が参考になります（山本 2008）

　以上に述べたように，格差・貧困を背景として生じる，見えづらい不登校の事例に対する支援を早急に行う必要性があることが，既存の統計データの元になる基礎資料の精査を通じて明らかにされたのです。保坂氏の研究は，これまでの不登校をめぐる社会学的な研究が見落しがちな問題をするどく指摘するものでした。

　教育社会学者の酒井朗氏は，保坂氏の問題提起を引き取り，これまでの「不登校」概念では把握できなかった子どもたちを含む，「学校に行かない子ども」という概念を用いることを提唱しています（酒井 2010）。

　文部科学省の統計における「不登校」の定義は「学籍がある」ことを前提にしています。重い障害や国籍上の理由（重国籍など）で就学義務を免除・猶予された子どもや，外国籍の子どもたちの一部，あるいは「無戸籍」状態の子どもたちは，所属する学校が定められていないために「欠席」をカウントできず，「不登校」（あるいは長期欠席）として把握されない状況にあります。酒井氏は格差・貧困をめぐる問題が深刻化する今日的な状況においては，「不登校」児だけでなく，様々な理由で学校教育から排除された子どもたちを含む「学校に行かない子どもたち」に光をあてる必要があると主張します。

　1990 年代の実証主義的な不登校研究を主導した森田洋司氏と共同研究者たちも，2000 年代以降は文部（科学）省の委託研究として大規模な追跡調査を実施し，「進路問題」として不登校を捉え

る見方の重要性を裏付ける知見を明らかにしています。そこで明らかになったことの一部は，以下のようにまとめられます（現代教育研究会 2001，不登校生徒に関する追跡調査研究会 2014）。

① 不登校経験者の進路は，それ以外の同世代の若者と比べると相対的に不利な状況にある。また，一度不利な状況に陥るとそれが次の不利へと累積する傾向がある。
② ただし，第2回調査のほうが中学卒業後に就学した者の割合が増加し（65.3％→85.1％），卒業後5年後に大学に通う者の割合も 6.6％から 19.0％に増えている。
③ 2度の調査とも，不登校経験を後悔する者は4割弱，しかたがなかったと思う者が3割強，「行かなくてよかった」＋「何とも思わない」と考える者が3割弱で，不登校経験が一様に否定的に捉えられているわけではない。
④ 調査時点で学校に通わず・就業もしていない状態の者の割合は，93年度卒業者調査で 22.8％，06年度卒業者調査で 18.1％とやや減少している。不登校経験者の8割が，5年後には就学ないし就労しており，不登校＝ひきこもりという見方は妥当ではないことが明らかにされた。

この追跡調査では，保護者の職業や経済的な状況についての質問が設けられていないために，階層的な要因が不登校経験者のその後の進路に与える影響については分かりません。とはいえ，調査では不登校を経験した子どもたちが，同世代と比較すると就学・就労のいずれにおいても，相対的に不利な状況におかれる状況が明らかにされており，心理面のサポートだけでなく，学び直しの機会や職業訓練の充実などを含む，進路面での手厚い支援が必要であることが，実態調査からも明らかになっています。

第4節　社会学的な登校拒否・不登校研究の展開（文献紹介）

すでに各節で主要な研究を紹介してきましたが，社会学的な登校拒否・不登校研究の大きな流れを確認したうえで，最後に，研究上のアプローチの違いを整理しながら，これまではとりあげなかったものを含む文献を紹介したいと思います。もし興味をお持ちの方がいましたら，実際の文献を手にとっていただければ幸いです（研究論文については，入手のしやすさを考慮し，インターネット上で公開されているものを中心に取り上げています）

社会学的な登校拒否・不登校研究は，（1）実証主義的なアプローチによる研究群と，（2）社会構築主義の立場をとる研究群に大別できます。
実証主義的な研究とは，質問紙調査やインタビュー調査など，社会調査の手法を用いて経験的なデータ（社会的な事象の実態を何らかのかたちで反映したとみなされるデータ）を集め，現実をよりうまく説明する「モデル」や「仮説」を設定し，データを用いてそのモデル・仮説の妥当性を検証してゆくスタイルの研究を意味します。ある意味で，自然科学の研究に近いアプローチだといえるでしょう。
これに対して，社会構築主義の立場をとる研究者たちは，社会学の研究対象は，この社会に生きる人びと（そこには研究者も含まれます）による「意味づけ」によって構成されるとみなします。実証主義では研究者がモデルを構築しますが，普通の人びとも「不登校」や「登校拒否」とは何かを定義し，それがどのような意味で問題なのか（あるいは「問題」ではないのか）を意味づけ

ます。

　もちろん,研究者や行政関係者による不登校の定義,あるいはかれらの手による調査結果は,それ以外の人びとのものの見方に強い影響を与えます。しかしながら,たとえば「天体を観測し,惑星の動きについて法則を導き出す」といった自然科学の研究とは異なり,社会的な事象に関する科学は,研究の知見そのものも社会的なプロセスを経て作られた「構築物」のひとつに過ぎません。そこで提示された(あるいはそれが前提とする)解釈は,他のひとびとの解釈を補強し,あるいはそれを否定します。こうした多様な意味解釈のプロセスのなかで,社会的なリアリティが構築される,社会構築主義はそのように考え,事実に関する判断をあえて留保し,社会的な現実がつくりあげられるプロセスや,そのことによって逆に見えなくなってしまう問題を明らかにすることをめざします。

　ただし,これまでは分かりやすくするためにあえて二つのアプローチを対立的に描きましたが,必ずしもそうとはいえない点に注意する必要があります。

　例えば,不登校の定義を紹介する際に第1節で言及した森田(1991)は実証主義的な研究の典型ですが,すでに紹介したように,森田氏の不登校の定義には,欠席現象を社会的に構築されたものとみなす視点が含まれています。また,加藤(2012)のように,長期欠席や不登校に関する公的な統計データという,実証主義的な研究者たちが重視する資料を構築主義の立場から再解釈し,これらの統計が何を分類し,いかなる「現実」を捉えようとしてきたのか検討することを通じて,近代的な国家が人びとに及ぼす権力のあり方を問う研究もあります。

　こうした例をあげると,かえってややこしくなるかもしれませんが,実証主義的／社会構築主義的なアプローチは時には対立しつつ,場合によっては相互に補完することもあり得ることをここで確認しておきたいと思います。

1　実証主義的なアプローチによる研究

　実証主義的なアプローチにもとづく不登校研究は,その対象によって分類することが可能です。

　第1に,学校や児童生徒を対象にした調査の蓄積があります。この領域は,これまで紹介した森田洋司氏らによる一連の調査が研究を主導してきました。森田(1991)による不登校の「グレイゾーン」層の発見,現代教育研究会(2001)[森田編2003に収録],不登校生徒に関する追跡調査研究会(2014)が行った2度に渡る大規模な追跡調査が明らかにした「進路問題としての不登校」などが重要な研究成果といえるでしょう。「脱落型不登校」を指摘した保坂(2000)の研究も,この領域における重要な知見です。

　第2に,フリースクールや子どもの「居場所」,支援機関などを対象とした一連の調査があります。フリースクールや子どもの居場所を対象とした実証主義的な研究の先駆けになったのは,国立教育政策研究所の人びとが中心になって実施された「オルナタティブな学び舎の教育に関する実態調査」です。この調査を通じて,学校以外の民間の場でなされる支援の実態の詳細がはじめて明らかにされました(オルナタティブ教育研究会2003)。

　この調査では,学校復帰を目標に掲げる適応指導教室とそれ以外の民間の学び舎の違いが強調されていましたが,教育社会学者の樋口くみ子氏が実施した実態調査では,異なる像が浮かび上がっています。全国の適応指導教室を対象にした樋口氏の調査では,適応指導教室にも様々なタイプがあることが分かりました。民間施設との違いはあるものの,「学校復帰」だけを目標に掲げる教室は1割弱に過ぎない実態が明らかになり,学校復帰と心の居場所の提供は,過去の調査で強調されていた二項対立の関係にはないことが判明しています(樋口2013)

先に紹介した保坂氏は，若手の研究者と共同で，ある地域で展開している「家庭訪問相談員事業」の実態を解明するための調査を行っており，見えにくい存在になりがちの，不登校経験者へのアウトリーチ的な支援の現状を検討しています（伊藤・堀下・保坂 2011）

オルタナティブ教育研究会が 2002 年に実施した調査のあと，学校外で展開する民間の取り組みに関する実態調査は久しく行われていませんでしたが，近年，行政や研究者の手による実態調査が実施されています。文部科学省は 2015 年に「小・中学校に通っていない義務教育段階の子供が通う民間の団体・施設に関する調査」を実施し，その結果を Web 上に公開しました（文部科学省 2015）。また，研究者による調査としては，藤根雅之，橋本あかねの両氏による，全国のオルタナティブスクール 650 校を対象にした調査の結果がまとめられています（藤根・橋本 2016）。

実態調査とはやや異なりますが，義務教育段階以後に，不登校経験者など，学校教育で周辺化されがちな人びとを支援する「非主流」の後期中等教育機関の状況を概括した伊藤秀樹氏によるレビュー論文も，この系列に位置する研究のひとつです（伊藤 2015）。

2　社会構築主義的なアプローチによる研究

この系列に位置する研究で，早くから重要な論点を提起した著作に，朝倉景樹氏の『登校拒否のエスノグラフィー』があります（朝倉 1995）。

朝倉氏は現在，東京シューレの担い手として活動していますが，この著作では研究者として東京シューレに関与し，「民族誌」（エスノグラフィー）の手法を用いて，シューレという場の特徴や，そこで共有された文化のあり方を総体的に描き出すことを試みています。この著作では，子どものニーズから出発し，熟議を通じて活動のあり方を決めてゆく，ある意味では学校の合わせ鏡ともいえる東京シューレの学びのあり方が詳細に描かれるとともに，こうした特徴をもつ東京シューレの活動が，そこに集う子どもたちのアイデンティティのあり方にどのような影響を与えるのかが検討されています。東京シューレに通う子どもたちの多くは，「学校に行けなかったもの」「今は学校に行っていないもの」「学校に行かないことを選んだもの」という 3 つの自己定義の間を揺れながら，それぞれのアイデンティティを選び取ってゆきます。この著書で描かれているアイデンティティの模索のあり方は，登校拒否・不登校の子どもたちの成長のあり方を考えるうえで，今日においても多くのヒントを与えてくれます。

そのすべてが社会構築主義の立場を明確に打ち出しているわけでありませんが，不登校経験者やその家族，支援者が活動する様々な場を取り上げた事例研究も，「学校に行かない・行けない」出来事に対して人びとが意味を付与してゆくプロセスを描きだし，考察を加えている点で，広い意味での構築主義的な研究に位置づくといって良いでしょう。

朝倉氏と同様にフリースクールを取り上げた研究としては佐川（2010）の研究があり，チャレンジスクールや高等専修学校に着目し，そこに通う不登校経験者の様子を描き出した伊藤（2009）も興味深い知見を提示しています。

これらの支援の現場に着目した近年の研究にみられる特徴は，「居場所のジレンマ」と呼べるような固有の難しさを指摘している点にあるように思います。

例えば，伊藤氏が調査を行った学校では，対人関係のボンド（絆）を重視した実践が重視されており，そのことが不登校経験者の登校継続を促していました。しかしながら，他方で学校が行うきめ細やかな実践は，このような配慮を欠いた外部の社会と支援の現場とのギャップを広げ，離学後の困難をもたらしてもいました。子どもたちにとって安心できる場を提供する取り組みは，かれらにとって大きな支えとなると同時に，外部の社会に出てゆくことをある意味で阻害してし

まうというジレンマを伊藤氏の研究は明らかにしています。

　フリースクールの支援実践を分析した佐川氏の研究では，支援者が抱える困難に着目しています。かれが調査を行った「フリースクールA」では，これまでの研究で指摘されてきたように，受容と共感の姿勢を支援者に求める規範が共有されていました。他方で支援の現場においては，常にこうした姿勢を保持することが難しい場面が生じます。「受容と共感」を重視する感情規則は，フリースクールに通う子どもたちを支える重要な役割を果たしていますが，このルールを徹底できない支援者を逆に追いつめることにもなっていました。こうした葛藤を乗り切る現場の知恵は，「障害」に関するカテゴリーを援用し，現場の出来事を解釈することでした。佐川氏の研究は，支援者の側が抱えるジレンマを鮮やかに描き出しています。

　事例研究のなかには，不登校経験者やその支援者だけでなく，家族に着目したものもあります。不登校経験者の家族の自助グループ（「親の会」「親たちの会」）を対象にした研究としては，山田（2002），松本（2004），菊地（2011）による一連の研究があります。

　これまでは特定の組織・団体やそこに属する人びとを対象にした事例研究を紹介してきましたが，社会構築主義の立場をとる研究のなかには，不登校をめぐる「語り」（言説）に着目し，誰が何を主張しているのか，そこで何が問題とされているのか（いないのか）を検討する「言説分析」と呼ばれるスタイルの研究があります。

　不登校をテーマにした言説分析には多数の蓄積がありますが，ここでは教育社会学者の樋田大二郎による一連の研究を紹介したいと思います。樋田氏は90年代末と2010年代の異なる時期に，不登校言説を検討した論考を発表しています（樋田1997，樋田2010）。同一の分析者の手によってなされた，異なる時代の研究を対比することによって，不登校をめぐる言説の構図の変化を明確に把握できると考えたためです。

　樋田氏の論考では，不登校をめぐる様々な言説を取り上げ，誰が何を主張しているのかを検討する作業を通じて，当時，支配的な位置にあった不登校言説を相対化するとともに，その背後にある権力関係を明らかにすることが試みられていました。

　まず，90年代末の論考では，専門家vs.当事者という構図が不登校をめぐる言説を枠づけていたことが明らかにされます。この構図のなかで，東京シューレの言説を典型とする，不登校に関する当事者の捉え方を重視する言説が次第に力を持つようになってゆきました。樋田氏はこうした言説の展開を，「個人と社会の関係の見直し，新しい社会関係の創出の契機」（樋田1997：203）になっていると肯定的に評価しつつも，そこにはある危険性があると指摘します。専門家の側も当事者の声に着目し，「不登校を克服することで一段と成長する」という言説を流用することで，（例えばカウンセラーが「成長」のために子どもや家族に助言するなど）当事者に対する専門家の優位性を保持しようとする動きに警告がなされていました。

　専門家と当事者の関係を問うた90年代末の論考とは異なり，2010年の論考では，1980年代以降の不登校言説の展開が整理されます。そこで樋田氏が着目したのは，かつては病理現象か否か，学校復帰は是か非かを争う言説が拮抗していた状況が大きく変わり，今日においては公教育の自明性そのものを問い直す言説が生じつつあることでした（樋田2010）。樋田氏は新潟市の「フリースクールP&T」と，東京シューレの関係者が特区制度を利用して設立した「東京シューレ葛飾中学校」の2つの事例に着目し，前者は公教育からの離脱を，後者は公教育の再創造を志向する取り組みと位置づけます。2つの実践とそこで生まれる言説に共通するのは，どちらも公教育の自明性そのものを問い直していることです。

　異なる時代に書かれた2つの論考の強調点の違いから窺えるように，不登校をめぐる言説の構

図は，90年代と2000年代で大きく変化したといえるでしょう。学校教育がゆらぐなか，専門家が果たす役割が鋭く問われた1990年代と，公教育の自明性そのものが問い直された2000年代。(多様な) 教育機会確保法案が提示されている今日の状況は，不登校言説の展開を検討した樋田氏が指摘するように，「学校だけが公教育の担い手なのか」という原理的な問いが提示されている時代だといえるのではないでしょうか。

3 「当事者」論のさらなる展開へ

不登校（あるいは「学校に行かない子ども」）をめぐって，専門家の位置づけや公教育そのもののあり方を問い直す際に重要なことは，当事者である子ども・若者がおかれている状況を把握するとともに，かれらの声をどのように議論に反映させてゆくのか，という問題です。

登校拒否・不登校をめぐる経験には，悩みや葛藤を抱え，他者との関わりを回避する出来事が含まれることが多く，当事者が自らの経験を他者に語れるようになるまでには一定の時間を要するように思います。当事者やその家族の声をひろく社会にむけて発信する取り組みは様々に行われてきましたが，登校拒否・不登校研究においても，当事者性をどのように位置づけるのかが問われています。

教育社会学者の瀬戸知也氏の論考は，登校拒否・不登校問題における当事者性について，比較的早い時期に重要な論点を提示した研究です。瀬戸氏の議論は「社会化論」と呼ばれる社会学の研究領域の更新に力点をおくものですが，そこでは不登校をめぐる語り（不登校ナラティヴ）についての興味深い議論が示されています（瀬戸 2001）。

瀬戸氏によれば，これまでの不登校をめぐる語りにおいては，当事者を「作中人物」として客体化するような物語が支配的な力を持っていました。かれはその例として，不登校を病と捉える「医療化」のナラティヴや，スクールカウンセラーの導入に解決策を期待する「改善策のナラティヴ」を提示しています（瀬戸 2001：48～49）。

こうした支配的なナラティヴに対し，瀬戸氏はいくつかの言説を取り上げながら，「作中人物」であった当事者が「語り手」として登場する抵抗のナラティヴがもつ可能性に着目します。瀬戸氏は対抗的な不登校の語りをめぐる筋立て（プロット）を検討し，回復のナラティヴ／発見のナラティヴという2つの形式の対抗的な不登校ナラティヴには，語り手の視点の「移動＝変身」を主たるモチーフとする点に特徴があることを指摘します。瀬戸氏の議論には難解な点がありますが，そこで強調されている論点のひとつは，不登校をめぐる議論（かれの表現では「ナラティヴ」）に当事者の視点をいかに取り戻すのかという問いでした。

先ほど紹介した様々な事例研究も，登校拒否・不登校研究に当事者性を組み込む試みとして位置づけることが可能ですが，当事者性をめぐる問題を正面から論じた研究として，最後に社会学者の貴戸理恵による著作を紹介しておきたいと思います（貴戸 2004）。

貴戸氏は障害者，女性，高齢者，患者，性的少数者など，マイノリティと呼ばれる人びとの手による「当事者学」と呼ばれる研究＝運動の取り組みを参照しながら，不登校を経験した当事者の語りを収集し，その多様な経験に耳を傾けます。この作業を通じて，貴戸氏はフリースクールや子どもの居場所など，学校外のオルナタティブな学びの場に関わる人びとに共有されていた「選択の物語」とは異なるかたちで，不登校経験を肯定する物語を紡ぎ上げる可能性を模索しました。

「選択の物語」とは，構築主義の立場を取る研究群の冒頭で紹介した朝倉氏の研究で示された「学校に行かないことを選んだもの」として自己を定義する物語です。朝倉氏の研究も，当事者の声をなるべくそのまま把握することを企図したものですが，貴戸氏によれば，当事者の経験にはこ

の物語に回収しつくせない側面があるといいます。特定の物語に水路づけられることなく，当事者が別様な語りを模索し（あるいは語らない自由をも行使することで），不登校経験の意味を肯定的なものへと変容してゆく。そのような道筋をいかに見出すことができるのか，貴戸氏は同書の末尾でこのような問いを提示し，議論を締めくくっています。

　当事者学を登校拒否・不登校研究に接合する試みのすべてがうまくいったかどうかは，読者による判断を仰ぐほかありませんが，貴戸氏の研究が提示した問いは，今日も（あるいは今日だからこそ）重要なものだといえるでしょう。

おわりに

　冒頭に述べたように，この章では社会学的な研究を中心に研究動向の紹介を試みましたが，当然ながら，すべてを網羅しているわけではありません。本来ならば，（社会的）ひきこもりを対象とした研究も取り上げるべきですが，紙幅の都合でこれらの研究は割愛しました。また，この章では取り上げていない重要な研究も多々あります。

　より網羅的に研究動向を知りたい方は，本稿とあわせて伊藤茂樹編『いじめ・不登校』（リーディングス日本の教育と8巻）日本図書センター，2007年を手に取ることをおすすめします。

（山田　哲也）

第2章　臨床教育学関係の理論の紹介

第1節　高垣忠一郎氏の論考の紹介

　高垣忠一郎氏は，これまで40年間以上にわたって主に登校拒否の子どものカウンセリング・心理臨床に携わってこられました。また，1990年から2013年までの23年間全教等の主催する「教育のつどい」の「登校拒否・不登校の克服」分科会の共同研究者をつとめ，さらに，これまで8年間「登校拒否・不登校問題全国連絡会」の世話人代表をつとめられています。

　氏は文字通り，登校拒否問題に関わる心理臨床あるいは臨床教育学関係の草分けとして，当事者・保護者と交流しさらに教師や心理臨床家等とともに実践を進め，貴重な理論的貢献や問題提起もされてきました。

　以下，たくさんの高垣氏の著書の中から7冊の著書を取り上げ紹介したいと思います。

　（1）『登校拒否とその周辺——自分を愛し信頼する心を』（1991年，部落問題研究所）
　全教らの主催する1989年度「教育研究全国集会」が1990年3月1日〜4日までの4日間京都で開催され，そのなかで，はじめて「登校拒否・不登校・高校中退の克服」と題する「特設分科会」が設定されました。従来は「生活指導」「保健・体育」「障害児教育」「進路指導」などの分科会でとりあげられてきましたが，深刻な問題をかかえる児童・生徒が急増し，学校・家庭・地域の悩みも大きいゆえに全国でのとりくみを交流しあい，深め，教訓を広げるために初めて特別に設定されました。それは「いまこそ，子どもの要求を労働運動へ」という全労連の姿勢を端的にあらわす分科会設定でもあったように思う，と著者は述べています。著者はこの記念すべき集会と分科会に共同研究者として参加し，その分科会での論議やそこで著者の感じたこと，考えたことを本書に著しました。

　「登校拒否を克服する」ということは，子どもを再び登校できるようにしてやることか？　自分の子どもの登校拒否を経験したある教師は「金持ちだけでなく貧乏人もいける，そして大事なものを学べる。だから学校は大切だと思う」が「なぜ，いま学校にもどさないといけないか」と素直な疑問を問いかけました。またある母親は，「子どもが30,代，40代になった時にどうかという長い目で見ないといけない，教師は3年間という短い期間だけで見ているのではない」か，「思春期に"つまずいた"からこそ今があるという時が来るのではないか。そういう観点からも論議してほしい」と訴えたと，生々しい当日のやりとりを報告しています。

　著者はこの問題にカウンセラーとしてかかわってきた経験から，「登校拒否を克服する仕事は，マイナスをゼロにもどす仕事ではない，マイナスをプラスに転化する仕事だ」と述べます。子ども本人に即して言えば，登校拒否という形で「つまずいた」がために，それを契機にしてより自由に生きられるようになり，ひとまわり大きく成長したといえるような，そういう仕事をさせてやることが最も大切なことだと主張します。

　その仕事を援助し，そのための条件を整えてやるという仕事は決して楽な仕事ではない。学校のあり方や家庭のあり方を点検しなおし，子どもを「早く，早く」と追い立てるような自分たちの生活のあり方，生き方と対決し，それを克服してゆかねばならないことにもなります。そのことは必然的に，親や教師が自分たち自身を「早く，早く」と駆り立て，過労死やその寸前にまで

追い込む企業社会のしくみや論理と対決し，それを克服してゆくことも迫るでしょう。とすると，登校拒否を克服してゆく仕事は，子どもの自由に生き，成長したいという願いや要求を中心にすえ，その実現を援助するために親や教師自身が自らを縛る企業社会の仕組みや論理と対決し，それから自らを解放してゆく仕事に他ならないと指摘します。

（2）『揺れつ戻りつ思春期の峠』（1991年，新日本出版社）

「登校拒否の子どもの姿を通じて今の子どもたちの生活を思うとき，たくさんの車がビュンビュンとばしている「高速道路」のイメージが浮かんでくる」と著者はいいます。

高速道路を車で走ると，たいへん緊張して疲れます。そうすると，ドライブインに立ち寄って一服したくなります。トイレに行ったり，飲み物を飲んだり，深呼吸して疲れを癒したり。私には登校拒否の子どもたちの姿が，それとダブって見えてきます。高速道路を息もつかず，われ先にと走らされるような生活から少しはずれて立ちどまり，疲れを癒したり，足りないものをとりもどしたり，心のエネルギーを充電しなおしたり，自分を確かめなおし自分をとりもどす仕事をしているように思えます。とすれば私たちは，その子どもたちが自分をとりもどす仕事を十分にできるように，時間と条件を保障してやらなければならないはずです。ところが現実は，なかなかそのようなゆとりを与えてくれません。わが子が競争から脱落し取り残されてしまうのを恐れて，ついつい「早く，早く」とせきたて，子どもを高速道路に追いもどそうとします。腹痛や頭痛を訴えて登校をしぶる子どもに，正露丸やバファリンを飲ませ，学校に送り出そうとするようなことも少なくありません。子どもの将来を案ずる親ごころゆえのことであるが，その案じ方のゆとりのなさをとおして，追い立てられる子どもの姿と追い立てる親の姿が二重うつしにみえてくる……，と著者は述べます。

全労連の「90年国民春闘白書」は「今こそ，子どもの要求を労働運動へ」というスローガンを掲げた。「白書」は訴えています。——子どもが安心でき，希望を発見できる根拠地が必要であること，その根拠地とはまず何よりも，子どもにとってもっとも身近な両親との人格的ふれあい，心の通いあいを保障する関係であること。子どもたちは，"親たちよ！労働時間を短くして，ふれあいを共有できる時間を十分に保障してほしい"とアピールしていること，その子どもの要求の視点から，あらためて労働時間短縮要求をとらえなおすことが大切だということ——

著者は訴える。子どもが登校拒否に陥ったときに企業戦士の父親が「俺がこんなにがんばっているのに，おまえは何だ！」と責めることが残念ながら少なくない。そのように言いたくなる父親の気持ちもわからないではないが，子どもを責めるまえに子どものことばにならぬ訴えにしっかりと耳を傾けようとしてほしい。そうすれば，その訴えは，行きつく先は「過労死」かもしれない道を闇雲に突っ走る父親たちを，人間らしい生活に呼び戻そうとする声であることに気づくことができるでしょう。子どもの示す「問題現象」を，ダメな子のひきおこす「やっかいごと」としてみるのではなく，親たちの生活をふりかえり人間らしい生活をとりもどしてゆくために，与えられた機会として受けとめてほしい。

本書はそのように訴える著者が，思春期の峠でつまずき，もつれる子どもたちの姿をとおして，子どもの生活，親の生活をふりかえし，子どもたちの豊かな発達と自立を援助しうる子育てのあり方をわかりやすく示したものです。

（3）『登校拒否・不登校をめぐって——発達の危機，その〈治療〉と〈教育〉』（1991年，青木書店）

子どもの人格発達の危機をどうとらえるか？子どもの人格形成と学校教育の危機の中に子どもの問題現象を位置付けて理解することを試みています。人格という概念には，人間を種々の部分的・要素的な機能や特性に分解してバラバラにとらえるのではなく，それがひとつに統一された全一体として人間をとらえようとする意図が込められていることを指摘したうえで，人格を「生きるめあて」と「生きるちから」の統一体としてとらえる。そして「人材養成機関」と化す学校が「生きるめあて」と「生きるちから」を統一的に形成することを困難にしており，「学力」形成が人格形成につながらないどころか，「学力競争」が人格破壊をもたらしており，それがもたらす苦悩が子どもの問題現象として現れていることを論じます。

「登校拒否問題」を人格形成上の問題としてとらえ，それが「早く，早く」と「高速道路」を走らされるような生活のなかで「やり残した」人格（人間）形成の仕事をする機会だとみます。そしてそのように見るメリットは，登校拒否をそれなりに積極的な意味をもつものとしてとらえられることであり，そうすると余裕ができ，余裕のない対応で子どもを追いつめ，問題を深刻化させることもないと論じます。

登校拒否は「学校にいけなくなる病気」ではなく，胃をこわすと食欲がなくなるような生体の自然な防衛反応であり，なんら異常な反応ではない。だが，なぜ胃をこわすのか，なぜ登校できないほどに不安や緊張が高まってしまうのかという問題は，子どもの人格形成上の重要な問題として受けとめなければならないといいます。しかし問題をそのように受けとめることと，それがあたかも「深刻な病気」にかかったかのように受けとめ「大変だ」「大変だ」とさわぎ，余裕のない対応をして子どもを追いつめ，問題をこじらせてしまうこととはまったく別の事柄だと注意を喚起します。

（４）『共に待つ心たち――登校拒否・ひきこもりを語る』（2002 年，かもがわ出版）

本書は著者が大阪の「登校拒否を克服する会」で毎年行った講演をもとに作られた。「克服する会」は 1986 年に大阪教職員組合の「親と子の教育相談室」の活動から生まれた。1 人で悩む親をなくし，互いに励まし合い，支え合い，学び合うこと，教育の民主化に目をむけ，教職員組合などと連携して活動を進めること，などを主な柱にして運営されてきた「親の会」です。

本書のなかで，著者は「克服する」という言葉の意味について 1985 年に当時ドイツ連邦共和国大統領だったワイツゼッカーの演説の有名な「過去に目を閉ざすものは結局のところ，現在にも盲目となります。非人間的な行為を心に刻もうとしないものは，またそうした危険に陥りやすいのです」という一節を引用しながら，概ね次のように語っています。

「この大統領演説の訳者の解説によると，ベベールングという言葉を日本語にすると「克服する」という言葉になる。「登校拒否を克服する」という言い方に対し違和感をもったり，登校拒否を「克服すべき問題」であるかのように扱うのはおかしいいう人もいます。だがそれをあえて使い続けているのは，「克服する」という言葉は「心に刻んで忘れない」という意味で使っているのだ。自分の子どもがめでたく学校にいき始めても，あれはもう忌まわしい 1 つの過去のエピソードだということで終わりにしてしまわない。わが子がもっていた登校拒否の意味を心のなかに刻み込み，新しい自分のなかに生かし続ける。これだけの多くの登校拒否の子どもを生みだしている時代や社会のもつ意味をしっかりと理解し，心の刻んで新しい社会や世界に向かって新しい一歩を踏み出す。――そういうことが，「登校拒否を克服する」ということの意味だろうと思う」

著者の紹介している「克服する会」の作法は

① 教師と共に学校教育を考え，よくしていくことを方針としている
② だが，あくまでも「親が中心に」というこだわりを大切にする
③ 何よりも親が自分で考え，自分で決めることを大事にする
④ そのなかで，他人にわかってもらえる形で自分を表現する力を身につける
⑤ それが親の「社会化」にもつながり，「当事者として責任を担う」ようになる
⑥ そういう力は，子どもとの対応の仕方や夫婦の会話の中にも影響を与える
⑦ 親，教師，専門家などいろいろな立場の人間が対等につながる
⑧ 対等な関係でないと，自分の頭や心を自由にして物事を決めていくことができない
⑨ そうすることで，専門家への依存から抜け出せる
⑩ 交流会や世話人会の運営でも「参加者に依拠して」ということを大事にする
⑪ 「一致点を大事にする」ことを大事にする
⑫ 多数決に一致点をつくり決定するようなことはしない
⑬ そうすることで，上から押し付けられて動くという動き方ではなくなる
⑭ 子どもとの接し方の原則は「信じて，任せて，待つ」である
⑮ それをおとな同士の間にも応用する
⑯ 「ゆっくりいこうな」「ぼちぼちいこうな」を大事にする
⑰ 足を踏みしめ，踏みしめても，踏みしめすぎることはない
⑱ 時期がこないといけないことがある。それを大事にする
⑲ 「時間がかかってあたりまえ（民主主義は時間がかかる）」そういうことをわが子との付き合いのなかから学んだ。
⑳ 無理にああしてやろう，こうしてやろうとすれば，必ずこじれる。そういうことを身につけているから，おとな同士の関係でも，それを大切にする。

（5）『生きることと自己肯定感』（2004年，新日本出版社）
　著者によれば，第1に「登校拒否・不登校」問題をはじめ，子どもの示す「問題」をどう理解し，どう対応していけばよいのかと提案すること。第2に子どもの「問題」の解決のためと称して，上からの「心の教育」や「教育基本法の改定」「新しい歴史教科書をつくる会」などの主張や動きがあるが，それらの主張や動きが，ほんとうに子どもの「問題」の解決につながるのかを問うことが本書の課題である。
　そして，子どもの問題の解決に際して，どうしても外せないキーワードとして「平和」と「自己肯定感」をとりあげている。文部省が1947年に日本の子どもたちに与えた「新しい憲法のはなし」のなかにも「……国の力で相手をおどすようなことは，いっさいしないことにきめたのです。これを戦争の放棄というのです」とあるように，「平和」は単に「戦争」がないことを意味するのでない。「脅し」で人が動かされないことであり，いま日本の世の中には，いわゆる「戦争」はないが「脅し」が蔓延しており，子どもの教育や子育てにまで「脅し」がはびこっている。そのような意味では決して「平和」だとは言えない。そのような「脅し」の教育や子育てこそが，「登校拒否・不登校」をはじめ子どもの「問題」を生み出しているのだと著者は主張します。
　また，「心の教育」の推進勢力や「新しい歴史教科書をつくる会」主張をみれば，「自己肯定感」（自尊心）という言葉が使われているが，著者もまた自らの心理臨床実践のなかで「自分が自分であって大丈夫」という「自己肯定感」をキーワードとしてつかってきたのであり，はたして彼らがどのような意味で「自己肯定感」という言葉を使い，それが著者のいう「自己肯定感」とどの

ように違うのかを検討し,「平和を愛する心」を支える「自己肯定感」はどのような「自己肯定感」でなければならないかを問うことも本書の大きなねらいだとしています。

さらに,「平和」と「自己肯定感」は子どもの「問題」にのみ関わる事柄ではなく,日本のおとなの生きざまとも深くかかわっています。日本のおとなはいったい日本の国をどこへ向かわせようとしているのか？子どもの「問題」はそのことを日本のおとなに問いかけているのであり,日本のおとなは自分を棚上げにして,子どもの「問題」とむきあうことはできないのだと著者は強調しています。

（6）『3.11生みの苦しみによりそって－原発震災と登校拒否』（2012年, かもがわ出版）

本書のなかで, 高度経済成長が終わりを告げ, 代わって登校拒否の子どもの数が急成長し始めた1970年代半ば以来, 心理臨床家として登校拒否の問題にかかわってきた著者は「登校拒否・不登校」問題は, 私たちに日本に住む人間に何を「問題」として問うてきたのだろうか？と問いかけ, それに答えるためには, その問題がどんな社会のなかで, どんな時代背景のなかで生まれてきたのかを振り返らなければならないといいます。

3.11の大震災と原発事故を経験した日本は「新しい日本」を生み出すための「生みの苦しみ」のなかにいます。登校拒否の子どもも, ひきこもりの若者たちも, 実は「古い自分」に「さようなら」をし「新しい自分」に「こんにちは」をするための「生みの苦しみ」のなかにいると著者はいいます。

登校拒否の子どもの父親が「月に宇宙船を送りこみ, 月面着陸させられる時代に, 子ども一人学校に送り込むことすらできないのか」といいました。人類の科学技術の発展は素晴らしいが, この父親の言う通り, その技術を使って子ども1人を学校に行かせることができないのです。それは当たり前のことで, 子どもは科学技術によってつくられ, 操作される宇宙船のような機械ではなく, 生きものなのだと著者はいいます。そして, 教育や子育ても技術化され, 子どもを操作の対象として扱うようになってきたところがあるが, その技術は生きものである子どもと相性がいいのだろうか？と問いかけ, 高度経済成長の時代以降, 教育や子育ては生きものである子どもを部品に解体し, よき性能をもった「人材」として仕立て上げようとする傾向をつよめてきたのではなかったか, 乾いて硬い子育て環境, 子どもを操作の対象としてみる鋭く尖った評価のまなざし, 効率を追う教育技術が, 子どもを追い込み「登校拒否」を生み出してきたのではないか, やわらかい生きものである子どもが, 人工的につくられて硬い環境に不適応を起こしているのではないかという。

そして,「登校拒否」はもともと「学校恐怖症」と呼ばれていたが, やがて「不登校」という毒にも薬にもならない呼び方をされるようになったが, それは「学校に行っていない状態」を指すだけの中性的で無機質な, 個性を抹消した言葉です。だから,「数値化」しやすい。だが,「登校拒否」は一人ひとり顔が違うように違っているのであり, 一人ひとりのよって何が「拒否」されているのかを考え, その意味を読み取る必要があるのだと強調します。

（7）『登校拒否を生き──「脱落」から「脱出」へ』（2014年, 新日本出版社）

一つひとつの交通事故の原因は, それぞれに違っています。わき見運転, スピードオーバー, 酒気帯び運転, 居眠り運転, 本人のイライラ……そしてその背後にはそれぞれに運転手の性格があり, 生きる事情がある。だが, それぞれに事情がある交通事故が多発するのは, 日本社会のモータリゼーションの結果生じた「交通過密状態」が原因です。

同様に一人ひとりの登校拒否には，それぞれにわけがあります。だが相当丁寧に周囲深く聴き取らないとその真実はわからない。当事者の言語能力や周囲の人の聴く力の問題もあります。だから，一人ひとりの登校拒否の意味は多くの場合，当人にも周囲にも共有されないままに，忘れ去られています。1970年代半ばから登校拒否は急増し社会問題化したが，「不登校問題」としてくくられる登校拒否の多発の原因は，子どもの生活が学校に囲い込まれ，その生活が「高速道路」のようになったことにあります。先を急ぐクルマが密集して走る「高速道路」では，自分のペースで走れない。それぞれに生きる事情をかかえ「こころの傾き」もいろいろな子どもが，同じペースで走れるわけがありません。

　「不登校問題」を本気で解決する気があるなら，まずは学校の「高速道路」化を改善することが一番の方法です。すなわち，過密な授業を減らし，30人学級にして教師の数を増やし，さまざまな事情をかかえて登校する子どもを教師が平らかで和やかなこころで迎え，丁寧な指導や援助ができる学校をつくればいいのだと著者はいいます。

　だが一人ひとりの登校拒否の直接の原因や意味は，それぞれに違っており，教師や親と心理臨床家の仕事は一人ひとりの登校拒否の子どもに寄り添い，その意味やわけを聴き取り，それを子どもの成長の糧として今後に生かしていくことができるように援助することです。その援助の過程で，今日の社会のもつ光と影や，そのなかで生きることの難しさがくっきりと浮き彫りになって教師や親，心理臨床家の目に見えてくるはずです。それを知ることは，教師や親，周囲の人間にとっても自らの生き方をふりかえり，考えるための貴重な糧になるにちがいないと指摘します。

　以上紹介した高垣氏の論考から学ぶ点は多々ありますが，ここでは特に学ぶ点を以下の4点あげておきたいと思います。

　第1に，高垣氏は一貫して「登校拒否」という言葉にこだわり，「不登校」と言う言葉との違いをふまえ，「登校拒否」と言う言葉＝概念の積極的意味を明らかにしていることです（（6）（7）の文献を中心に）。

　第2に，氏は，同時に自己肯定感という言葉に早い段階から注目し，他の論者が使う意味との違いを明らかにし深めています（（5）の文献を中心に）。

　そして，第3に，氏は，登校拒否を克服する内容も深めています。そして，登校拒否を克服するとは，単に登校拒否の子どもを学校に戻すことではなく，登校拒否という形で「つまずいた」がために，それを契機にしてより自由に生きられるようになり，ひとまわり大きく成長したといえるような，そういう仕事をさせやることが最も大切なことだと言います。また，登校拒否を克服してゆく仕事は，子どもの自由に生き，成長したいという願いや要求を中心にすえ，その実現を援助するために親や教師自身が自らを縛る企業社会のしくみや論理と対決し，それから自らを解放してゆく仕事にほかならないと指摘します。

　また，「高速道路化」した学校を改善することが一番も方法であることも強調しています（（1）（7）の文献）。

　さらに，第4に，氏は親の会の役割と在り方も深めています。氏は，「登校拒否を克服する会」の作法として20項目をあげています（（4）の文献）。

　その他にも，高垣氏の文献から学ぶ点は豊富にあります。是非読者の皆さんが，一冊でも手に取られ実際に読まれ，自らの実践や生活に生かすことをお勧めします。

　　　　　　　　　　　　　　　　　　　　　　　　　　　　　　　　　　　　　（前島　康男）

第2節　廣木克行の仕事

　本章では1980年代から「不登校の子をもつ親の会」の世話人として「不登校」問題に取り組み，日本臨床教育学会の立ち上げにも参加した研究者である廣木克行氏（元長崎総合科学大学教授・神戸大学名誉教授・前千代田短期大学学長）の研究を取り上げます。

　彼の仕事は多岐にわたっており，講演・相談活動の多忙の合間を縫って，一般向けの書籍も多数出版されています。本節ではそうした彼の多彩な業績のなかから，彼の臨床研究の結晶というべき学術論文に着目し，不登校問題をめぐる「子ども理解（親・教師論）」と「教育政策論」に的を絞って紹介していこうと思います。

1　子ども理解（親・教師論）

　はじめに取り上げるのは，彼の臨床研究のなかでも中核的な位置を占める「子ども理解」論であり，具体的には「臨床教育学と子ども理解：不登校研究の立場から」（日本臨床教育学会編『臨床教育学研究』群青社，創刊特別号，2011年）および「不登校支援における親の子ども理解の重要性」『子どもの生活世界と子ども理解（教育実践と教育学の再生 1）』（かもがわ出版，2013年）の2つを紹介したいと思います。前者は日本社会における不登校へのまなざしの在り方を素材にしながら，あるべき「子ども理解」について論じたもの，後者は親の「子ども理解」の深化過程について順を追って描いたものです。

　彼の「子ども理解」論は，子どもの発達や心理に関する普遍的な原理について科学的見地から解説を加えていくものというより，個々の子どもの声なき声を理解するために大人が持つべき「構え」のあり方について論じたものです。子どもに向きあう際に心理や発達，社会状況などに関する専門的知識を踏まえることはもちろん不可欠ですが，それらの科学的知見を安易に現実の子どもに当てはめて理解したつもりになるのではなく，各々の子どもの声を聞き，その個別性をも理解すること，これこそが彼の「子ども理解」論の要点です。

　このような意味における「子ども理解」ですが，廣木はその深まりの証として「自己中心的な適応主義的子ども観から子ども中心の自己実現的子ども観に至る子ども観の転換」を挙げます（廣木2013：87）。以下では，不登校の子をもつ親たちによる「子ども理解」の深化過程を例に挙げて見ていきたいと思います。

（1）　親の「子ども理解」の深化過程
① 不登校理解の第1段階
　廣木は，不登校の子どもをもつ親たちが往々にして「子どもの苦しみではなく学力の遅れと社会性という能力の低下」にまず目を向ける点を指摘しています（廣木2011：88）。「学校を順調に通過しなければ子どもの社会的自立が不可能になるという『学校への囚われ』の意識」が目の前の子どもそれ自体をまなざすことを困難にさせるのです（廣木2013：84）。時に親たちは「子ども自身の中に原因を求める固体還元論的姿勢に無意識の内に立つことから出発」することさえあります（廣木2011：87）。不登校の子どもをもつ親たちの多くは「子育てに失敗した親」という自己評価・他者評価のまなざしに苛まれ，「不安と自責の感情から逃れたい一心で子どもの状態を変えようとする」のです（廣木2011：86，2013：84）。

本項では，整理のために敢えて段階論を採用し，そうした初発の状況を不登校理解の第1段階＝「子どもへの無理解」（廣木2013：83）の段階と呼ぶことにします。第1段階は，いわば「親が，学校への不適応による〈将来〉への不安と原因追求のための〈過去〉へのこだわり」に苛まれ「親としての役割から子どもに関わる」段階です（廣木2013：89，2011：87）。

② 不登校理解の第2段階

しかし，苦悩のなかでやがて変化が訪れます。廣木は「親たちは適応主義的子ども観をむき出しにして子どもに迫り，激しい抵抗や絶望的な表情に遭遇するという助走的体験を経た後に，居直り，アキラメ，こだわりの放棄と表現する以外にない心理状態に到達する」と指摘します（廣木2013：88）。

その瞬間に訪れる身体が軽くなるような心理状態を，廣木は「心理的虚脱」（廣木2013：87）と呼びます。親はそこで「義務や責任という世間的な価値観による重圧からの解放感」（廣木2013：89）と「親として為すべきことを放棄したかのような自責」（廣木2013：88）のないまぜになった感情に襲われると言うのです。そして不登校理解は「第2段階」に至ります。

廣木の議論を筆者なりに整理すると「不登校理解の第2段階」は〈子どもの現在〉をめぐる苦悩」の段階だと言えます。「親が，学校への不適応による〈将来〉への不安と原因追求のための〈過去〉へのこだわりを棄てて，コダワリの放棄に行き着くと，子どもからの激しい抵抗や自傷的行為は確かに減少する」（廣木2013：89）。それは「過去を振り向かず，将来を閉ざし，現在を生きることに精一杯の心理」（廣木2011：90）にある不登校の子どもが「世間的価値で子どもを評価する親の目からの解放」（廣木2013：89）を感じとるからです。

しかしよいことばかりではありません。廣木は「だがそれに代わって親は，奔放に振る舞い始める子どもの生活態度の変化にも直面するようになる。そこから新たに生ずる心配が〈現在〉の子どもの姿への疑問と迷いである」と言います（廣木2013：89）。それはたとえば「『昼間からゴロゴロしていていいのか』とか『昼夜逆転的生活はどうしたらいいのか』とか『家にいてもいいからせめてこれ（入浴など）だけはしてほしい』」（廣木2013：90）といった迷いや心配です。

こうした苦悩自体は「不登校理解の第1段階」でも生起しますが，廣木は「現在の生活態度に対するこの疑問は，いったん不登校を受け入れた親にとっては，なぜそのような振る舞いをするのかという子どもの内面への関心に結びつき得るものであると言ってよい」（廣木2013：90）と述べて，「コダワリの放棄」によって「子ども理解」の進展が可能となることを示唆しています。

③ 不登校理解の第3段階

不登校理解の最終段階である「第3段階」は，子どもの意志の尊重が真に可能となる「子ども理解」の段階です。

廣木は，この段階に至る過程では親自身の生き方の根源的な掘り下げがなされ，親が「自身の生き方を自立に向けて変化させる」場合が多いと言います（廣木2013：91）。「親が自分の子ども時代に体験した負の心理体験を自ら掘り下げる必要に気づき，子ども時代を捉え直し言語化していく中で，『目の前の子ども』の不安や苦悩あるいは喜びを共感的に理解できる『自分の中の子ども』の存在にも気づく」と言うのです（廣木2011：87）。

ここでいう「自分の中の子ども」は，当然ながら「みずからの幼稚な部分」などといった意味ではありません。廣木はE・H・エリクソンの理論を紐解きながら，大人と子どもの関係を「時を隔てた2人の子どもの出会い」としてとらえ，「そこにパートナーシップが築かれるとき，子ども

の〈ありのままの姿〉に近づく『子ども理解』が可能になる」と述べるのです（廣木 2011：81）。

　廣木の追究してきた「子ども理解」の深化過程論は，いわば親の自己変革の過程を扱ったものであり，また子ども自身の「自己理解＝自己解放」の過程をめぐっても多くの点で適用可能であることは言うまでもありません。その意味で，彼の「子ども理解」論は，不登校を契機として社会的マイノリティとなった子どもやその親が，苦悩のなかで自身のアイデンティティの再構築を図り，自尊心を回復するまでを描くものであると言え，「被抑圧者の教育」「エンパワーメント」「主体形成」などを鍵概念とする批判的教育学（クリティカル・ペダゴジー）の潮流に位置づけることができるように思います。

　さらに言えば，廣木の「子ども理解」論においては，親に対するエンパワーメントが子どもに対するエンパワーメントと連動している点に特徴があり，その意味では，社会的差別や搾取の被害者であると同時に，搾取構造への加担をも引き受けざるを得ないでいる社会的マイノリティに対し，コンシャスネス・レイジングを通じて，変革主体としての覚醒をうながす「変革主体形成」論との共通点も多いように思われます。たとえば，以下の記述などはまさに「変革主体形成」論の一節と言えるでしょう。

　　「涙にくれる母親の苦しみを受けとめ寄り添い続けると，1つの転機が訪れる。変わるべきなのは子どもではなく自分自身であることに母親は気づくのである。この母親の変化こそ子どもが苦しみを癒すうえで何ものにも代えがたい支援者の誕生を意味する。つまり，母親は自分の苦しみへのこだわりを脱して，子どもの苦しみに関心を示す支援の主体へと自己を変革し始めるのである」（廣木 2013：82）

　おそらくこうした志向性は，1970年代末，戦争で荒廃したベトナムに身を置いて「民族解放運動と教育」に関する研究をしてきた彼の研究歴と深く関連しているように思われます。

　なお，彼の「子ども理解」論を段階論的に理解することは一面的かもしれません。一方には変革主体形成論に内在する各段階間のゆらぎや跳躍の契機を看過する危険性があり，他方には彼のもうひとつの理論的支柱であるエリクソンの理論の持つ各ステージの課題達成の重要性やステージ間の重層的・連鎖的関係性についても捨象してしまうからです。

　また，本項では十分に紹介できませんでしたが，ここまで見てきた親たちの「子ども理解」の過程においては，親たちが支え合い，聞き合う関係性を通して「子ども理解」と「自己理解」を深化させていくセルフ・ヘルプ・グループの存在が重視されている点も見逃されるべきではないでしょう。それは，独力で「子ども理解」を深化させていくことが困難であるためであり，その点ではパーソン・センタード・アプローチで有名な臨床心理学者K・ロジャーズの行ったグループ・エンカウンターとの共通点も多いように思われます。

（2）　教師の役割と「子ども理解」

　廣木の不登校対応論では，教師が不登校の子どもに直接関わることが現実的でないことを踏まえ，教師に対して「親の子ども理解」の深化過程を支える役割を要請する点に特徴があります。具体的には「原因論（過去）や上昇的発達イメージ（将来）への不安に振り回されず，親の安心を支えること（現在）こそ子どもが心を落ち着かせる上で大切である」（廣木 2011：90）と述べて「『お子さんが元気を取り戻すまで焦らず待ちましょう』『心配なことがあったらいつでも相談に来て下さい』『お子さんが受け容れてくれるなら私が話を聞きに行っても良いですよ』」といっ

た対応が望ましい例に挙げられるのです（廣木2011：90）。

　しかし廣木は「不登校の『原因』（過去）を子どもから聞き出し指導によって「解決」するか，励まし（将来）の指導によって子どもに『弱さ』を乗り越えさせようと思っているケースが多い」（廣木2011：89〜90）と指摘し，「教師が不登校児に対する援助者になろうとしても，その前に立ちはだかる壁は厚い」（廣木2011：90）と述べます。なぜなら「個体還元論と家族原因論は教師の気持ちを楽にする効果をもち，学校状況原因論は教師の防衛的姿勢を強めさせる。そのうえ，発達＝上昇のイメージに代表される学校的価値の内面化は，親と子どもだけでなく教師にとっても不登校状態に過大な負の評価を与えずにはおかない。こうして不登校状態を巡る様々な評価に心が奪われて，子どもの内面には関心が向かなくなるケースが多いのである」（廣木2011：90）。つまり，不登校の子どもとその親たちの伴走者となるためには，教師もまたみずからの「コダワリ」から解放される必要があるのです。

　しかし，現状は楽観できない状況にあります。廣木は「教師たちの中に不登校の原因は発達障害にあると考える人が増えている」と指摘し，1980年代以前にあったような「不登校の原因を個人的問題と考える個体還元論への回帰」を危惧します（廣木2011：81）。そうした「個体還元論」のまなざしは「子どもに拒否されあるいは登校不能となる学校の状況と学校システムのあり方を取り上げて，不登校児が出現する教育的，社会的な意味を問い直」すことを放棄させ，要素主義的な診断によって子どもの全人格・存在の理解を阻むことで，適切な対応を阻害するからです（廣木2011：83）。

　なぜ今，教師たちが適切な「子ども理解」から遠ざかっているのか。その問いへのひとつの回答となるのが，次項で取り扱う「教育政策」論です。

2　教育政策論

　廣木克行氏の仕事の特筆すべき点として，教育行政学専攻という出自に裏打ちされた教育政策研究があります。本法案をめぐる議論にも示唆が多いため，丁寧に見ていきたいと思います。

（1）　国の不登校政策について

　まず，国の不登校政策の転換について論じた「不登校政策の転換における『進路形成』の意味と役割」（神戸大学発達科学部児童発達論講座編『児童発達研究』第7巻，45〜52頁，2004年）を挙げます。本論文は，2003年以降の文部科学省の政策転換，すなわち「不登校児童生徒に対する社会的自立に向けた進路形成支援」の開始を転機として，各地の教育委員会が「不登校０作戦」などの威勢の良いスローガンや数値目標を掲げるようになった点を批判的に検討したものです。廣木は，教育の条件整備に関する目標のように数値目標を立てるに相応しいものもあるとしつつ，不登校者数の減少を数値目標化することは「現場の教師と地域の住民の中に不登校に対する誤った認識と対応を誘発する恐れを含んだ，極めて危険な手法だといわなければならない」と言います（廣木2004：49）。彼のこれまでの議論を踏まえるならば，不登校の量的減少は問題解決の質として表層的だと言えます。登校状態が子どもたちのクオリティ・オブ・ライフ（以下，QOL）の改善の結果としてもたらされたのか，それとも登校刺激が強化された結果として，根本的な問題解決のないままに不登校という状態だけが消失した場合がそうであるように，子どものQOLの犠牲のうえに「解決」が成り立っているのかという点が重要なのであり，安易な数値目標化は後者の対応を誘発することとなるからです。

　こうした一連の政策的転換は，一見すると支援的でありながら，その実，学校側の問題性を放

置したまま，子どもを競争的な学校秩序・社会秩序へとふたたび囲い込もうとするものである点で問題なのです。

（2） 自治体レベルの不登校政策について

こうした政策転換の風潮のなかで開始された自治体レベルの「不登校半減計画」を検討した論文として「不登校減少計画の『成果』と矛盾：熊谷市の『不登校半減計画』を検討する」（久田敏彦ほか編『授業研究所年報 創刊 子どもが生きる時間と空間』フォーラム・A，71～91頁，2006年）があります。これは臨床心理学を専門とする東京学芸大学教授の小林正幸氏が主導して不登校新規発生数を25％減少させた熊谷市の予防対策プログラムの問題点を指摘したものです。

廣木も指摘するとおり，小林は「無理に登校を促すのは邪道である」と述べて「子どもに嫌われるような学校環境の見直し」をうながしたり，受容的対応を訴えるなどの配慮を行っており（廣木2006：88），暴力的な介入を是とする「不登校・ひきこもりの引き出し屋」たちと比べれば，廣木との共通点も多いように見えます。しかし，やはり重要な点で両者には大きな差異があるのです。

廣木はプログラムの概要を丁寧に紹介したうえで「熊谷市の『計画』は……積極的な諸要素を持つ体系的な実践である。そうであるが故に，不登校の新たな発生を大幅に減少させ得たことは疑いない」（廣木2006：81）と述べて，本政策プログラムに一定の評価を与えつつ，その問題性を指摘していきますが，筆者の見たところ，そこでの論点は大別すると2つ存在するように思われます。

廣木の第1の批判点は，小林の「不登校理解」が表層的であるという疑念にもとづいているものと思われます。廣木はその例として，小林が「登校させる意志の強・弱」という視点で教師たちに親の対応を見させ，教師の評価結果を無条件の前提としてコンサルテーションを行っている点を挙げます（廣木2006：87）。

廣木からすれば「教師の目に『登校させる意志が弱い』と見える場合でも，それが欠席している子どもを放任している親の姿でない場合は多い」（廣木2006：87）のであり，「子どもの苦しみをよく理解し，その苦悩を受け止める方が大切だと気づいたからこそ，子どもの登校に拘らなくなった親」（廣木2006：87）を本政策プログラムが「登校させる意志が弱い保護者」として扱い，追いつめる効果を果たす点を懸念するのです。

また，小林がプログラムの成功の根拠としている「不登校発生数25％減少」もまた，廣木からすると，前述のとおり解決の質としては表層をなぞるものでしかなく，量的な減少によって子どもたちが追いつめられる危険性を危惧するのです。

前述の廣木の「子ども理解」論でいえば，小林は「子ども理解の第一段階」にありながら，不登校の子どもや親，教師に対して強い影響力を行使している点で問題なのだと言えるでしょう。

廣木の第2の批判点は，熊谷市の不登校対策プログラムが，実際運用上の「予期せぬ帰結」に対する配慮の面で不十分であることに向けられています。

廣木は，本政策プログラムにおける教師の役割について「マニュアル的作業の性格が強く，その作業として子どもとの関わりを促され，チームを組み，報告を作成する中で意識の変化が期待されているにすぎない」として「指示された作業の意味を理解し，納得した上での主体的な実践としての正しさでなければ，いずれは何処かで行き詰まるしかない」（廣木2006：83）と指摘します。

前述のとおり，教師のなかには学校的価値観に阻まれて十全な「不登校理解」を行うことのできない者が多いわけで，仮に政策プログラムが「不登校生徒の受容」を訴えていたとしても，教

師自身の「子ども理解」の深化を促す機会がそこにともなわないかぎり，実現される「解決」は表層的なものにとどまらざるをえません。親や子どもの「登校意志の強弱の実情把握」にせよ「子ども理解」や「不登校生徒の受容」にせよ，現場の教師が十分なクオリティの対応を行うためには十分な学習機会と一人ひとりの子どもにしっかりと向きあうための時間が必要だというのです。

　筆者からすると，これらの批判の背景には，廣木・小林両氏の臨床実践上のスタンスの違いがあるようにも思われます。廣木が不登校を「シグナル」と見て，子どもの育ちの状況のホリスティックな変革過程を重視するのに対し，小林氏は問題を深掘りすることなく，当事者側の主訴ないし「問題行動」の寛解にとどめようとします。この対立は廣木の採用するロジャーズ流のパーソン・センタード・アプローチと，小林の好む認知行動療法やソーシャル・スキル・トレーニングのあいだの五十年来の思想的対立をなぞるものでもあり，その溝は深いように感じられます。

　廣木と小林のもう1つの差異は，プロフェッショナリズムについての認識の差異にあるように思われます。廣木が個々のケースの個別性を重視し，安易な一般化に対して謙抑的に振る舞い，政策提言においても自身の出会ってきた不登校臨床像（学校的価値観に親和的で，親が献身的に問題解決を引き受けようとする層）に限定して語ることに職業的倫理を見出しているのに対し，小林は自身の臨床実践の法則化・一般化に意欲的であり，対応マニュアルを作成するなどして「よりマシな対応」を教育現場に普及浸透させることで問題の緩和に寄与することを臨床専門家の使命と自認しているように見えるのです（小林正幸『事例で学ぶ不登校の子への援助の実際』金子書房，2004年）。

おわりに

　本項で紹介した廣木克行氏の議論は「教育機会確保法」をめぐる議論のなかでも学ぶべき点が多いもののように思われます。

　第1に，それは「何のための教育機会確保か」という目的論についてです。法案作成やそれにもとづく政策プログラムが，現実社会に対するマイノリティ側の適応促進のためのものにとどまらず，「子どもの権利」を充足するための社会改革に用いられているかどうかが問われる必要があります。

　第2に，それは「教育機会確保法が何をもたらすか」という事実認識についてです。いかなる高尚な目的のもとに行われようとも，現実の社会政策は社会に対して不可避的に予想外の作用を及ぼします。あらかじめそうした「予期せぬ帰結」の発生を予防し，また事後的にそうした予想外の作用に対処するための制度的枠組みを用意する必要があるでしょう。その両面をしっかりと検討していかねばならないと思います。

　その際，廣木の唱える「子ども理解」は，親や教師といった個々の大人にせよ，学校や教育政策といったよりマクロな単位にせよ，「不登校」の問題理解を何らかの理論から安易に演繹することなく，個々の子どもとともに歩みながら，その苦悩の根源を紐解いていくことを要請する点において，傾聴すべき普遍的価値を有するものに思われます。

（山本　宏樹）

第3章　参考文献一覧

Richard　Lansdown（1989）馬屋原健訳「不登校と日本の教育制度」『児童青年精神医学とその近接領域』第30巻第3号，39～41ページ。
朝倉景樹（1995）『登校拒否のエスノグラフィー』彩流社。
網麻子（2002）『トライやる・ウィーク ひょうご発・中学生の地域体験活動』神戸新聞総合出版センター。
家田重晴・畑栄一・大沢清二（1982）「学校保健の統計学的研究（第11報）――学校統計と学校保健統計のデータリンケージ――」『日本学校保健学会講演集』第24巻，218ページ。
家田重晴・畑栄一・大沢清二（1983）「学校保健の統計学的研究（第12報）――教育・環境因子と疾病被患率等の関連――」『日本学校保健学会講演集』第24巻，203ページ。
五十嵐哲也・萩原久子（2009）中学生の一学年間における不登校傾向の変化と学級適応感との関連．愛知教育大学教育実践総合センター紀要12，335～342ページ。
石井幸子（2005）『いつでもあなたを愛してる：学校へ行かないあなたへ』北水。
石崎優子（2015）「発達障害の認知の偏りと不登校」教育と医学63（5），71～77ページ，教育と医学の会，慶應義塾大学出版会。
石田美清（1996）「市教育委員会の不登校政策に関する調査報告」教育開発研究所編『日本教育行政学会年報』第22巻，221～227ページ。
石田美清（1997）「市教育委員会における教育相談事業と不登校対策」『鳴門教育大学研究紀要（教育科学編）』第12巻，117～124ページ。
石戸教嗣（1995）「家族システムと不登校問題」竹内洋・徳岡秀雄編『教育現象の社会学』世界思想社，244～259ページ。
伊藤茂樹（1990）「『教育問題』の発見・処理と運動の展開―登校拒否を例として」『東京大学教育学部紀要』第29巻，199～207ページ。
伊藤秀樹（2006）「専門高校における登校意欲の形成メカニズム～「ブラックボックス」の鍵は職業的レリバンス～」SPSS懸賞論文。
伊藤秀樹・堀下歩美・保坂亨（2011）「家庭訪問相談員による長期欠席（不登校）の児童・生徒への支援――A県3市の事例より――」『千葉大学教育学部研究紀要』第59巻，29～34ページ。
伊藤秀樹（2009）「不登校経験者への登校支援とその課題――チャレンジスクール，高等専修学校の事例から」『教育社会学研究』第84集，207～226ページ。
伊藤秀樹（2015）「"非主流"の後期中等教育機関を概観する――生徒層・カリキュラム・進路――」『東京大学大学院教育学研究科紀要』第54巻，551～563ページ。
稲村博（1994）『不登校の研究』新曜社。
稲村博（1988）『登校拒否の克服』新曜社。
今津孝次郎・樋田大二郎編（1997）『教育言説をどう読むか――教育を語ることばのしくみとはたらき――』新曜社。
今泉博編著（2006）『不登校からの旅立ち』旬報社。
上山和樹（2005）「《当事者の語り》をめぐって」『こころの科学』123号，78～63ページ。
梅野正信・采女博文（2003）「就学義務と不登校をめぐる法常識」エイデル研究所編『季刊教育法』第136号，46～51ページ。
江澤和雄（2006）「不登校問題から見た義務教育の当面する課題」『レファレンス』第56巻第7号，76～93ページ。
大場信惠・山崎由紀（2015）「動作に表れる不登校の子どもの不調：臨床動作法の立場から」教育と医学63（5），78～85ページ，教育と医学の会，慶應義塾大学出版会。

奥地圭子（2005）『東京シューレ　子どもとつくる20年の物語』東京シューレ出版。
奥地圭子（2015）『フリースクールが「教育」を変える』東京シューレ出版。
奥地圭子・矢倉久泰他編著（2012）『僕は僕でよかったんだ』東京シューレ出版。
尾木直樹（2005）「教育の視点から見たひきこもり」『こころの科学』123号，58～63ページ。
押谷由夫（1980）「第2部　教育病理Ⅰ　教育的浪費」新堀通也 編『日本の教育地図――県別教育診断の試み――《学校教育編》』ぎょうせい，321～324ページ。
小野昌彦（2006）『不登校ゼロの達成』明治図書。
オルナタティブ教育研究会（2003）『オルナタティブな学び舎の教育に関する実態調査報告書』国立教育政策研究所。
笠井孝久（2001）不登校児童生徒が期待する援助行動　千葉大学教育学部研究紀要Ⅰ　教育科学編 49，181～189ページ。
春日井敏之（2008）『思春期の揺らぎと不登校支援――子ども・親・教師のつながり方――』ミネルヴァ書房。
春日井敏之・近江兄弟社高等学校単位制課程編（2013）『出会いなおしの教育――不登校をともに生きる――』ミネルブァ書房。
加藤美帆（2012）『不登校のポリティクス』勁草書房。
門眞一郎・高岡健・滝川一廣（1998）『不登校を解く――3人の精神科医からの提案――』ミネルヴァ書房。
加野芳正（2001）「不登校問題の社会学に向けて」『教育社会学研究 第68集』東洋館出版，5～23ページ。
河合洋（1986）『学校に背を向ける子ども――なにが登校拒否を生みだすのか――』日本放送出版協会。
菊池千夏（2011）「構成員からみる不登校の親の会の変化と現在」『現代社会学研究』第24巻，7～22ページ。
貴戸理絵（2004）『不登校は終わらない　「選択」の物語から〈当事者〉の語りへ』新曜社。
貴戸理恵（2005）「『学校』の問い直しから『社会』とのかかわりの再考へ――不登校の『その後』をどう語るか――」『こころの科学』123号，71～77ページ。
喜屋武幸（1993）「中学生の『学校嫌い』についての社会学的研究（1）――『潜在的不登校』に関する調査研究――」沖縄教育学会編『沖縄教育研究』第1号，17～22ページ。
喜屋武幸（1994）「社会統制システムからみた不登校問題に関する一考察」沖縄教育学会編『沖縄教育研究』第2号，7～14ページ。
喜屋武幸（1996）「中学生の『学校嫌い』についての社会学的研究（2）――学校文化と不登校問題――」沖縄教育学会編『沖縄教育研究』第3号，1～8ページ。
喜屋武幸（1997）「中学生の『学校嫌い』についての社会学的研究（3）――学校制度からみた不登校問題――」沖縄教育学会編『沖縄教育研究』第5号，19～28ページ。
教育科学研究会・横湯園子編（1994）『不登校・登校拒否は怠け？病い？』国土社。
久冨善之編（1993）『豊かさの底辺に生きる　学校システムと弱者の再生産』青木書店。
倉石一郎（2009）『包摂と排除の教育学』生活書院。
栗栖瑛子・藤井賢一郎（1987）「いわゆる『学校ぎらい』による長期欠席の経年推移と社会的諸要因との関連について」『社会精神医学』第10巻第4号，319～328ページ。
現代教育研究会（代表・森田洋司）（2001）「不登校に関する実態調査――平成5年度不登校生徒追跡調査報告書――」森田洋司編著（2003）『教職研修総合特集 不登校――その後　不登校経験者が語る心理と行動の軌跡』教育開発研究所。
国立教育政策研究所生徒指導研究センター（2003）『中1不登校生徒調査（中間報告）[平成14年12月実施分]――不登校の未然防止に取り組むために――』。
小林正泰（2003）「国会議事録にみる戦後の長欠認識」『東京大学大学院教育学研究科紀要』第43巻，15～24ページ。
小林剛・皇紀夫・田中孝彦（2002）『臨床教育学序説』柏書房。
小林正幸（2004）『不登校の子への援助の実際』金子書房。

小林正幸（2005）『不登校はなぜ起きるのか——問題解決と予防の手がかり——』東京学芸大学出版会。
小林正幸・小野昌彦（2005）『教師のための不登校サポートマニュアル——不登校ゼロへの挑戦——』明治図書。
酒井朗（2010）「学校に行かない子ども」苅谷・濱名・木村・酒井『新版 教育の社会学』有斐閣，2～65ページ。
酒井朗（2014）『教育臨床社会学の可能性』勁草書房。
酒井朗（2015）「教育における排除と包摂」『教育社会学研究』第96集，5～24ページ。
佐川佳之（2010）「フリースクール運動における不登校支援の再構成——支援者の感情経験に関する社会学的考察」『教育社会学研究』第87集，47～67ページ。
櫻川幸恵（2004）「地域間の人口変動による生活関連社会資本の評価」『跡見学園マネジメント学部紀要』第2号，91～114ページ。
佐藤守（1957）「八郎潟漁村における長欠現象の分析——秋田県南秋田郡昭和町野村部落の場合」『教育社会学研究』第11集，79～93ページ。
清水將之（1989）「日本における不登校と学校教育」『児童青年精神医学とその近接領域』第30巻第3号，32～37ページ。
清水將之（1992）「不登校問題再考——不登校をどう考え，どう対応するか——」『児童青年精神医学とその近接領域』第33巻第5号，1～9ページ。
庄井良信（2004）『自分の弱さをいとおしむ——臨床教育学へのいざない——』高文研。
住本吉章（2003）『不登校0（ゼロ）への挑戦』かんぽう。
瀬戸知也（2001）「『不登校』ナラティヴのゆくえ」『教育社会学研究』第68集，45～64ページ。
園田順一・高山巖（2006）不登校に対する迅速再登校法 吉備国際大学臨床心理相談研究所紀要3，1～7ページ。
高垣忠一郎（1991）『登校拒否・不登校をめぐって——発達の危機，その「治療」と「教育」』青木書店。
高垣忠一郎（1996）『いじめと不登校』かわがわブックレット。
高垣忠一郎（2006）『競争社会に向き合う自己肯定感——もっとゆっくり・信じて・待つ——』新日本出版社。
高垣忠一郎（2002）『共に待つ心たち——登校拒否・ひきこもりを語る——』かもがわ出版。
高垣忠一郎（2015）『生きづらい時代と自己肯定感』新日本出版社。
高垣忠一郎（2012）『生みの苦しみによりそって——原発震災と登校拒否——』新日本出版社。
高垣忠一郎（1991）『登校拒否・不登校をめぐって——発達の危機，その〈治療〉と〈教育〉——』青木書店。
高垣忠一郎（2014）『登校拒否を生きる——「脱落」から「脱出」へ——』新日本出版社。
高垣忠一郎（1991）『揺れつ戻りつ思春期の峠』新日本新書。
高垣忠一郎・春日井敏之編著（2004）『不登校支援ネットワーク』かもがわ出版。
高垣忠一郎他（1995）『登校拒否・不登校，1，小学生——小さな心につながる窓——』労働旬報社。
高垣忠一郎他（1995）『登校拒否・不登校，2，中学生——希望へのはじまり——』労働旬報社。
高垣忠一郎他（1995）『登校拒否・不登校，3，高校生——霧の中から自分さがし——』労働旬報社。
高木隆朗（1984）「登校拒否と現代社会」『児童青年精神医学とその近接領域』第25巻第2号，1～15ページ。
滝川一廣（1994）『家庭のなかの子ども 学校のなかの子ども』岩波書店。
滝川一廣（1996）「脱学校の子どもたち」井上俊ほか編『岩波講座現代社会学 第12巻 こどもと教育の社会学』岩波書店，39～56ページ。
滝川一廣（1998）「不登校はどう理解されてきたか」佐伯胖編『岩波講座 現代の教育 第4巻 いじめと不登校』岩波書店 163～186ページ。
滝川一廣，佐藤幹夫 聞き手・編（2001）『「こころ」はどこで壊れるか——精神医療の虚像と実像——』洋泉

社。
滝川一廣，佐藤幹夫 聞き手・編（2003）『「こころ」はだれが壊すのか』洋泉社。
滝川一廣（1994）『家庭のなかの子ども　学校のなかの子ども』岩波書店。
滝川一廣（2012）『学校へ行く意味・休む意味――不登校ってなんだろう？』日本図書センター。
竹内常一（1987）『子どもの自分くずしと自分つくり』東京大学出版会。
竹内常一（1998）『子どもの自分くずし，その後――"深層の物語"を読みひらく――』太郎次郎社。
田中英高（2015）「起立性調節障害を伴う不登校児への対応」教育と医学 63（5），58～69 ページ，教育と医学の会，慶應義塾大学出版会。
富田竹三郎（1950）「漁村及び農村中学校の長期欠席生徒について」『教育社会学研究』第 1 集，133～140 ページ。
中内敏夫（2001）『家族の人づくり　18～20 世紀日本』中内敏夫著作集，藤原書店。
長岡利貞（1995）『欠席の研究』ほんの森出版。
日本小児心身医学会 HP 小児の心身症（各論）（16）不登校の早期対応
　　http://www.jisinsin.jp/detail/16～murakami.html
野村俊幸（2009）『わが子が不登校で教えてくれたこと』文芸社。
馬場久志（2010）「不登校の子どもを守る」教育，第 772 号，28～34 ページ，国土社。
濱野玲奈（2001）「地域差からみた不登校――公式統計を手掛かりに――」『東京大学大学院教育学研究科紀要』第 41 巻，225～236 ページ。
原田克巳・坂口直子（2008）「小学校におけるシステム・サポートの実践：不登校 0 への学校作り」金沢大学人間社会学域学校教育学類教育実践研究 34，65～74 ページ。
樋口くみ子（2013）「教育支援センター（適応指導教室）の 4 類型」独立行政法人国立青少年教育振興機構『青少年教育研究センター紀要』第 2 号，50～59 ページ。
菱山洋子・古川八郎（1982）「学校ぎらいの統計研究（2）――全国における出現率の推移と社会的要因の考察――」『児童青年精神医学とその近接領域』第 23 巻第 4 号，19～30 ページ。
樋田大二郎（1997）「『不登校を克服することで一段と成長する』――登校の正当性をめぐる言論のたたかい」今津孝次郎・樋田大二郎編『教育言説をどう読むか――教育を語ることばのしくみとはたらき』新曜社，185～206 ページ。
樋田大二郎（2010）「不登校は公教育の責務で解決する」今津孝次郎・樋田大二郎編『続　教育言説をどう読むか――教育を語ることばから教育を問い直す』新曜社，214～243 ページ。
広木克行（1994）「登校拒否の原因論からみた教育制度の諸問題――高校入試制度を切り口として――」『九州教育学会研究紀要』第 22 巻，95～102 ページ。
広木克行（1996）「教育における子ども，親，教師，校長の権利・義務関係」堀尾輝久他編『講座学校第 7 巻 組織としての学校』柏書房，79～100 ページ。
広木克行（2006）「不登校減少計画の『成果』と矛盾――熊谷市の『不登校半減計画』を検討する――」久田敏彦ほか編『授業研究所年報　創刊　子どもが生きる時間と空間』フォーラム・A，71～91 ページ。
廣木克行（2003）「不登校問題から見る臨床教育学の視野」神戸大学発達科学部児童発達論講座編『児童発達研究』第 6 巻，89～105 ページ。
廣木克行（2004）「不登校政策の転換における『進路形成』の意味と役割」神戸大学発達科学部児童発達論講座編『児童発達研究』第 7 巻，45～52 ページ。
広木克行（2005）『手をつなぐ子育て　思春期を見透して』かもがわ出版。
藤根雅之・橋本あかね（2015）「オルタナティブスクールの現状と課題」『日本教育社会学会　第 67 回大会発表要旨集録』（会場：駒沢大学）40～41 ページ。
藤根雅之・橋本あかね（2016）「オルタナティブスクールの現状と課題：全国レベルの質問紙調査に基づく分析から」『大阪大学教育学年報』第 21 号，89～100 ページ。［未入手・まだ確認していません］
不登校生徒に関する追跡調査研究会（2014）『不登校に関する実態調査　平成 18 年度不登校生徒に関する追

跡調査報告書』http://www.mext.go.jp/a_menu/shotou/seitoshidou/1349956.htm

古川八郎・菱山洋子（1980）「学校ぎらいの統計研究（１）――東京都における出現率の推移と社会的要因の考察――」『児童青年精神医学とその近接領域』第 21 巻第 5 号，34 〜 43 ページ。

古川八郎・菱山洋子（1980）「学校ぎらいの統計研究（１）――東京都における出現率の推移と社会的要因の考察」『児童青年精神医学とその近接領域』第 21 巻第 5 号，300 〜 309 ページ。

保坂亨（2000）『学校を欠席する子どもたち――長期欠席・不登校から学校教育を考える――』東京大学出版会。

保坂亨（2009）『"学校を休む"児童生徒の欠席と教員の休職』学事出版。

本城秀次ほか（1987）「登校拒否像の時代的変遷について」『児童青年精神医学とその近接領域』第 28 巻第 3 号，35 〜 43 ページ。

本田由紀・内藤朝雄・後藤和智（2006）『「ニート」って言うな！』光文社。

前島康男（2012）「登校拒否・不登校問題の 30 年：信じて・任せて・待つことの重要性」東京電機大学総合文化研究 10，57 〜 64 ページ。

前島康男（2014）「登校拒否・不登校問題の歴史と理論：その本質と克服の道筋を探る」東京電機大学総合文化研究 12，79 〜 87 ページ。

前島康男（2015）「多様な教育機会法案についての一考察」東京電機大学総合文化研究 13。

前島康男（2016）「安倍教育再生と登校拒否・不登校・フリースクール問題」新日本出版社『経済』。

前島康男（2016）「登校拒否・不登校問題と教育の機会確保法案」民主教育研究所『人間と教育』No. 91.

前島康男編著（2004）『希望としての不登校・登校拒否』創風社。

松本訓枝（2004）「母親たちの家族再構築の試み――「不登校」児の親の会を手がかりにして」『家族社会学研究』第 16 巻第 1 号，3 ページ。

三宅由子（2005）「『ひきこもり』の統計とその周辺」『こころの科学』123 号，25 〜 30 ページ。

村山正治（1972）『講座 情緒障害児 4 登校拒否児』黎明書房。

森下一（2000）『「不登校児」が教えてくれたもの』グラフ社。

森田伸子（1993）「〈子ども〉＝孤独なコギト――『子どもたちが語る登校拒否』を読む――」森田尚人ほか編『教育学年報 2 学校＝規範と文化』世織書房，437 〜 445 ページ。

森田洋司（1994）「学校社会空間におけるプライベート・スペースと不登校気分」『児童青年精神医学とその近接領域』第 35 巻第 4 号，15 〜 23 ページ。

森田洋司（2005）「不登校から見えてくる日本社会と教育の課題」『青少年問題』第 52 巻第 2 号，10 〜 15 ページ。

森田洋司（1991a）『「不登校」現象の社会学』学文社。

森田洋司（1991b）「私事化社会の不登校問題――プライベート・スペース理論の構築に向けて――」『教育社会学研究 第 49 集』東洋館出版社 79 〜 93 ページ。

森田洋司（1991）『「不登校」現象の社会学』学文社。

森田洋司編（2003）『不登校 その後』教育開発研究所（付録の CD 〜 ROM に現代教育研究会 2011『不登校に関する実態調査――平成 5 年度不登校生徒追跡調査報告書』の PDF が収められている）。

文部科学省（2015）「小・中学校に通っていない義務教育段階の子供が通う民間の団体・施設に関する調査について（平成 27 年 8 月）」http://www.mext.go.jp/a_menu/shotou/tyousa/1360614.htm

文部省（1983）『生徒指導資料第 18 集・生徒指導研究資料第 12 集 生徒の健全育成をめぐる諸問題――登校拒否問題を中心に』。

山崎透（2015）不登校の子どもの身体症状．教育と医学 63（5），50 〜 57 ページ，教育と医学の会，慶應義塾大学出版会。

山田哲也（2002）「不登校の親の会が有する〈教育〉の特質と機能――不登校言説の生成過程に関する一考察」『教育社会学研究』第 71 集，25 〜 45 ページ。

山登敬之（2005）「極私的不登校闘争 20 年史序説」『こころの科学』123 号，64 〜 70 ページ。

山本宏樹（2008）「不登校公式統計をめぐる問題――五数要約法による都道府県較差の検証と代替案の吟味」『教育社会学研究』第83集，129〜148ページ。

山本雄二（1991）「学校教育という儀礼――登校拒否現象をてがかりに――」『教育社会学研究』第49集，94〜113ページ。

山本雄二（1991）「学校教育という儀礼――登校拒否現象をてがかりに」『教育社会学研究』第49集，94〜113ページ。

結城忠（1992）「就学義務制と『学校に代わる私教育の自由』」エイデル研究所編『季刊教育法』第88号，10〜28ページ。

結城忠（1997）「就学義務制度を教育義務制度に転換できないか」教育開発研究所編『教職研修』第25巻第9号，47〜49ページ。

横湯園子（2002）『教育臨床心理学――愛・癒し・人権そして恢復――』東京大学出版会。

横湯園子（1985）『登校拒否・新たなる旅立ち』新日本出版社。

横湯園子（1993）『不登校・登校拒否――悩める親と子へのメッセージ――』岩波ブックレット。

横湯園子（1992）『アーベル指輪のおまじない――登校拒否児とともに生きて――』岩波書店。

横湯園子・教育科学研究会編（1994）『不登校・登校拒否は怠け？ 病い？――その「対応」を探る――』国土社。

若林慎一郎ほか（1982）「登校拒否と社会状況との関連についての考察」『児童青年精神医学とその近接領域』第23巻第3号，12〜31ページ。

渡辺位編（1983）『登校拒否・学校に行かないで生きる』太郎次郎社。

あ と が き

　登校拒否・不登校が社会的に問題となってから，すでに少なくとも30年間以上がたちました。その間，10年に一度くらいの頻度で，国の施策がネジを巻くかのように繰り返され，そのことが当事者に新たな苦しみをもたらすということが続いてきました。この2年間ほどが，その10年の節のような時期にあり，政府の専門家会議で新指針が検討されています。加えて昨年は，フリースクール対応から不登校対策にまたがる新法案が出現し，社会的に大きな動きが起こされつつあります。

　しかし，新しい施策に目を奪われる前にまず，なぜこれまでの施策によって，30数年以上にわたり登校拒否・不登校問題が解決の方向に転じていかなかったのかの総括が必要です。この資料集で期待することの1つは，そうした繰り返される施策を総括し，問題点に気づくための議論のささやかな材料提供になることです。

　資料集で期待することのもう1つは，目下激しく交わされている教育機会確保法案の議論が，当の子どもたちにとって最善の結論になっていくための材料提供になることです。さまざまの議論は，法案の是否に関わるのでおのずと推進と反対に二分されてしまうのですが，議論の二分が当事者・関係者の二分になるべきではありません。そのため本書はそうした分類を設けず，ひとりひとりの意見に耳を傾けるための材料提供を意図しています。

　情勢が動きつつある中での資料整理なので情報の精査は容易でなく，精度を可能な限り追求したものの，不足や過誤があるかもしれません。ご指摘いただければ幸いです。広く関係者の皆様の活用を願っています。

　尚，編集において創風社の千田顯史社長には大変お世話になりました。また，表紙と裏表紙の絵は，大阪の大平康代さんの作品を使わせていただきました。ありがとうございました。

馬　場　久　志

全国登校拒否・不登校問題研究会について

　2016年3月24日に，登校拒否・不登校問題に関わる研究者や教育関係者，当事者など多彩な立場の人々が参集し，全国登校拒否・不登校問題研究会が発足しました。設立総会では最初の研究会として，世取山洋介氏（新潟大学）により「『義務教育の段階における普通教育に相当する教育機会の確保に関する法律案（座長試案）』の批判的検討」と題する講演が行われました。総会では代表に前島康男氏（東京電機大学）を選出しました。
　立ち上がったばかりの研究会で，これから決めていくべきこともいろいろありますが，さしあたり2016年8月に研究会の開催が予定されています。

　○ 結成総会採択文（2016年3月24日）
　現在，登校拒否・不登校の児童生徒は12万3,000人，高校生まで含めると約18万人，1年間に30日以上学校に行っていない児童生徒は18万5,000人，高校生まで含めると約27万人も存在します。この数は，現在の教育政策の在り方が根本的に変わらない限り今後も増え続けるでしょう。
　また，社会的ひきこもりの人は広義を含めると約70万人を数え，大きな社会的問題になっています。
　このような中で，政府・文科省は，戦後3度目となる「不登校に関する調査研究協力者会議」を発足させ，登校拒否・不登校の問題の解決策を探るとともに，新たに，「フリースクール等に関する検討会議」を発足させ，フリースクール等の在り方の検討を開始しています。
　また，上記問題と絡めながら旧略称「多様な教育機会確保法案」，後の略称「教育機会確保法案」を国会に上程する動きがあり，関係者のあいだで議論を生んでいます。
　このような動向の中で，登校拒否・不登校問題や，社会的ひきこもり問題に関し，この問題をどのような問題としてとらえたらよいのか，あるいは，どのように解決・克服していったらよいのかなどをめぐって様々な研究課題が生まれています。
　そこで，私たちはこれらの問題に関する全国的な研究会を立ち上げ，集団的な英知を結集し，研究・調査を行い社会的な問題提起を行いたいと思います。

（1）　研究課題
① 登校拒否・不登校，長期欠席，学校ぎらいなどの言葉の意味・定義を明らかにする。
② 登校拒否・不登校，社会的ひきこもりがこれほどまでに増加した社会的原因を歴史的・構造的に明らかにする。
③ 1980年代半ば以降続々と誕生し全国に拡大した親の会の歴史・運動に学ぶ。
④ 1990年代半ば以降声をあげ始めた当事者の声に学ぶ。
⑤ 教職員の教育実践に学ぶ。
⑥ SW・SC・教育相談員の臨床教育実践に学ぶ。
⑦ 全国のフリースクール・フリースペース・居場所の実践に学ぶ。
⑧ 国・文科省・教育委員会の登校拒否・不登校に関する政策や取り組みを批判的に総括する。
⑨ 比較研究を行う。
⑩ 非行・「荒れ」・摂食障害などとの関連を検討する。

⑪ 登校拒否・不登校, ひきこもりにおけるジェンダーの問題
⑫ 以上を踏まえて, 登校拒否・不登校, 社会的ひきこもりの克服・解決の展望と道すじを探る。

(2) 研究方法
以上の研究課題に個人・集団で迫る上では, 次のような研究方法があると思います。
① 文献研究
② 調査研究（聴き取り調査を含む）
③ 実践研究

執筆者略歴

前島　康男（まえじま　やすお）
担当：はじめに，第Ⅰ部，第Ⅲ部第2章第1節
1950年生まれ。東京電機大学理工学部。日本教育学会，日本臨床教育学会，民主教育研究所，教育科学研究会 他。

馬場　久志（ばば　ひさし）
担当：第Ⅱ部，あとがき
1958年生まれ。埼玉大学教育学部。日本教育心理学会，日本発達心理学会他。民主教育研究所 他。

山田　哲也（やまだ　てつや）
担当：第Ⅲ部第1章
1973年生まれ。一橋大学大学院社会学研究科。日本教育社会学会，日本教育学会，日本社会学会，教育目標・評価学会，所属民間教育団体，教育科学研究会。

山本　宏樹（やまもと　ひろき）
担当：第Ⅲ部第2章第2節
1982年生まれ。東京電機大学理工学部。日本教育社会学会，日本教育学会，教育科学研究会 他。

登校拒否・不登校問題資料集

2016年8月1日　第1版第1刷印刷
2016年8月15日　第1版第1刷発行

編　者　前島康男・馬場久志・山田哲也
（全国登校拒否・不登校問題研究会 編）
発行者　千田　顯史

〒113―0033　東京都文京区本郷4丁目17―2
発行所　㈱創風社　電話（03）3818―4161　FAX（03）3818―4173
　　　　振替 00120―1―129648
　　　　http://www.soufusha.co.jp

落丁本・乱丁本はおとりかえいたします　　印刷・製本　光陽メディア

ISBN978―4―88352―234―7